Agnes   Sapper

Das kleine Dummerleund andere Erzählungen

Agnes   Sapper

Das kleine Dummerleund andere Erzählungen

ISBN/EAN: 9783337352769

Hergestellt in Europa, USA, Kanada, Australien, Japan

Cover: Foto ©Andreas Hilbeck / pixelio.de

Weitere Bücher finden Sie auf **www.hansebooks.com**

Das kleine Dummerle

und andere Erzählungen

Zum Vorlesen im Familienkreise

von

Agnes Sapper

—

Vierte Auflage

13.–16. Tausend

Stuttgart 1915

Verlag von D. Gundert

Druck: Christliches Verlagshaus, Stuttgart.

Vorwort zur dritten Auflage.

Die Titelgeschichte des vorliegenden Buches hat sich im Laufe der Jahre weiter entwickelt. Das kleine Dummerle ist groß geworden. Wer über seine Kindheit und Jugend noch mehr hören möchte, findet in den beiden Büchern: »Die Familie Pfäffling« und »Werden und Wachsen« die weiteren Erlebnisse des kleinen Frieder und der ganzen Pfäfflings-Familie.

Würzburg, Dezember 1912.

Die Verfasserin.

Inhalt.

Das kleine Dummerle.

Am 1. Juli, mittags um 12 Uhr, kam Herr Musiklehrer
Pfäffling in bester Laune aus der Musikschule. Er hatte
heute seinen Gehalt eingenommen und außerdem noch eine
ganz nette Summe für Hausunterricht. Ja, er hatte sich mit
allerlei fleißigen und faulen Schülern redlich geplagt, das
ganze Jahr hindurch, hatte Violin- und Flöten-, Klavier-
und Zitherstunden gegeben von frühmorgens bis spät
abends. Nun winkte die Ferienzeit; in 14 Tagen sollte sie
beginnen, und zum erstenmal seit vielen Jahren hatte Herr
Pfäffling so viel erspart, daß er eine Ferienreise unternehmen
konnte. Fast unerlaubt kam es ihm vor, sich solchen
Aufwand zu gestatten, denn er war Familienvater und hatte
sieben Kinder. Aber seine Frau war vor Jahren auch einmal
verreist gewesen, seitdem galt es für ausgemacht, daß nun er
an der Reihe sei. So wollte er denn fort; nicht weit, nur nach
Bayreuth, wo so herrliche Musik zu hören war, und von
dort noch ein wenig ins Fichtelgebirge, um Wald- und
Bergluft zu genießen, solange eben das Geld reichte. So ging
Herr Pfäffling gleich von der Schule aus in die
Buchhandlung, erwarb sich dort eine Karte vom
Fichtelgebirge, und weil er sie schon auf dem Weg nach
Hause studierte, so kam er später heim als sonst und fand
die ganze Familie um den gedeckten Tisch versammelt. Da
war seine getreue Hausfrau, die einstweilen die Suppe
ausschöpfte; auf der einen Seite des Tisches saßen die
ältesten, drei große Lateinschüler, und ihnen gegenüber die
Zwillingsschwestern, zwei zehnjährige Mädchen. Neben der
Mutter hatte das Jüngste seinen Platz, das dreijährige
Töchterchen. Diese sechs saßen schon um den Tisch. Der

siebente aber, der Frieder, ein kleiner Abcschütz mit einem gutmütigen Gesichtchen, stand am Fenster und spielte auf einer Ziehharmonika.

In solchem Familienkreis geht es lebhaft zu und die Hausfrau findet oft kaum Zeit zum Essen, bis sie den Kindern vorgelegt hat, und es ist ein Glück, wenn für sie noch etwas auf der Platte bleibt, nachdem alle Teller voll sind. Sie sah auch ein wenig mager aus, die gute Frau Pfäffling, aber ihr Mann war auch nicht dicker, ebenso waren die drei Jungen lang aufgeschossen, die Zwillingsschwestern schmal und das jüngste, das Elschen, gar ein zartes Geschöpf. Nur der Frieder war rundlich und hatte frische rote Backen. Das Essen ging rasch vorüber, übrig blieb nichts und es waren alle so gerade zur Not satt geworden. Vater Pfäffling nahm gleich wieder seine Karte vom Fichtelgebirge vor, breitete sie aus, und so viel Köpfe darüber Platz hatten, so viele steckten sich zusammen, um des Vaters Finger zu folgen, der den geplanten Reiseweg bezeichnete.

Es gibt nichts Schöneres als so im Geist zu reisen; da geht alles so leicht und glatt, ohne Hindernis; und doch können auch die Reisen im Geist jäh unterbrochen werden – es klopfte jemand an der Türe, alle Köpfe hoben sich, der Hausherr trat ein.

Ein paar Reden wurden gewechselt über das Wetter und die bald beginnenden Ferien, und dann, ja dann kam es eben heraus, daß der Hausherr leider die Wohnung kündigen, und daß die Familie Pfäffling ausziehen müsse. Ein Verwandter wollte die Wohnung mieten und fast doppelt so viel Miete zahlen wie Herr Pfäffling, der ja die Wohnung halb umsonst gehabt habe; der Verwandte habe auch nur ein Kind und da kämen nicht so fatale Sachen vor wie z. B. gestern, wo die jungen Pfäfflings durch den Hof gesprungen

6

seien und die Stangen umgestoßen hätten, die das Waschseil hielten, so daß die frisch gewaschene Wäsche auf den Hof gefallen sei und die Hausfrau alles noch einmal habe waschen müssen.

»So etwas habt ihr getan, Kinder?« rief Vater Pfäffling und wandte sich nach den Angeschuldigten um; aber merkwürdigerweise standen bloß noch die Mädchen da, die Knaben hatten sich einer nach dem andern beim Erscheinen des Hausherrn hinausgedrückt. Doch nicht alle, Frieder, der kleine Dicke, stand noch beim Vater.

»Glauben Sie nicht, daß ich solche Unarten unbestraft lasse,« sagte Herr Pfäffling zum Hausherrn. »Sie dürfen ja nur klagen, dann werden die Jungen bestraft. Kommt nur gleich her, ihr Schlingel,« rief der Vater und faßte den Kleinen, der ihm zunächst stand. »Wo sind denn aber die andern, sie waren doch eben noch da? Wegen dir allein ist mir's gar nicht der Mühe wert anzufangen, schnell hole deine Brüder.« Der Frieder ging und rief mit weinerlichem Stimmchen die Brüder; von denen war aber nichts zu sehen und nichts zu hören, er kam allein zurück und sagte: »Sie sind alle fort.«

Da lachte der Hausherr und sagte: »Die sind nicht so dumm wie du, spring doch nur auch davon, du brauchst nicht für die andern die Schläge zu kriegen, du bist ja gar nicht einmal dabei gewesen.« Und dann wandte der Hausherr sich zu Herrn Pfäffling: »Es ist nicht nur wegen der Kinder,« sagte er, »die sind ja gut in Zucht, aber ich kann's meinen Verwandten nicht abschlagen, daß sie zu mir ins Haus ziehen.«

Der Hausherr ging, die Eltern sahen sich bestürzt an. So billig wie sie hier seit zehn Jahren gewohnt hatten, würden sie jetzt nirgends unterkommen, und schon der Auszug kostet Geld. Herr Pfäffling ging mit langen Schritten hin und her und schalt bald über die Kinder, bald über den Hausherrn. »Wäre ich nur schon fort gewesen,« rief er endlich, »hätte ich nur meine Reise schon in Sicherheit gebracht, jetzt wird nichts mehr daraus oder meinst du, es ginge doch?« fragte er, hielt mit seinem raschen Gang inne vor seiner Frau, die ganz betroffen am Tisch stand und in Gedanken verloren auf die Karte niedersah.

»Meinst du, es reicht vielleicht doch zur Reise?« wiederholte Herr Pfäffling. Sie sah ihn traurig an: »Wenn's nur zum Leben reicht,« sagte sie, »wer weiß, wieviel Miete wir künftig zahlen müssen!« Da ging er wieder auf und ab, der Ärger wich und die Sorge kam; immer langsamer und nachdenklicher wanderte er durch das Zimmer und als er wieder am Tisch vorbeikam, faltete er sorgfältig die Karte vom Fichtelgebirge, reichte sie einem der Kinder und sagte traurig: »Tragt sie nur wieder in die Buchhandlung zurück und sagt, der Vater brauche keine Reisekarte.«

*   *

*

»An Wohnungen fehlt's wenigstens nicht,« sagte Herr Pfäffling, als er am nächsten Tag den Anzeiger mit heimbrachte, in dem ganze Reihen Wohnungen zur Miete angeboten waren. Und er machte sich auf den Weg, um solche anzusehen, die ihm passend erschienen. In der Langenstraße waren zwei ausgeschrieben. Die erste war zu teuer, die zweite noch viel teurer. Unser Musiklehrer erschrak ordentlich. »Wenn ich so viel Miete zahlen müßte, dann bliebe uns kein Geld mehr übrig fürs tägliche Brot,« sagte er und wanderte weiter hinaus, der Vorstadt zu, eine endlose Straße entlang, bis er Nr. 80 erreicht hatte, wo eine Wohnung frei war. Ja, da war es nicht mehr so schrecklich teuer, da konnte man sich doch auf Unterhandlung einlassen. Der Hausherr führte ihn durch die Zimmer. Ein wenig klein waren diese. Herr Pfäffling stellte im Geist die Bettstellen und sprach so halblaut vor sich hin: »Hier mein Bett und das von meiner Frau, hier Karl, Wilhelm und Otto, hier Marianne, da Frieder –«

»Ja, erlauben Sie einmal,« unterbrach ihn jetzt der Hausherr, »wieviel haben Sie eigentlich Kinder?«

»Wir haben sieben.«

»Sieben. Bei sieben tut's mir leid, daß ich Ihnen sagen muß, sieben nehme ich nicht in meine Wohnung. Ich habe meist so Parteien mit einem Kind, auch zwei und drei lasse ich mir gefallen, aber vier sind mir schon zu viel und gar sieben, nein, da ist mir's doch zu leid um meine neuen Fußböden, lieber lasse ich die Wohnung leerstehen.« »So,« entgegnete Herr Pfäffling, »dann will ich auch nicht länger auf Ihren kostbaren Fußböden herumtreten,« und ärgerlich verließ er das Haus.

Nun hinaus in die Sonnenstraße, dort gibt es auch einfache Häuser. Ein großer, weißer Zettel am Fenster des dritten Stocks zeigte schon von weitem, daß hier etwas zu hoffen war. Der Werkmeister Schall war der Besitzer. Er stand unter der Haustüre und zeigte bereitwillig die Wohnung. Diesmal überlegte Pfäffling nur ganz in der Stille, wie sich die Betten stellen ließen. Von seinen sieben Kindern ließ er nichts verlauten. Die Wohnung gefiel ihm, der Preis war nicht zu hoch, jetzt nur gleich fest mieten. Dem Werkmeister war es auch recht, er holte einen Mietvertrag zum Unterschreiben, und während er Tinte und Feder bereitlegte, fragte er nach dem Namen seines Mieters.

»Pfäffling.«

»Und der Stand, wenn ich bitten darf, der Beruf?«

»Musiklehrer.«

»So, das ist freilich sozusagen ein lebhafter Beruf.«

»Stört in unserem Fall nicht viel,« sagte Herr Pfäffling, »ich gebe viel Unterricht außer Haus.«

»Das ist gut, denn ich muß Ihnen gleich sagen, im untern Stock wohnt eine Dame, eine feine Dame, die leidet an Kopfweh und braucht Ruhe. Aber wenn die Stunden alle außer Haus sind, ist's schon gut.«

»Alle habe ich nicht gesagt, aber die meisten.«

»Und Ihre eigene Familie ist doch nicht etwa sehr groß?«

»Sehr groß?« sagte Pfäffling, »was heißt das, es gibt noch viel größere, und übrigens kommt alles darauf an, ob Kinder streng gehalten werden; die meinigen dürfen keinen Unfug treiben. Schreiben wir nur den Vertrag, ich habe nicht viel Zeit.«

Aber der Hausherr war hartnäckig. »Wissen möchte ich doch, wieviel Personen ins Haus kommen und was für welche,« sagte er, »wieviel Kinder, bitte? Sind's Knaben oder Mädchen?« Nun half nichts mehr, Herr Pfäffling mußte bekennen: »Vier Buben sind's, und dann noch so ein paar kleine Mädels, die merkt man nicht viel.«

Der Werkmeister legte die Feder wieder weg. »Es geht nicht,« sagte er, »es ist unmöglich, Musikstunden sind schon schlimm, dazu aber noch ein halbes Dutzend Kinder, nein, was zu viel ist, ist zu viel!«

»Aber Mensch,« rief Pfäffling außer sich, »wir müssen doch auch wohnen, was sollen wir denn tun, wenn uns niemand hereinläßt!«

In diesem Augenblick erschienen zwei ältere Damen unter der Türe, sie wollten die Wohnung besehen. Der Hausherr begrüßte sie höflich – für unsern armen Musiklehrer hatte er keinen Blick mehr, der konnte gehen.

Am Torweg war auch eine Wohnung frei. Die Hausfrau hängte eben im Vorgärtchen Wäsche auf; als sie hörte was Pfäfflings Begehr war, holte sie ihren großen Schlüsselbund und schickte sich an, mit ihm hinaufzusteigen in den vierten Stock. Herr Pfäffling dachte bei sich: »Eigentlich ist's ganz unnötig, daß ich die Wohnung ansehe, ich nehme sie ja doch, mag sie sein wie sie will, aber ob die Frau uns nimmt, das ist die Frage!« Er sagte aber nichts und ging voraus, die Treppe zum ersten Stock hinauf. Langsam folgte ihm die Hausfrau, die wohlbeleibt war und schwer atmete. Pfäffling wurde ein wenig ungeduldig, er war schon so lang unterwegs und ihm war es ganz gleichgültig, wie die Zimmer aussahen. Auf dem ersten Treppenabsatz mußte die Frau ein wenig ausschnaufen. Jetzt konnte er sich nicht mehr zurückhalten. »Ich will Ihnen lieber gleich mitteilen, daß ich Musiklehrer bin,« sagte er, »wenn Sie also keinen wollen, dann verlieren wir weiter keine Zeit.«

Sie stutzte einen Augenblick, dann sagte sie gnädig: »Steigen Sie nur weiter hinauf.« Im Nu war Pfäffling die zweite Treppe droben, die Hausfrau keuchte nach. Auf dem zweiten Treppenabsatz wieder Pause zum Atemholen und Pfäffling: »Ich will Ihnen nur gleich sagen, daß wir sieben Kinder haben.«

»Um Himmels willen,« rief die Frau, »haben Sie denn für jedes Stockwerk so eine Hiobspost? Bis wir in den vierten Stock hinaufkommen, spielen Sie die Regimentstrommel und haben noch ein Dutzend Buben in der Kost! Ich tu' aber nicht mehr mit!« Und die schwerfällige Frau machte Kehrt, hörte gar nicht mehr auf die guten Worte, die ihr Pfäffling gab, und brummte noch vor sich hin: »Gott bewahre mich vor so einer Gesellschaft!«

Unser Musiklehrer rannte zum Haus hinaus und

spornstreichs heim – für heute hatte er's satt!

Als er bei Tisch erzählte, wie es ihm ergangen war, fühlten sich die Kinder ordentlich beschämt, daß die Eltern ihretwegen nirgends aufgenommen wurden, und nach Tisch, wo sie sonst alle im Hof herumtollten, standen sie ganz bescheiden in einem Eckchen beisammen und besprachen die Wohnungsnot. »Wir Großen können nichts dafür, daß wir so viele sind,« sagte der Älteste, »wir drei waren schon immer da.«

»Und wir zwei auch,« sagte eine der Zwillingsschwestern, »aber der Frieder und Elschen sind nachher dazugekommen.« »Ja, die sind schuld, daß wir so viele sind.«

»Ach das Elschen macht ja nichts aus, das ist so klein und still, das bemerkt kein Hausherr. Aber der Frieder, ja der Frieder mit seiner ewigen Ziehharmonika, wenn der nicht wäre, dann wären wir bloß sechs.« Sie sahen alle auf den Frieder, der stand da wie ein kleiner Sünder und fühlte sich schuld an der ganzen Wohnungsnot. Und als seine Geschwister längst schon die Sorge abgeschüttelt hatten und lustig im Hofe spielten, war er noch still und nachdenklich.

Frieder stand immer ein wenig allein unter den Geschwistern. Die drei großen Brüder sahen auf ihn herab und nannten ihn das Dummerle. Er war eigentlich nicht dumm, aber weil er immer Harmonika spielte, hörte und sah er manchmal nicht, was um ihn vorging, und stellte oft wunderliche Fragen. Die Zwillingsschwestern gingen immer miteinander und brauchten ihn nicht, so blieb nur das Elschen übrig und mit dem konnte er noch nicht viel besprechen; aber er hatte es doch sehr lieb, schon weil es nicht auf ihn heruntersehen konnte, wie all die andern, sondern weil es sogar zu ihm hinaufblicken mußte; er hatte es lieb, weil es nie Dummerle zu ihm sagte, denn es war noch kleiner und dümmer als er.

Dies kleine Elschen wandte sich auch oft an ihn, denn Frieder hatte mehr Zeit und auch mehr Geduld als die größern Geschwister und wenn Elschen noch so oft des Tages eine ihrer fünf schönen Glaskugeln verlor, so suchte sie Frieder unverdrossen wieder zusammen. Die Kleine verstand noch nichts von der Wohnungsnot, aber Frieder war sehr davon bedrückt, und als er an diesem Nachmittag aus der Schule kam, fiel ihm ein, er wolle auch helfen Wohnung suchen. Sein Weg führte ihn durch die Kaiserstraße, das war die eleganteste Straße der Stadt. In dieser gab es ja prächtige Häuser, da mußten feine Wohnungen sein, wenn er so eine finden könnte!

Mit dem Schulranzen auf dem Rücken, in seinem verwaschenen blau und weiß gestreiften Sommeranzug ging Frieder in eines des stattlichsten Häuser, die teppichbelegte Treppe hinauf und drückte auf die Klingel im ersten Stock. Er mußte ein wenig warten, denn das Dienstmädchen war eben am Scheuern; sie mußte erst ihre nasse Schürze ablegen, schnell eine weiße antun, rasch am Spiegel ihr Haar glatt streichen – so, nun war sie allerdings schön genug, um unserem Frieder aufzumachen. Der zog sein Mützchen ab und sagte: »Wir suchen eine Wohnung.« Er mußte es noch zweimal sagen, denn das Mädchen meinte immer, es habe ihn falsch verstanden. Dann lachte sie und sagte: »Du kleiner Däumling, du willst eine Wohnung suchen? Geh, da würde ich doch noch zwanzig Jahre warten,« und damit ließ sie den kleinen Mann stehen und schloß die Türe. »Zwanzig Jahre können wir doch nicht warten,« dachte Frieder und ging eine Treppe höher. Dort öffnete ihm ein Junge, nur ein paar Jahre älter wie er. Als dieser erfaßt hatte, was Frieder wollte, führte er ihn in das Zimmer und rief einer Dame, die da saß, zu: »Sieh doch, Mama, da ist so ein komischer,

13

kleiner Junge, der will bei uns eine Wohnung suchen.«

Die Mama sah dem kleinen Eindringling ein wenig mißtrauisch entgegen, sie fragte ihn, wem er gehöre. Der Musiklehrer Pfäffling hatte aber einen guten Namen und war der Dame nicht unbekannt. Sie fragte nun noch allerlei. Der Frieder antwortete, so gut er's verstand. Man konnte ihm wohl anmerken, wie ernst es ihm war mit der Wohnungsnot. Die Dame konnte ihm aber doch nicht helfen. »Liebes Kind,« sagte sie, »geh du lieber heim, dein Vater wird schon selbst eine Wohnung finden.« Der Frieder schüttelte traurig das Köpfchen. »Nein,« sagte er, »uns will niemand nehmen, weil wir sieben Kinder sind.«

»Das ist aber arg, Mama,« sagte der kleine Sohn des Hauses, »wenn sie keine Wohnung finden, dann müssen sie immer auf der Straße bleiben.«

»Bewahre,« entgegnete die Mama, »sie kommen schon unter; sieben Kinder sind nicht so schlimm, da drüben wohnt eine Familie mit acht Kindern und es gibt auch solche mit zehn!« Da lauschte der Frieder, das war ihm eine gute, neue Botschaft! Jetzt war er beruhigt; das mußte er gleich daheim erzählen, die wußten das gewiß nicht. Er gab das Wohnungsuchen auf und ging heim.

Als Frau Pfäffling im Kreis der Ihrigen erzählte, daß sie an diesem Nachmittag vergeblich in vielen Häusern gewesen sei, sagte Frieder ganz ernsthaft: »Ich habe auch Wohnungen gesucht und keine gefunden.« »Du hast gesucht? ja wo denn? wie denn?« fragten alle durcheinander und während er erzählte, wurde er von den Großen unbarmherzig ausgelacht und von den Eltern gezankt, daß er allein in fremde Häuser gegangen war. Frieder ließ das Köpfchen hängen. Niemand bemerkte, daß Tränen in seinen Augen standen, nur die kleine Else sah es, weil sie gerade an ihn herankam und zu ihm aufsah, und sie streichelte den

Bruder. Sie verstand auch noch nicht, warum die andern lachten, und das tat dem Frieder wohl, in ihren Augen war er doch kein Dummerle!

Frau Pfäffling hatte aber doch eine Wohnung ausfindig gemacht. Freilich war sie auch teurer als die seitherige, gerade etwa um soviel teurer als Herrn Pfäfflings Reise gekostet hätte, aber es waren doch so viele Zimmer darin, daß die große Familie gut Platz hatte. Frau Pfäffling berichtete genau über die innere Einteilung. »Du hast ja noch gar nicht gesagt, in welcher Straße sie liegt, das möchte ich doch vor allem wissen,« sagte Herr Pfäffling. Da kam es etwas zögernd heraus: »Sie liegt in der Hintern Katzengasse Nr. 13.«

»In der Hintern Katzengasse? Die kennt man ja nicht einmal dem Namen nach. Wollen wir doch sehen, wo die liegt.« Auf demselben Tisch, wo kürzlich die Karte vom Fichtelgebirge aufgelegen war, wurde nun der Stadtplan ausgebreitet, und wieder steckten sich alle Köpfe zusammen, bis die Hintere Katzengasse gefunden wurde. Sie führte von der Vorderen Katzengasse nach der alten Trödlergasse. »Eine feine Lage ist's nicht,« sagte Pfäffling.

»Nein, aber dort nimmt man uns doch auf. Die Kaiserstraße wäre feiner gewesen, wo unser Dummerle gesucht hat.«

»Wem gehört denn das Haus?«

»Einem Seifensieder.«

»Riecht's da nicht den ganzen Tag nach dem Seifenbrei?«

»Es riecht wohl ein wenig, das kann nicht anders sein.«

»Da ist wohl auch kein Gärtchen oder Hof dabei, und das Haus ist nördlich gelegen, ein Sonnenstrahl dringt kaum in diese engen Gassen,« sagte Pfäffling seufzend. »Es können nicht alle auf der Sonnenseite wohnen,« erwiderte Frau Pfäffling, »wie viele müssen im Schatten vorlieb nehmen!«

»Wollen wir morgen noch einmal suchen, und dann, wenn wir gar nichts Besseres finden, nun, dann müssen wir uns eben begnügen.«

Am nächsten Tag fand sich nichts Besseres und mit schwerem Herzen wurde der Beschluß gefaßt, in der Hintern Katzengasse Nr. 13 einzumieten.

Inzwischen war in der schönen Wohnung, die Frieder in der Kaiserstraße angesehen hatte, eine kleine Teegesellschaft versammelt. Die Dame des Hauses erzählte von dem kleinen Pfäffling, der mit dem Ränzchen auf dem Rücken nach einer Wohnung bei ihr gesucht habe. Wie groß mußte die Verlegenheit der Familie sein, wenn sie alle Kinder bis herunter zum sechsjährigen ausschickte auf Suche nach Wohnung! Ein älteres Fräulein aus der Gesellschaft, das ein warmes Herz für die Not anderer Leute hatte, erklärte, da müsse geholfen werden. Gleich am nächsten Morgen wolle sie zu Herrn B. gehen, der kenne alle Wohnungen der Stadt, der müsse Rat schaffen. So ging Fräulein A. zu Herrn B. und dieser wieder zu Frau C., und als die Sache noch ein Stück weiter durchs Alphabet gelaufen war, kam eines Morgens der Schreinermeister Hartwig, fragte nach dem Musiklehrer Pfäffling und sagte dem Dienstmädchen, er habe eine Wohnung anzubieten. Herr Pfäffling gab eben in seinem Zimmer Geigstunde, während am andern Ende der Wohnung einer seiner Jungen Klavier übte, und zwischen darin saßen die Zwillinge und sangen so laut sie konnten darauf los, weil sie die zweierlei Musik übertönen wollten.

Frau Pfäffling hatte in der Küche die Frage wegen der Wohnung vernommen und hätte sie nur gekonnt, sie hätte heimlich alle Musik zum Schweigen gebracht; aber da führte ihr das Mädchen schon den Herrn her und weil auch gerade

16

die andern Kinder über den Gang sprangen, so konnte man kaum das eigene Wort verstehen. Die Mutter führte Herrn Hartwig ins Zimmer und im Vorbeigehen faßte sie einen ihrer Jungen und flüsterte ihm zu: »Es ist ein Hausherr da, rufe den Vater, und mache, daß man euch nicht so hört.«

Das wirkte; die Kinder wußten ja, um was es sich handelte. »Ein Hausherr,« so ging's von Mund zu Mund; alle Musik, aller Lärm verstummte, auf den Zehen schlichen sich die Kinder hinaus, lautlos wurden die Türen geschlossen, eine ungewohnte Stille herrschte im Haus. Herr und Frau Pfäffling waren allein mit dem Schreinermeister Hartwig. »Wenn Sie noch keine Wohnung gefunden haben,« sagte dieser, »so möchte ich Ihnen eine in meinem Hause anbieten, draußen in der Frühlingsstraße. Platz genug gäbe es da, und es schadet auch nichts, daß Sie zehn Kinder haben.«

»Sieben, sieben, bloß sieben,« riefen die beiden Eltern wie aus einem Mund.

»Um so besser, uns hat man von zehn gesagt; es hat sich halt so herumgesprochen in der Stadt und darüber haben sich die Kinder vermehrt. Es ist ein großer Holzplatz am Haus, da können sich die Kinder tummeln. Und was den Mietzins betrifft, da werden wir uns schon einigen. Bei uns ist's nämlich so: Mich hat noch nie ein Lärm gestört, und meine Frau, die hat die Liebhaberei Gutes zu tun, wie eben jeder Mensch so seine Liebhaberei hat. Darum sagt sie: Eine gute Mietpartei nehmen ist keine Kunst, aber eine schlechte Mietpartei aufsuchen, das ist christlich.«

Der »schlechten Mietpartei« klangen diese Worte wie Musik, und nach fünf Minuten schon war Pfäffling mit dem freundlichen Hausherrn unterwegs in die Frühlingsstraße und ließ sich von der Hausfrau mit der christlichen Liebhaberei, Gutes zu tun, die sonnige Wohnung zeigen und ohne Schriftstück, mit freundlichem Handschlag wurde der Mietvertrag zu billigem Preis abgeschlossen. Fröhlichen Herzens ging unser Musiklehrer von der Frühlingsstraße in die Hintere Katzengasse, freute sich, als er schon von ferne den Seifengeruch in die Nase bekam, und teilte dem Seifensieder mit, daß er sich zu einer andern Wohnung entschlossen habe. Dann vorbei an der Buchhandlung, wo er zum zweitenmal die Karte vom Fichtelgebirge verlangte, und nun heim zur begeisterten Schilderung der künftigen Wohnung in der Frühlingsstraße.

Die ganze Familie teilte seine Freude; nur der Frieder hörte zufällig nichts davon, weil er eben mit seiner Harmonika im Hof war, und niemand dachte daran, daß er die Neuigkeit nicht erfahren hatte. Er wunderte sich im stillen, als beim Mittagstisch alle so vergnügt vom nahen Umzug sprachen und sogar sagten, sie bekämen es viel schöner als jetzt; denn er dachte, es handle sich noch um die Hintere Katzengasse. »Mir gefällt's besser da,« sagte er, »weil wir doch einen Hof haben.« »Der elende Hof voll Wäschepfosten,« sagte einer der Brüder, »da will ich doch lieber einen Holzplatz.«

»Schau, schau, dem Frieder allein ist die neue Wohnung nicht gut genug, der will eben in die Kaiserstraße,« sagte der Vater neckend zu ihm, und auch die andern lachten. Es wußte niemand, daß man ihm eigentlich die neue Wohnung verdankte, auch er selbst nicht, und so schwieg Frieder. Er fand es zwar wunderlich, daß man heute so zufrieden sein sollte mit dem Tausch, aber ihm kam ja oft etwas sonderbar vor, was die Großen sagten, und er fragte nie viel, sie hatten alle immer keine Lust, ihn aufzuklären.

So kam es, daß Frieder bei der Meinung blieb, man habe in der Hintern Katzengasse eingemietet.

»Wenn der Umzug doch sein muß, dann so bald wie möglich,« sagte Pfäffling, »noch vor meiner Reise«, und mit großem Eifer wurden alle Vorbereitungen getroffen. Manche

Bekannte boten ihre Hilfe an, und viele luden die Kinder für den Umzugstag zu Tisch, so daß es eine ganz schwierige Beratung gab, was man annehmen konnte und ablehnen mußte. Die Eltern hatten viel zu tun; sie überließen es den Kindern, wo und wie jedes zu seinem Mittagstisch gelangen würde. So fanden die großen Jungen glücklich heraus, daß Brauns auf zwölf Uhr und Schwarzens auf ein Uhr geladen hatten, das konnten sie beides vereinigen, und sie freuten sich königlich auf das doppelte Mittagessen.

Der Tag des Umzugs kam. Gegen Mittag fuhr der vollbeladene Wagen ab, die Eltern folgten ihm in die neue Wohnung, während die Kinder gleich von ihren Schulen aus zu den Familien, die sie geladen hatten, gegangen waren und sich's da schmecken ließen. Nur unser Frieder hatte nicht recht erfaßt, wie das alles eingerichtet war und wo er zu Mittag essen sollte. Er wollte die Mutter noch einmal fragen und ging wie gewöhnlich von der Schule aus heim, in die alte Wohnung. Alle Türen standen weit offen. Betroffen blieb Frieder unter der Türe der verlassenen Wohnung stehen. Wo war denn alles? Er ging von einem Zimmer ins andere, Papier und Stroh lagen auf dem Fußboden zerstreut. Da, im Winkel, mitten unter dem Staub, sah er eine von Elschens Kugeln, die schöne rote, die hob er auf und schob sie in seine Tasche. Dann ging er durch all die leeren Räume, seine Schritte hallten, aber sonst war alles stille. Ihm wurde ganz unheimlich zumute, Tränen kamen ihm in die Augen, als er sich so verlassen fühlte. Ja, sie waren alle ausgezogen und ihn hatten sie vergessen. Jetzt kamen Schritte die Treppe herauf, der Hausherr war's und eine Scheuerfrau mit Besen und Wassereimer.

»Bist du noch da, Frieder?« fragte er. »Deine Leute sind schon in der neuen Wohnung, mache nur, daß du auch hinkommst, sonst wirst du hinausgekehrt.« Da ging Frieder die Treppe hinunter; er wußte jetzt, was er zu tun hatte, er mußte in die neue Wohnung gehen. Also in die Hintere Katzengasse Nr. 13. Wo diese lag, wußte er ungefähr; hinter dem Markt hatte er sagen hören, und auf dem Markt war er schon oft gewesen. Er machte sich auf den Weg. Der war weit und heiß; der kleine Fußgänger mit dem Schulranzen kam langsam vorwärts und dachte dabei, daß er zum Mittagessen bei Bekannten eingeladen sei, wenn er nur gewußt hätte, wo? Endlich gelangte er doch auf den Markt und sah sich um. Rechts, links, überall gingen Straßen und Gassen ab, welche aber war die richtige? Zweifelnd kam er bis mitten auf den Platz, da trieben sich ein paar Kinder herum. An die wandte er sich. Ein Mädchen wies ihm den Weg. »Dort,« sagte sie, »wo der Seifenladen ist, da ist Nr. 13.«

Der Seifensieder stand unter der Ladentüre und als er sah, daß der kleine ABC-Schütz mit dem Ränzchen auf dem Rücken unschlüssig vor dem Hause stehen blieb, fragte er: »Wen suchst denn du, Kleiner?«

»Ich möchte in unsere neue Wohnung,« sagte Frieder. »Wie heißt du denn?« »Frieder Pfäffling.« »Pfäffling? Pfäffling? Gehörst du dem Musiklehrer? Ja? Der hat ja hereinziehen wollen, hat sich aber dann anders besonnen. Bist du sein Bub und weißt das nicht?«

»Ich weiß gar nichts,« sagte Frieder und sah recht jämmerlich darein.

»Geh nur wieder in deine alte Wohnung,« sagte der Mann, »und frage dort, wo du hin sollst, dort sagt man dir's schon. So etwas ist mir aber noch nicht vorgekommen, daß man auszieht und sagt den Kindern nicht einmal wohin!«

Dem Frieder kamen trübe Gedanken, während er die Hintere Katzengasse wieder hinaufging nach dem Markt. Seine Eltern waren also in eine andere Wohnung gezogen und ihm hatte man nichts davon gesagt, weil man ihn nicht brauchen konnte. Der neue Hausherr hatte gewiß nur sechs Kinder aufnehmen wollen; er war der siebente, er war zuviel. Das kam ihm alles ganz natürlich vor, aber traurig war es. Und jetzt war er so hungrig. Für heute war er wenigstens noch zum Mittagessen eingeladen. Vielleicht bei Brauns? Dort wollte er es einmal versuchen. Den Weg dahin konnte er freilich nur von zu Hause oder von der Schule aus finden. So ging er bis zu seinem Schulhaus. Dort traf er einen seiner Schulkameraden, der schon wieder in die Nachmittagsschule ging und höchlich erstaunt war, daß Frieder erst zum Essen gehen wollte. Auch ein anderer Kamerad, der kleine Meinert, kam schon des Wegs. »Du, Meinert,« rief ihm der erste Kamerad zu, »der Pfäffling will erst zum Essen gehen.«

»O, der kommt viel zu spät!«

»Gelt, ich sag's auch, der kommt zu spät.« So eingeschüchtert wagte sich »der Pfäffling« auch nicht mehr weg, sondern ging hinauf in das Schulzimmer, setzte sich todmüde auf seinen Platz in der Bank, ließ das heiße Köpflein hängen und schlief ein. Aus diesem Mittagsschlaf erwachte er erst, als gegen zwei Uhr die andern Kinder alle heraufstürmten und der Lehrer kam. Sehr gut bestand Frieder heute nicht in der Schule und die zwei Stunden schienen ihm eine Ewigkeit.

Als sie endlich überstanden waren und er die Treppe herunterkam, ohne zu wissen, wohin er sich dann wenden solle, da rief plötzlich eine Stimme: »Frieder!« Er sah auf und da stand sein Vater vor ihm und sagte freundlich zu ihm: »So Frieder, ich habe auf dich gewartet, ich will dich abholen in die neue Wohnung, die Mutter hat Angst gehabt, daß du sie nicht findest.«

Ei, wie da der kleine Frieder verklärt zu seinem Vater aufsah, wie er sich dicht an ihn drängte und mit ihm ging! Und wie ihm dann auf einmal die Tränen aus den Augen schossen und all der Jammer im Durcheinander herauskam: Kein Mittagessen – die alte leere Wohnung – die Hintere Katzengasse und die Angst, daß man nur noch sechs Kinder haben wolle! Vater Pfäffling drückte fest die kleine Hand, die in der seinigen ruhte, und sagte: »Frieder, wo wir sind, da gehörst du auch hin und in der Frühlingsstraße Nr. 20 da wird auch für unser Dummerle der Tisch gedeckt.«

In der neuen Wohnung war noch ein buntes Durcheinander und Frieder hätte wohl nicht so schnell etwas zu essen gefunden, wenn nicht die neue Hausfrau mit der Liebhaberei, Gutes zu tun, dagewesen wäre. Sie brachte eine riesige Kanne mit Kaffee und Milch zum Einstand, um die sich bald die ganze Familie scharte; viele Freunde und dankbare Musikschüler schickten Vorräte für die Speisekammer, so daß alles in Hülle und Fülle da war, wie sonst nie im Jahr, und alle Pfäfflinge, jung und alt, voll Vergnügen waren. Frieder wurde freilich von den Geschwistern viel geneckt und mußte sich oft Dummerle nennen lassen, aber er ließ sich's gar nicht anfechten, er war jetzt glücklich! Und als das Elschen am Abend zu ihm kam mit vier Kugeln in den Händen und klagte: »Die rote Kugel ist nicht mit eingezogen,« da freute er sich darüber, daß er noch einmal in die verlassene Wohnung gekommen war und dort die Kugel gefunden hatte, ging mit der kleinen Schwester auf den Holzplatz, wo die großen Geschwister auf den Balken schaukelten und kletterten, und spielte mit ihren Kugeln, wie sie es in der alten Wohnung getan hatten.

Bald war die neue Wohnung eingerichtet und Herr Pfäffling rüstete sich zur Reise. Seine Tasche war gepackt, alles lag bereit, am nächsten Morgen wollte er abreisen. Das Wetter war herrlich und lockte hinaus, er sang und pfiff den ganzen Tag vor Freude und unterbrach sich nur manchmal, um zu seiner Frau zu sagen: »Nächstes Jahr bist du an der Reihe,« oder zu den Kindern: »Wenn ihr groß seid, dürft ihr auch reisen.« Sie freuten sich alle mit ihm.

Aber – in der Nacht wurde Elschen krank. Sie konnte nicht sagen, was ihr fehlte, aber sie weinte und wimmerte und wälzte sich in ihrem Bett herum. Am frühen Morgen wurde der Arzt geholt. Er untersuchte, fragte und wurde nicht klug daraus, was dem Kind fehle. Als Frau Pfäffling sagte: »Mein Mann kann doch unbesorgt abreisen?« da zuckte er die Achseln und meinte: »Ich würde doch noch einen Tag zusehen.« Den ganzen Tag konnte die Kleine nichts essen und lag stöhnend im Bettchen, und am nächsten Tag fand der Arzt sie kränker als am vorhergehenden. Traurig schlichen die Kinder umher, jedes teilte die Angst der Eltern um die Kleine, alle Musik verstummte. In diesen Tagen waren Pfäfflings eine gute Mietpartei für die Hausleute.

Elschen aber konnte doch nicht schlafen, so sehr man ihr Ruhe verschaffte. Der kleine Frieder stand an ihrem Bett; ihn lächelte sie manchmal an und sprach auch ein paar Worte mit ihm, aber von den andern Geschwistern wollte sie nichts wissen. So ließ ihn die Mutter manchmal allein am Bett, wenn sie selbst nach der Haushaltung sehen mußte, die zwei hatten sich ja so lieb. Vater Pfäffling ging unruhig im Haus herum, an seine Reise dachte er schon fast nicht mehr, so groß war die Sorge um das Kind.

Eben war der Arzt wieder dagewesen. »Wenn ich nur erst herausfände, was dem Kinde fehlte,« sagte er, »aber so kann ich ihm gar nicht helfen.« Die Eltern begleiteten ihn hinaus und Frieder stand am Bett. Die kleine Schwester sah ihn an und streckte ihm die Händchen hin. »Elschen,« sagte er schmeichelnd, »willst du unsre schönen Glaskugeln?« und er schüttelte ein wenig das Büchschen, in dem dieses ihr gemeinsames Lieblingsspiel verwahrt war.

»Nein, nein, nein!« rief die Kleine mit ungewohnter Heftigkeit und streckte ihre Hände wie abwehrend gegen das Büchschen, und als Frieder es schnell beiseite legte, flüsterte sie ihm ganz leise zu: »Die rote Kugel schmeckt so hart.« Dann legte sie sich auf die Seite und schloß die Augen. Frieder blieb ganz still bei ihr stehen. Zuerst kam es ihm komisch vor, daß Elschen so etwas Dummes sagen konnte. Wer weiß denn, wie Kugeln schmecken! Frieder war kein großer Denker, aber nach einer Stunde war er doch mit seinen Gedanken so weit gekommen, daß er sich sagte: »Die rote Kugel ist nicht im Büchschen, vielleicht hat das Elschen sie gegessen.« Und nun fing er an, im Zimmer nach der Kugel zu suchen, ob sie nicht doch irgendwo lag. So trafen ihn die Eltern, gerade als er mit einem Stecken unter der Kommode herumfuhr und damit einigen Lärm machte.

»Ruhig, ruhig,« wehrte die Mutter, und der Vater, der immer neben der Sorge auch ein wenig Ärger empfand wegen seiner mißlungenen Reise, fuhr ihn ungeduldig an: »Geh doch hinaus zu den andern, was treibst du denn da?« »Ich muß die rote Kugel suchen, denn – –.« »Geh hinaus mit deinen Kugeln! Wenn du nicht still bei Elschen bleiben kannst, dann darfst du auch nicht mehr zu ihr,« und unsanft wurde der Kleine zur Türe hinausgeschoben.

Da ging er hinunter auf den Holzplatz, setzte sich auf einen Balken und dachte an sein Schwesterchen. Nach und nach wurde ihm alles klar: die rote Kugel war am Sonntag noch in der Büchse gewesen, dann war das Elschen krank geworden und seitdem war die Kugel weg. Und wenn das Elschen sie nicht gegessen hätte, dann wüßte es doch nicht, daß sie hart schmeckt. Und das hatte sie ihm deshalb ganz leise gesagt, damit es die Eltern nicht hörten, denn so eine schöne Glaskugel essen ist schade, da wird man gezankt. Der Bruder wollte auch seine Schwester nicht verraten, damit sie nicht gezankt würde, er sagte zu niemand ein

Wort.

Am nächsten Morgen hatte er sich doch wieder an Elschens Bett gemacht. Die Eltern beachteten ihn nicht und sprachen miteinander. Sie erwarteten den Arzt. »Wenn er nun gar nicht herausbringt, was dem Kind fehlt,« sagte Vater Pfäffling, »dann müssen wir doch einen andern Arzt dazu holen.« »O ja, bitte,« sagte die Mutter, »laß ihn holen, ehe es zu spät ist, heute nacht habe ich schon gemeint, sie stirbt mir« – und die Mutter weinte. Daß seine Schwester sterben könnte, daran hatte Frieder noch gar nicht gedacht, und mit einemmal wurde es ihm ganz klar, daß er nicht verschweigen dürfe, was er wußte, lieber Elschen verraten als sie sterben lassen. Da klingelte schon der Arzt. »Mutter,« fing Frieder an, »du weißt doch, daß wir so eine rote Kugel haben –.« Aber die Mutter fiel ihm ins Wort: »Aber Frieder, meinst du denn, wenn das Schwesterchen so krank ist, will man etwas von deinen Kugeln wissen?«

Der Arzt kam und untersuchte die kleine Kranke. Unterdessen näherte sich Frieder dem Vater. »Vater,« begann er leise, »Vater, wir haben doch eine rote Kugel gehabt und – –« »O du mit deinen verwünschten Kugeln!« rief Herr Pfäffling so laut und ärgerlich, daß das kranke Kind erschreckt und der Arzt erstaunt herüber blickte und sagte: »Es wird immerhin besser sein, wenn die Kinder nicht im Krankenzimmer sind,« und Vater Pfäffling machte die Türe auf und wies mit strenger Miene dem Frieder den Weg. Der aber, der sonst nie wagte, ungehorsam zu sein, schlüpfte an der Türe vorbei zum Arzt, der über das Bett der Kleinen gebeugt stand und sie behorchte. Er schlang beide Arme um den Hals des Arztes und flüsterte ihm ganz leise zu: »Die rote Kugel hat das Elschen gegessen, ja, und darum ist sie krank.«

Die Eltern hatten nicht verstanden, was Frieder leise gesagt hatte, und so sahen sie mit Staunen, daß der Doktor sich von der kleinen Kranken weg eifrig dem Frieder zuwandte und nun, wahrhaftig – sie hörten es ganz deutlich – fing auch der Doktor an, von den Kugeln zu sprechen, die Herr Pfäffling eben verwünscht hatte. Der Arzt nahm den Frieder, der ein wenig ängstlich nach dem Vater hinübersah, auf die Kniee und redete sehr freundlich mit ihm, während die Eltern auf seine Worte lauschten. »Wie war denn das mit der Kugel, Frieder? Sage mir's nur noch einmal ganz genau; weißt du, das muß ich alles erfahren, wenn ich deine Schwester gesund machen soll. Hast du es denn gesehen, daß sie die Kugel geschluckt hat? Nein? Aber erzählt hat sie dir's? Was hat sie denn erzählt?«

»Nur daß die rote Kugel hart schmeckt. Und das weiß man doch nicht, wie die rote Kugel schmeckt, wenn man sie nicht gegessen hat. Und die Kugel ist auch nicht mehr da, sieh nur her.« Und Frieder öffnete das Kästchen. »Fünf müssen es sein, und es sind doch nur vier.« Elschen fing ängstlich an zu weinen. »Jetzt weint sie,« sagte Frieder und schien selbst den Tränen nahe, »ich habe sie doch auch nicht verraten wollen.«

»So etwas muß man verraten,« sagte der Arzt, und nun wandte er sich an die Eltern, die in große Aufregung versetzt waren durch Frieders Mitteilung. »Wenn es so ist, wie der Kleine sagt, dann kann dem Kind geholfen werden. Ich bin überzeugt, daß die Sache sich so verhält, denn nur durch so etwas läßt sich diese Krankheit erklären. Am besten ist es, ich bringe gleich heute nachmittag einen geschickten Chirurgen mit, vielleicht ist eine Operation vorzunehmen.« Frau Pfäffling erschrak darüber. »Unser Frieder ist so ein Dummerle,« sagte sie, »auf seine Reden hin kann man doch keine Operation vornehmen!«

»Der scheint mir gar kein Dummerle zu sein,« sagte im

Fortgehen der Arzt, »wer weiß, ob Sie ihm nicht das Leben Ihres Kindes verdanken.« Die Mutter aber traute der Sache noch nicht und sie fing an, nach der Kugel zu suchen und rief alle Kinder zu Hilfe. In der ganzen Wohnung wurde aus allen Ecken vorgekehrt, der Vater setzte einen Finderlohn aus und in jedem Zimmer traf man eines der Kinder der Länge nach auf dem Boden liegend und unter die Möbel schlupfend, um zu suchen. Nur Frieder suchte nicht mit, er sah dem Treiben verwundert zu und sagte nur: »Ich habe schon lange gesucht, da ist unsere rote Kugel nie.«

Am Nachmittag wurde die Kleine so krank und schwach, daß es aussah, als ob sie den Abend nicht mehr erleben könnte, und so eilte Herr Pfäffling fort und holte die beiden Ärzte zur Hilfe. Sie kamen, brachten eine Krankenschwester mit, gingen ins Krankenzimmer und schlossen die Türe ab – niemand, nicht einmal die Eltern durften mit ihnen hinein. Das war nun eine bange Stunde. Die ganze Familie war im Wohnzimmer beisammen, lauschte auf die Geräusche, die hie und da aus dem Krankenzimmer über den Vorplatz herübertönten, und wartete. Der Mutter Auge ruhte auf Frieder. Sollte wirklich gerade dieses Kind, das kleine, unbeachtete Dummerle, den wahren Grund der Krankheit gefunden haben? Er saß ganz ruhig mit seinem Büchschen in der Hand da, während Herr Pfäffling aufgeregt im Zimmer hin und her lief und das lange Warten kaum ertragen konnte.

Endlich, endlich hörte man, daß die Türe des Schlafzimmers aufgeschlossen wurde, Herr Pfäffling eilte hinaus in den Vorplatz, die Mutter ihm nach. Da kamen schon die beiden Ärzte auf sie zu und der Hausarzt rief ihnen entgegen: »Nun, da hätten wir ja die verlorene Kugel wieder,« und er hielt hoch in der Hand, daß es alle sehen konnten, die rote Kugel! Der Mutter stürzten die Tränen aus den Augen. »Darf ich hinein?« fragte sie und war schon durch die Türe und bei dem kleinen Liebling, ehe sie Antwort bekommen hatte. Das Kind lag bleich in seinem Bettchen und erkannte die Mutter nicht, aber die Krankenschwester sagte zu der besorgten Mutter: »Seien Sie nur ganz getrost, es ist so gut gegangen, die Ärzte sind ganz zufrieden.«

Leise, leise schlichen sich allmählich alle Kinder herein, während draußen die Ärzte mit dem Vater sprachen. Die großen Brüder, die Zwillingsschwestern, jedes wollte das Elschen sehen. Da konnte der kleine Frieder nicht beikommen und das Schwesterchen nicht sehen. Er wollte hinausschlüpfen, aber die Herren standen unter der Türe. Der Arzt bemerkte ihn. »Das ist der Kleine,« sagte er zu dem Chirurgen, »ein kluges, aufmerksames Kind, dem verdankt die kleine Schwester gewissermaßen das Leben.« »Ja,« sagte Herr Pfäffling, »das kommt daher, daß er sein Schwesterchen so lieb hat, er ist sonst nicht der Klügste, da muß die Liebe den schlummernden Verstand geweckt haben.« Die Geschwister alle hörten das, sie wandten sich Frieder zu und sahen ihn staunend an. Dieser selbst beachtete das nicht, er hatte ein anderes Anliegen, und da er sah, daß die Ärzte ihn freundlich anblickten, wagte er es vorzubringen. Er streckte das Büchslein hin, in dem die vier Kugeln waren und sagte: »Da herein gehört die rote Kugel!«

Das Elschen erholte sich so schnell, daß es schon nach einigen Tagen wieder ganz lustig und munter war, und Herr Pfäffling rüstete sich abermals zur Reise. Ohne Sorge konnte er sein Töchterchen verlassen, das noch im Bett lag, aber fröhlich mit Frieder plauderte. Die Mutter folgte dem Reisenden noch die Treppe hinunter, die Zwillingsschwestern begleiteten den Vater an die Bahn, die Brüder sollten ihn dafür bei der Heimkehr abholen. Als Frau Pfäffling allein die Treppe wieder herauf und ins Zimmer kam, sagte sie zu ihren drei Großen: »Gottlob, daß des Vaters Reise doch noch zustande gekommen ist,« und sie fing an, den Tisch abzuräumen, an dem der Vater noch eine kleine Mahlzeit eingenommen hatte.

Nun kam auch Frieder, der bei dem Schwesterchen geblieben war, herein, nahm seine Ziehharmonika und spielte ein Lied. Aber mitten in der Melodie unterbrach er sich und fragte: »Wann reist denn der Vater fort?« Da sahen ihn alle an, lachten und fragten: »Hast du's nicht gemerkt, daß der Vater abgereist ist? Er hat sich doch von dir und Elschen auch verabschiedet. Bist du denn doch wieder unser Dummerle? Und der Vater hat erst gesagt, niemand darf dich mehr so heißen.«

Da besann sich der Frieder eine Weile, nahm seine Melodie wieder auf, wo er sie unterbrochen hatte, und spielte sie zu Ende. Dann deutete er auf das Klavier und sagte langsam: »Weil doch da oben noch die Karte vom Fichtelgebirge liegt, kann doch der Vater nicht fort sein.« Was gab es für einen Aufruhr bei diesen ruhig gesprochenen Worten! Die Mutter, die Geschwister, alle waren in einem Augenblick am Klavier: richtig, da lag die Karte; wie war es möglich, daß der Vater die vergessen hatte! Dann ein Blick auf die große Wanduhr – reicht es noch, kann man noch vor Abgang des Zuges an die Bahn kommen, dem Vater die Karte bringen? »Es geht nicht mehr,« meint die Mutter. »Es geht, es geht,« meint einer der Jungen und nimmt schon die Karte, reißt die Mütze vom Nagel und hinaus zur Türe: »Ich kann schneller laufen,« »und ich länger,« ruft der Zweite und Dritte, und einer hinter dem andern hinaus, die Treppe hinunter, mit einem Gepolter, daß sogar die freundliche Hausfrau zu ihrem Mann sagte: »So ein Gepolter dürfen die Kinder nicht anfangen, es ist besser, wenn man es ihnen gleich das erstemal verwehrt.« Der Hausherr meinte das auch und ging an die Türe, aber die drei waren zum Haus hinaus, schossen davon und man hörte nur noch, wie droben das Fenster aufgemacht wurde und Frau Pfäffling ihren Jungen nachrief: »Rennt nur, was ihr könnt, es kann noch reichen!« Aber die drei hörten schon nichts mehr und waren im Nu um die Ecke. »Es muß etwas Besonderes los sein,« sagte die Hausfrau zu ihrem Mann, »da kann man nicht zanken.«

Der Musiklehrer Pfäffling war zeitig an die Bahn gegangen, er konnte sich in Ruhe einen guten Platz im Zug wählen, stieg ein und plauderte durchs offene Fenster mit seinen zwei Töchtern. Nun reichte er ihnen noch die Hand heraus zum Abschied: »Grüßt mir die Mutter noch einmal und das Elschen, und nun geht nicht so nahe an den Zug, er wird gleich abfahren, daß nicht noch ein Unglück geschieht –« »Und du wieder nicht reisen kannst,« sagte eine der Schwestern. »Ja, diesmal hat's schwer gelingen wollen, gottlob, daß ich soweit bin.« »Fertig!« rief der Zugführer, und der Bahnbeamte setzte eben das Pfeifchen an den Mund, um das Zeichen zur Abfahrt zu geben, da stürzte auf den Bahnsteig heraus ein Bub, atemlos, schweißtriefend, und ein zweiter hinter ihm drein, und riefen schon von der Ferne: »Vater, Vater!« Der dritte war nicht nachgekommen, der hatte unterwegs einen Schuh verloren. Der Zugführer empfand ein menschliches Rühren, er war doch auch Vater; wenn zwei Kinder so nach dem Vater riefen, durfte er wohl einige Sekunden zögern. Er nahm das Pfeifchen von den Lippen, alle Umstehenden sahen auf die heranstürmenden Jungen, auch Pfäffling erblickte sie, und wie der Blitz durchfuhr ihn der Gedanke: »Es ist etwas geschehen – du kannst nicht reisen – das Elschen ist wieder krank!« Da hatte sein Ältester den Wagen erreicht, streckte ihm etwas entgegen: »Die Karte!« Der Pfiff ertönte, der Zug fuhr ab und noch aus weiter Ferne sahen die Kinder, wie der Vater sie grüßte und ihnen fröhlich zuwinkte mit der Karte vom Fichtelgebirge!

Hoch droben.

In Berlin war an einem heißen Juninachmittag ein
Dachdecker auf dem Dache eines vierstöckigen Hauses
beschäftigt. Am Rand des Daches saß er und setzte neue
Schieferplatten ein, wo die alten schadhaft geworden waren.
Manchmal sah einer der Vorübergehenden von der Straße
herauf nach dem jungen Mann in der schwindelnden Höhe.
Der Dachdecker aber blickte nicht hinunter, er sah nur auf
das Dach mit seinen vielen Plättchen, die glühend heiß
wurden in der Sonne, und langsam ging ihm heute die
Arbeit von der Hand. Die Hitze wurde immer drückender,
die Sonne stach durch die Wolken; jetzt hielt er mit seiner
Arbeit inne. Eine lange Reihe Plättchen hatte er eingesetzt,
nun kam die nächste Reihe. Er legte sein Werkzeug aus der
Hand, wischte sich den Schweiß von der Stirne und ruhte
einen Augenblick. Da fiel sein Blick auf die Straße, wo die
Wagen fuhren und die Menschen wandelten. Er war heute
nicht schwindelfrei wie sonst, wo er ruhig in die Tiefe
blicken konnte, er schloß die Augen und ruhte. Die Sonne
verbarg sich hinter schweren Wolken, ein tiefer Schatten fiel
aufs Dach und der junge Arbeiter schlief ein.

Dachdecker, hüte dich, deine Arbeit ist gefährlich, deine
Ruhe ist's noch mehr!

Drunten in der Straße wogten die Menschen hin und her,
bis ein Mann plötzlich stehen blieb. Er hatte nach der
dunkeln Wolke geschaut, die sich am Himmel
zusammenballte, und da hatte er die Gestalt auf dem Dache
wahrgenommen. Andere Vorübergehende folgten
unwillkürlich seinem Blick und blieben ebenso an den Platz

gebannt stehen wie der erste. Was war dem Mann? Er lag da wie tot. Nein, jetzt rührte er sich ein wenig; der Arm, den er am Kopf gehalten hatte, sank langsam herunter über das Dach. Das Gesicht war halb verdeckt von der Mütze. Schlief er oder war er vom Hitzschlag getroffen? Von Mund zu Mund gingen diese Fragen in der immer mehr anwachsenden Menge, die mit Grauen in die Höhe blickte zu dem in Todesgefahr schwebenden Mann. Schutzleute kamen hinzu. »Der Mann muß gerettet werden, aber wie? Durch die Dachkammer kommt man schwer bei, von unten wird's besser gehen, mit der Leiter, mit der großen Feuerwehrleiter; man muß die Feuerwehr benachrichtigen, aber schnell, schnell; wenn der Mann eine Bewegung macht, so stürzt er herunter in die Tiefe!«

Einige eilten davon, die Feuerwehr zu holen. Inzwischen füllt sich die ganze Straße, Kopf an Kopf steht die Menge, Wagen halten, sie können nicht durch das Gedränge kommen. Aber trotzdem ist alles still und von Mund zu Mund geht die Losung: »Nur leise, daß der Mann nicht unruhig wird, sonst ist er verloren.« Ergreifend ist die Stille und die Spannung.

Plötzlich entsteht eine Bewegung in der Menge: »Macht Platz, eine Frau ist ohnmächtig geworden. Es ist seine Mutter,« sagen die Leute, »macht Platz für die Mutter.« Sie ist's ja nicht, sie ist ein ehrsames altes Jüngferlein, aber die Leute meinen es und machen willig und teilnahmsvoll Platz.

Kommt denn die Feuerwehr immer noch nicht? Sie ist doch sonst so schnell zur Stelle. In Wahrheit sind erst ein paar Minuten verstrichen, seit man sie benachrichtigt hatte, aber sie erschienen wie eine Ewigkeit. Und jetzt saust sie daher mit Blitzesgeschwindigkeit, die Helme der Männer glänzen in der Sonne. Vor dem Haus wird die Leiter aufgestellt, das große Rad gedreht, bis die Leiter sich höher und immer höher aufrichtet und die obersten Sprossen endlich ganz nahe der Stelle am Dach kommen, wo der Mann liegt. Ein Feuerwehrmann steigt hinauf. Hunderte von Blicken folgen ihm, in atemloser Spannung sehen alle, wie der geübte Steiger in die schwindelnde Höhe kommt, wie er sich seinem Ziele nähert und nun, am Dach angelangt, von der Leiter aus sich rasch und fest gegen den Daliegenden stemmt.

Die Berührung weckte den Schläfer, er schlug die Augen auf und sah mit Staunen einen Feuerwehrmann auf der Leiter vor sich. Der aber rief in demselben Augenblick: »Vorsicht, oder Sie fallen!« und fest drückte er die Hände gegen den Arbeiter.

»Keine Angst,« sagte der Dachdecker, »lassen Sie mich nur aufstehen.«

»Schon recht, wenn Sie können! Wo fehlt's denn, warum liegen Sie da? Ich glaube wahrhaftig, Sie sind da oben eingeschlafen.«

Und ein wenig beschämt sagte der junge Mann: »Es muß schon so sein, es war so heiß, ich wollte nur ein wenig ruhen!«

»Das hätte Ihnen das Leben kosten können.«

Der Dachdecker richtete sich auf und staunend sah er drunten in der Straße die Volksmenge, die, als der Arbeiter sich erhob, in Bewegung geriet und laut ihrer Freude Ausdruck gab. Den jungen Mann überkam eine mächtige Bewegung, als er sah, wie um seiner armen Person willen ein solcher Auflauf war. Furchtlos trat er vor an den äußersten Rand, zog seine Mütze vom Kopf, schwang sie in die Luft und rief laut hinunter: »Hurra!«

Und fröhlich klang es aus vielen Kehlen wieder: »Hurra, Hurra!«

»Jetzt nur vorsichtig die Leiter herunter,« sagte der Feuerwehrmann, »daß nicht zuletzt doch noch ein Unglück geschieht,« aber der Dachdecker deutete auf die Schieferplättchen: »Ich kann noch nicht Feierabend machen,« sagte er, »ich muß an die Arbeit gehen und mein Weg führt durch die Dachluke.«

»Also gut,« sagte der Feuerwehrmann, »schlafen Sie nicht noch einmal ein auf dem Dache.«

»Mein Lebtag nimmer,« sagte der Dachdecker, »ich mach' meinen Dank für die Lebensrettung.«

»Schon recht.« Der Feuerwehrmann stieg hinab. Die Menge drunten verlief sich, die große Leiter wurde weggefahren, bald hatte die Straße wieder ihr gewöhnliches Aussehen, und droben auf dem Dach arbeitete der junge Dachdecker. Jetzt ging ihm die Arbeit flink aus der Hand, er war nicht mehr müde, hatte er doch ein gutes Schläfchen gemacht; auch kamen ihm allerlei Gedanken über die Gefahr, in der er geschwebt hatte, über die hilfreichen Menschen und über Gott den Herrn!

———

Im Thüringer Wald.

Im Thüringer Wald, hoch droben zwischen den Bergen, liegt das Dörflein Oberhain. Kleine, schiefergraue Häuslein ohne Scheunen und Ställe, ohne Gärten und Felder stehen eins neben dem andern dicht am Berg, im Schatten der nahen Waldbäume. Wenn im Frühjahr die kleinen Kartoffeläcker bestellt sind, die sich am Berghang hinziehen, ist die Arbeit getan. Im Sommer erklingt nicht das Dengeln der Sensen, denn es gibt kein Heu auf den kleinen, nassen Wiesen. Im Herbst sieht man keinen Erntewagen, denn niemand hat Garben einzubringen; im Winter hört man nicht dreschen, denn es ist kein Korn gewachsen. Keine Viehherde zieht durchs Dorf, nur ein paar Geißen grasen da und dort oder ein Schweinlein läßt sein Grunzen vernehmen. So sieht ein Dorf aus ohne Bauern. Aber doch leben Leute genug in den schieferbedeckten Häuschen, Leute, die von früh bis spät fleißig sind. Was mögen sie wohl treiben?

Es war im Juni des Jahres 1900 früh am Morgen. Aus der Türe eines der Häuschen trat eine kleine Frau; sie war nicht kräftig und rotbackig wie eine Bäuerin, schmächtig und blaß sah sie aus; doch ging sie ganz munter ums Haus und holte von den Reisern, die dort aufgeschichtet lagen, ein Büschel. Die Türe hatte sie weit offen stehen lassen und man konnte durch dieselbe in das Zimmer sehen und in die Kammer daneben. In dieser standen zwei Betten. Aus dem einen war eben die Frau herausgeschlüpft und der Mann lag noch darin. Im andern Bett ruhten zwei Kinder; eigentlich gehörte wohl noch ein drittes hinein, aber das war offenbar herausgefallen, denn es lag auf dem Boden, war halb unter die Bettstatt hinuntergekugelt, schlief aber dort unten ganz ruhig weiter.

Als die Frau mit dem Holz wieder in die Stube kam und Feuer im Ofen anmachte, verließ der Mann das Bett, kleidete sich an, hob den kleinen Kerl unter der Bettstatt hervor, legte ihn in sein Bett und sagte zu seiner Frau: »Den Johann haben sie wieder herausgeworfen, hast nicht gesehen, daß er auf dem Boden gelegen ist?« »Wohl,« sagte die Frau, »aber es ist ja nicht kalt und schadet ihm nichts.«

»Ja, ja, im Sommer tut sich's noch, aber die Kinder werden alle Tag' größer, sie haben zu dritt nimmer Platz in dem Bett, wie soll's im Winter werden?« »Geh, sorg dich nicht um den Winter, jetzt um Pfingsten herum,« sagte munter die kleine Frau und setzte einen Topf voll Kartoffeln aufs Feuer.

Als der anfing zu sprudeln, erwachten die Kinder fast alle zur gleichen Zeit und bald saß die ganze Familie einträchtig um den Tisch. Mit dem Anrichten der Kartoffeln machte die Hausfrau nicht viele Umstände, sie wurden mitten auf den Tisch geschüttet, da kollerten sie schon von selbst nach allen Seiten und jedes langte zu und aß.

»Mutter, der Johann schiebt die Kartoffeln mit den Schalen hinein,« sagte Marie, die Sechsjährige. Aber die Mutter lachte bloß: »Er denkt halt, so geben sie mehr aus,« sagte sie. »Geh, Marie, schäl du sie dem Johann,« mahnte der Vater, und die Schwester tat es auch, aber lange hatte sie nicht die Geduld dazu und einige Schalen bekam der Kleine immerhin noch mit zu essen.

Nach dem Frühstück wischte Frau Greiner mit beiden Armen den Tisch ab, daß die Kartoffelschalen nach rechts und links auf den Boden flogen und rieb mit ihrer Schürze darüber. Vater Greiner war inzwischen an den Ofen gegangen, in dem trotz des warmen Junimorgens noch das Feuer brannte. Dort stand ein Kessel, von dem kein lieblicher Duft ausströmte: Aus alten Papierabfällen und Kreide, aus Mehl und Leimwasser rührte da Greiner einen wunderlichen Brei zusammen und bald brodelte die Masse und erfüllte mit ihrem Dunst das ganze Stübchen. Papiermaché war es, das er da bereitet hatte, und nun ging er an seine Arbeit. Er hatte neben sich eine Anzahl von Formen, so etwa, wie unsere Kinder Formen haben, wenn sie mit Sand spielen. Sie füllen ihre Förmchen mit dem feuchten Sand und pressen ihn hinein, und wenn sie dieselben umstürzen, so stehen kleine Törtchen oder dergleichen da. So füllte Greiner in seine Formen das Papiermaché, drückte es fest an, und was herauskam, das waren Puppenköpfe, lauter Puppenköpfe. Schön sahen diese noch nicht aus, sie waren weiß und weich, hatten noch keine Augen, und vorsichtig mußten sie zum Trocknen auf die Stäbchen gesteckt werden, die an Brettern rings um den Ofen gestellt waren. So saß nun auf seinem Holzstuhl Vater Greiner stundenlang zwischen dem übelriechenden Brei und all den dampfenden Köpfchen, arbeitete und hustete dabei, denn seine Lunge war krank geworden von der schlechten Luft.

Seine Frau hatte aber auch nicht umsonst den Tisch sauber gemacht. Bald lag auf demselben ein Ballen weißen Hemdentuches, aus dem sie Stoff zu Puppenkörpern herausschnitt; das ging so flink, im Nu war ein ganzer Stoß geschnitten. Dann ging's ans Nähen; ringsum mußte der Balg zugenäht werden, nur oben, wo später der Kopf darauf kommt, blieb er offen. War er genäht, so mußte er umgewendet werden, aber das tat Frau Greiner nie selbst, dazu war ihre Zeit zu kostbar. Jetzt lagen ein paar Bälge fertig genäht da. »Philipp, da komm her,« rief die Mutter dem Fünfjährigen zu, »umwenden! Philippchen, umwenden!«

Das Philippchen wollte nicht recht. Es kugelte mit dem dreijährigen Bruder, dem Johann, auf dem Boden herum; da war so allerlei: Sägspäne, die man beim Ausstopfen der Puppenkörper verstreut hatte, Papierabfälle und Kartoffelschalen; denn nur am Samstag wurde das alles zusammengekehrt, unter der Woche gönnte sich Frau Greiner nicht die Zeit. Und heute war Freitag, da waren schon Abfälle aller Art auf dem Boden und damit unterhielten sich die zwei Kleinen.

»Philippchen, geh zur Mutter,« sagte jetzt der Vater, »wenn die Marie aus der Schule heimkommt, dann darfst du wieder springen, aber jetzt mußt du halt dran, da hilft nichts.« Das Philippchen setzte sich nun auf die Bank am Tisch und nahm einen der genähten Puppenbälge. Er stülpte ihn um, das ging leicht; aber dann kam eine mühsame Arbeit: die Ärmchen und Beinchen umzukehren; doch mit seinen feinen Fingerchen konnte er das besser als große Leute. Wenn er nur auch immer fleißig weiter gearbeitet hätte; aber die Mutter spornte ihn an, wenn er seine Hände ruhen ließ:

»Philipp, was wird der Herr sagen, wenn ich morgen zu ihm nach Sonneberg komme und kann nicht so viel abliefern, als ich versprochen habe!«

»Was sagt er dann, Mutter?«

»So,« sagt er, »so wenig Bälge bringt Ihr? Der Korb ist ja nur halb voll.«

»Was sagst du dann, Mutter?«

»Dann sag' ich: Ja, Herr, es ist ein Jammer, mein Philipp ist halt so faul.«

»Was sagt dann der Herr, Mutter?«

»Dann sagt er: ›Euch geb' ich keine Arbeit mehr, da geb' ich's lieber dem Haldengreiner, der ist fleißiger.‹

»Und dann, Mutter?«

»Und dann müssen wir alle Hungers sterben.«

Auf das hin regte Philipp fleißig seine Fingerlein und sah eine ganze Weile nicht von seiner Arbeit auf.

»Es ist ein Elend, daß man's mit allem Fleiß nicht weiter bringt,« fing der Hausvater nach einer Weile an.

»Warte nur, es kommt schon besser,« sagte die Frau, »am letzten Samstag ist in Sonneberg allgemein die Rede gewesen, daß aus Amerika große Bestellungen gekommen sind, da gibt's Arbeit genug!«

»Was hilft's, wenn's nicht besser bezahlt wird? Wir bringen doch nicht mehr fertig.«

»Das mußt nicht meinen. Der Johann ist jetzt schon drei Jahre, mit vier kann man ihn schon anweisen und mit fünf hilft er so viel wie der Philipp!«

»Dafür muß der dann in die Schule, das gibt auch wieder einen Ausfall in der Arbeit.«

»Die paar Schulstunden mußt nicht so rechnen,« sagte die Frau, »die bringen sie bei Nacht herein. Dem Haldengreiner sein Achtjähriger, der hat schon manche Nacht durchgeschafft.«

»Weiß schon, dann schlafen sie in der Schul', soll gar nicht gut sein für die Kinder; dumm und schwach bleiben sie, hat der alte Lehrer gesagt, und der neue Lehrer sagt's auch und er hat recht.«

»Geh zu, was der Lehrer sagt, mußt nicht so anschlagen, er möcht' halt, daß die Kinder lernen. Der alte hat's immer gewollt, und der neue ist auch nicht besser. Da ist einer wie der andere aufs Lernen aus.«

»Aber ist's nicht wahr, daß wir Leute schwach sind? Sogar der Schulz sagt, die wenigsten von unseren Burschen geben Soldaten.«

»Was Soldaten, wir brauchen doch keine, es ist ja seit dreißig Jahren Frieden im Land!«

»Jetzt, Frau, du redest aber dumm daher.«

Die Frau lachte. »Wird halt der Lehrer recht haben, daß wir dumm sind. Aber wieviel Nächte hab' ich auch schon durchgeschafft! Aber was willst denn machen? Wir können's doch nicht ändern. Geh, stopf du dir die Pfeife, daß dir die schweren Gedanken vergehen, am Samstag bring' ich dir wieder ein Päckchen Tabak mit.«

Der Trost verfing am besten; über den Qualm der Pfeife kam der sorgliche Hausvater in gemütliche Stimmung.

Inzwischen wurde es immer dumpfer und heißer in dem Stübchen; der Johann wollte auch nicht mehr gut tun, da kam gerade zur rechten Zeit die Schwester aus der Schule heim. Sie hatte noch nicht die Bücher abgelegt, als Philipp schon den Puppenbalg aus der Hand warf, den er eben in Arbeit hatte: »Da, Marie,« rief er, »jetzt komm du her.« »Halt,« sagte der Vater, »zuerst müssen die Köpfe hinaus in die Sonne, so lang bleibst du noch sitzen, Philipp.« Der kleine fünfjährige Arbeiter setzte sich mit weinerlichem Gesicht wieder an die Arbeit; Marie nahm eines der Bretter, auf dem die Köpfe standen, und trug sie hinaus. Sie wußte schon, wie sie's zu machen hatte: am Gartenzaun wurde ein Köpfchen neben dem andern aufgesteckt, auch auf die Fensterbretter außen wurden sie zum Trocknen gestellt, überall, wo irgend ein Platz zu finden war. An sonnigen Tagen waren gar viele Gärten und Häuser im Dorf so eigenartig geschmückt.

Jetzt kam Marie wieder zurück in die Stube; der kleine Philipp sah begierig auf, ob ihn die Schwester nun ablösen würde. Die aber nahm ihre Schiefertafel, ihr Schulbuch und ihren Griffel und machte alle Anstalten, ihre Schulaufgabe zu schreiben. Aber da erhob sich allgemeine Einsprache: »Was fällt dir denn ein, Marie,« rief die Mutter, »gerad' nur von der Schul' heim und wieder schreiben, du bist wohl nicht recht bei Verstand! Als ob wir keine Arbeit hätten! Elias, siehst nicht den Übermut?« rief sie dem Mann zu. Der wandte sich um und wollte auch etwas dagegen sagen, aber da kam der Husten und verhinderte die Einsprache; sie war auch nicht mehr nötig, denn der Philipp fing so laut an zu heulen, daß Marie ihren »Übermut« aufgab, die Bücher beiseite schob und des kleinen Bruders Arbeit nahm, ohne ein Wort zu sagen.

»So, Philippchen,« sagte die Mutter, »jetzt gehst du in die Wirtschaft und holst um zwanzig Pfennige Speck zu Mittag; nimmst auch den Johann mit, daß er auch sein Vergnügen hat.«

»Er hat gar keinen Rock an, darf er im Hemd mit?«

»Den Rock mußt ihm halt anziehen, er liegt in der Kammer auf dem Bett.«

»Ja, der hat schon gestern keinen Häckel mehr gehabt, den kann man nimmer zumachen.«

»Sei nicht so dumm, Philippchen, suchst eben, ob du nicht eine Stecknadel findest, daß der Rock so lange hält, bis ihr wieder heimkommt.«

»Könntest nicht so einen Häckel hinnähen?« fragte der Vater.

»Es ist halt alles zerrissen,« sagte die Mutter, »aber am Sonntag will ich's schon richten. Johann, gelt, tust dein Röckchen schön halten, daß es auf der Gasse nicht herunterfällt!«

»Das Geld, Mutter, hast keine zwanzig Pfennig?«

»Was fragst so dumm, Philipp, du weißt doch, daß am Freitag das Geld aus ist; sag nur, die Mutter zahlt's morgen, wenn sie von Sonneberg mit dem Geld heimkommt.« Die Kinder gingen; der Johann hielt mit beiden Händchen seinen Rock hoch, denn die krumme Stecknadel, die der Philipp gefunden hatte, taugte nicht viel und der Rock wollte immer herunterrutschen auf dem Weg zum Wirt, der zugleich der Metzger war.

»Wenn man's doch richten könnt',« sagte Greiner zu seiner Frau, »daß man immer gleich bezahlen täte, was man holt!«

»Der Wirt borgt gern,« entgegnete die Frau leichthin.

»Aber doch rechnet er mehr an; elf Pfennige statt zehn, wenn er hat borgen müssen, und der Krämer macht's auch so.«

»So ist's halt, Elias, das kannst doch nicht ändern, es war immer schon so.«

»Aber anders wär's halt doch besser. Wenn man nur ein einziges Mal ein klein Sümmchen ins Haus bekäm', daß man das alte zahlen könnt' und das neue auch; von da an dürft' mir nichts mehr auf Borg geholt werden, kein Lot Kaffee. Aber wir bringen's nie zu einem Sümmchen und wenn wir uns die Finger wund arbeiten.«

»So red' doch nicht so viel, mußt sonst doch nur husten, wer kann's denn wissen, ob's nicht einmal besser kommt? Deine Schwester ist doch auch eine reiche Frau geworden

43

und lebt in Köln am Rhein und muß gar nichts arbeiten.«

»Ja, die hat ihr Glück gemacht, aber an uns denkt sie nicht; das macht halt, sie ist so jung schon fortgekommen und hat unser Elend vergessen, die weiß gar nicht, wie wohl unsereinem einmal ein Goldstücklein tät! Schon lang hat sie nichts geschickt.«

»Weil sie auch gar so weit weg ist!«

»Von Köln aus könnt' man schon etwas schicken; unsere Puppen schickt man doch sogar bis nach Amerika.«

»Amerika! Das ist nicht so weit, da fahren die Schiffe alle Tage herüber und hinüber und am Samstag kannst in Sonneberg oft genug so einen Herrn aus Amerika sehen und aus England auch; aber aus Köln kommt keiner, das muß viel weiter weg sein.«

»Viel näher ist's, Frau, das könntest auch wissen, nach Amerika mußt übers Meer.«

»Und nach Köln wirst über den Rhein müssen, der soll auch so ein großes Wasser sein.«

»Der ist doch nur ein Fluß!«

»Meinetwegen, ich hab' auch keinen Fluß und kein Meer gesehen.«

Jetzt unterbrachen die Kinder, die den Speck brachten, die Unterhaltung. Die Mutter setzte wieder Kartoffeln zu, und um 12 Uhr legte die ganze Familie für ein Stündchen die eintönige Arbeit beiseite und die müden Hände durften ein wenig ruhen.

»Warum hast heute so schnell deine Schulaufgabe schreiben wollen?« fragte Vater Greiner sein Schulmädchen. Marie wollte nicht heraus mit der Sprache. »Warum, sag's, bist abgestraft worden? Hast doch gestern abend geschrieben!«

»Ja,« antwortete Marie, »aber der Lehrer hat's nicht lesen können; ich soll's bei Tag schreiben, sagt er, gleich zuerst. Denn was wir bei der Nacht schreiben, könne er gar nicht lesen, so schlecht sei's.«

»Wart nur,« tröstete die Mutter, »im Winter, wenn die stille Zeit kommt und keine Arbeit im Haus, dann kannst schreiben, wann du willst, den ganzen Tag. Aber jetzt geht's halt nicht, jetzt kommt die strengste Zeit für uns, da muß schon der Lehrer nachgeben.«

Ja, es war strenge Arbeitszeit im ganzen Dorf, denn im Sommer werden die Puppen gemacht, die im Winter auf dem Weihnachtstisch liegen sollen. Bis spät in die Nacht hinein arbeitete Vater Greiner und seine Frau, um alles fertig zu bringen. Am Samstagmorgen standen sie frühe auf. Da wurde der riesengroße Huckelkorb vollgepackt mit all den fertigen Puppenkörpern, die Köpfe wurden in großen Schachteln noch oben auf den Korb geschnürt und ein langes Tuch darüber gebunden. Solch einen Korb aufzuhuckeln, ist ein ganzes Kunststück, und mancher kräftige Mann möchte die Bürde nicht auf sich nehmen. Aber Frau Greiner, so schwächlich sie erschien, war von Jugend auf gewöhnt, die Last zu tragen, und nahm sie auch heute fröhlich auf sich. Ihr Mann zog noch sorglich die Schnur fest, daß nichts ins Wanken geraten konnte von den oben aufgepackten Schachteln, die hoch über den Kopf der Frau hinausragten, und die Kinder sahen ernsthaft zu; sie wußten schon, daß der Samstag immer der wichtigste Tag war, an dem die Mutter die Arbeit ablieferte und neue heimbrachte, und Geld dazu für die ganze Woche. Ein gut Stück Weg liefen sie neben ihr, dann mußten sie umkehren, aber diesmal nicht alle. Für Marie war heute ein besonderer Samstag vor andern, sie durfte mit in die Stadt, und die

Mutter wollte für sie einen eigenen Huckelkorb einkaufen, damit sie künftig helfen könnte tragen, wenn es gar zu viel für die Mutter würde.

Und so wanderte sie neben der Mutter her durchs Dörfchen. Aber sie blieben nicht lange allein, denn da und dort kamen aus den kleinen Häusern Frauen und Mädchen mit schwerbeladenen Huckelkörben und mit kleinen Handwagen; sie zogen alle dieselbe Straße nach Sonneberg. Zwischen den schönen Waldbergen hindurch gingen sie gebückt unter der Last, aber doch in fröhlichem Geplauder, und als sie in die Nähe der Stadt kamen, sahen sie von anderen Ortschaften her ähnliche Gestalten der Stadt zupilgern.

»Mutter, was haben die in ihren Körben? Die tragen nicht so schwer wie du,« fragte Marie. »Das sind die von Lauscha,« sagte Frau Greiner, »die machen Glaskugeln und Christbaumschmuck und Puppenaugen. Die sind auch nicht besser bezahlt als wir, aber jetzt paß auf, der dort mit dem schweren Korb, das ist ein Augeneinsetzer, die sind am besten bezahlt.« Achtungsvoll sahen Mutter und Tochter nach dem Mann mit dem schweren Korb.

Nun machte die Straße eine Biegung und Sonneberg, die freundliche Stadt, erschien mit ihren schönen, schiefergedeckten Häusern mitten unter grünen Hügeln. Hier strömten von allen Seiten die Bewohner der umliegenden Ortschaften zusammen und suchten die großen Geschäfte auf, die aus den abgelieferten Köpfen, Körpern und Gliedern die Puppen fertig machen und in alle Welt hinaus versenden. Marie ging neben der Mutter her, sah nach den schönen Häusern hinauf und las die Aufschriften: »Spielwarenfabrik« hieß es an dem einen, »Fabrik gekleideter Puppen« an dem andern, und so fort; die ganze Stadt schien wegen der Puppen da zu sein. Darüber wunderte sich Marie auch gar nicht; ihre Eltern, ja fast alle Menschen, die sie kannte, lebten ja auch durch die Puppen.

Jetzt endlich waren sie an der Fabrik angelangt, für die Greiner arbeitete, und mit Herzklopfen folgte Marie ihrer Mutter durch das große Eingangstor in den Hofraum und durch eine Tür in ein Arbeitszimmer, in dem schon mehrere Frauen und Mädchen standen und warteten.

Eine Frau packte eben die Puppenkörper aus, die sie gebracht hatte, und ein Herr mit der Brille auf der Nase sah einen jeden prüfend an, warf ihn dann neben sich in einen großen Kasten und zählte dabei. Die Frau sah ängstlich zu. Jetzt warf der Herr einen der Körper beiseite und am Schluß noch einen.

»Zwei gehen ab, die sind ungleich gearbeitet, müssen noch einmal aufgetrennt werden.« Die Frau legte sie stillschweigend wieder in ihren Korb, bekam dann einen Zettel, auf dem stand, wieviel sie abgeliefert hatte, und ging mit diesem in das nächste Zimmer, wo sie ausbezahlt wurde und neue Aufträge für die nächste Woche erhielt. So kam eine der Frauen nach der anderen an die Reihe, auch Frau Greiner lieferte ab. Ihre Arbeit wurde tadellos befunden und vergnügt strich sie ihr Geld ein. Für die nächste Woche gab's Arbeit genug, fast mehr als Frau Greiner versprechen konnte. Der Herr vermerkte es in seinem Buch.

»Mutter, so viel bringen wir doch nicht fertig?« fragte Marie, als sie aus dem Zimmer waren. – »Ich weiß wohl, aber das darf man nicht sagen, sonst heißt's später, wenn's weniger Arbeit gibt, gleich: Ihr habt uns auch im Sommer im Stich gelassen, wie die Arbeit drängte.«

»Aber wenn wir's in dieser Woche nicht fertig bringen? O da möcht' ich nicht dabei sein, wenn du zu dem Herrn kommst und zu wenig ablieferst, da würd' ich mich fürchten!«

»Wir werden schon fertig; wenn der Tag nicht reicht, so gibt's doch noch die Nacht. Jetzt komm, jetzt gehen wir zur Großmutter und schauen, wie's der Alten geht, und deinen Korb kaufen wir auch.«

Die Großmutter wohnte ganz oben im alten Teil des Städtchens, wo kleine Häuschen in engen Gassen sich am Berg hinziehen. Marie war vor Jahren einmal dagewesen und hatte ihre Großmutter und die Tante, bei der sie wohnte, besuchen dürfen, sie konnte sich's kaum mehr erinnern.

Sie stiegen eine schmale Treppe hinauf und kamen in einen dunklen Gang. Marie hielt sich an der Mutter. »Gelt, dir kommt's dunkel vor?« sagte die Mutter, »aber ich find' gut meinen Weg, ich bin ja da aufgewachsen, und wie ich so alt war wie du, bin ich durch den Gang gesprungen, wie wenn's heller Tag wär'.« Sie kamen an einer Tür vorbei, man hörte sprechen. »Das ist noch nicht die rechte Stub', da wohnt ein Stimmacher; weißt so einer, der den Puppen die Stimme einsetzt, daß sie Papa und Mama sagen können. Und da gegenüber ist jetzt einer, der macht Puppenschuh', hörst nicht seine Maschine?«

»Aber da wohnen viel Leut', Mutter!«

»Was meinst auch, in Sonneberg sind die Wohnungen gar teuer, aber jetzt sind wir an der rechten Tür, da wohnen wir.« Ohne anzuklopfen machte Frau Greiner die Türe auf: »Guten Tag, Mutter, guten Tag, Regine. Seid ihr wohlauf? Marie, kennst die Großmutter noch? Geh vor, gib ihr die Hand und deiner Tante Regine auch.«

Die alte Frau, die am Fenster saß, nickte freundlich den Ankommenden zu und erwiderte den Gruß. Aber sie stand nicht auf von ihrem Stuhl, denn sie war an der Arbeit. Einen Puppenkopf hatte sie vor sich, einen ganz fertigen, schön bemalten, mit Augen im Kopf, aber oben war das Köpfchen noch offen, dem leimte sie eben das Deckelchen auf, mit dem schön gelockten Haar. Und die Tante, die kniete eben vor dem Ofen und zog aus der Röhre ein Backblech hervor. Aber Kuchen war nicht auf dem Blech, etwas ganz anderes kam zum Vorschein. Glasröhrchen, umwickelt mit blonder und brauner Mohärwolle, die wie Haar aussah, lagen da nebeneinander auf dem Blech und waren im Ofen getrocknet worden. Mit geschickten Fingern streifte Regine die aufgewickelte Wolle vom Glasröhrchen ab, und nun war es eine festgerollte schöne Locke, fertig zum Aufkleben auf den Puppenkopf.

Wenn auch die beiden Frauen ihre Arbeit kaum unterbrachen, waren sie doch freundlich gegen ihre Besuche, fragten nach Mann und Kind und wunderten sich, daß Marie schon so groß sei. Auf dem Ofen stand eine Kanne mit Kaffee. »Schenk dir ein und deiner Marie auch,« sagte die Großmutter, »hol das Brot aus der Schublade und schneid euch ab, es ist euch vergönnt.«

Da saßen sie und aßen und Marie sah dabei auf die Tante, wie sie so blitzschnell die Löckchen abstreifte und von der schönen Mohärwolle, die neben ihr stand, neue feuchte Strängchen um die Glasröhrchen wickelte, daß in kurzer Zeit das Blech wieder voll war und in die Herdröhre wanderte. »Das Frisieren ist schöner als das Bälgemachen, Mutter,« sagte Marie, »das möcht' ich lieber tun.«

»Gefällt dir's?« sagte ihre Tante. »Wenn du aus der Schule bist, dann kommst du nur zu uns und hilfst mir. Die Großmutter wird alt, der zittern jetzt schon die Hände.« Aber Frau Greiner lachte. »Du wärst nicht dumm,« sagte sie zu ihrer Schwester. »So lang die Kinder klein sind, soll ich sie haben, und wenn sie aus der Schul' sind, sollen sie dir verdienen helfen. Die Marie wird schon daheim bleiben müssen. Wir haben jetzt auch Arbeit genug, ich kann sie nimmer allein tragen; einen Korb will ich der Marie kaufen, daß sie mir künftig tragen hilft. Wir müssen gehen, daß wir vor Abend noch heimkommen.«

Stolz kehrte Marie mit dem neuen Huckelkorb auf dem Rücken von Sonneberg heim. Im Dorf hielten sie sich mehr als einmal auf, ehe sie ins eigene Haus kamen. Beim Metzger und beim Krämer, beim Bäcker und bei der Nachbarin, die Geißmilch verkaufte, waren Schulden zu bezahlen und überall wurde noch ein wenig eingekauft, so daß die kleine Barschaft schon ziemlich zusammengeschmolzen war, als sie ihr Haus erreichten. Der kleine Philipp sprang ihnen entgegen.

»Ihr kommt so spät heut',« sagte er, »es steht schon lang einer da und wartet auf dich.«

»Wer ist's denn?«

»Der den Stoff verkauft, der will Geld.« »O den kann ich schon gar nicht leiden,« sagte die Mutter, »hätt' ihn der Vater doch fortgeschickt.« »Der Vater ist auf dem Kartoffelacker, den Johann hat er mitgenommen.«

Vor dem Hause setzte Frau Greiner den Huckelkorb ab, mit dem sie gar nicht durch die niedrige Türe gekonnt hätte, und dann trat sie ins Zimmer. Am Fenster stand der Kaufmann, der von Zeit zu Zeit in den Ort kam und das Tuch verkaufte, aus dem die Puppenkörper angefertigt wurden. Ihm war Frau Greiner viel schuldig, und so ungern sie ihr Geldchen, das sauer verdiente, hergab, so langsam sie auch die Markstücke aufzählte, sie durfte sie doch nicht behalten, sie wanderten in die große Geldbörse des Kaufmanns. Er hätte ihr sonst keinen neuen Stoff gegeben und sie brauchte doch so viel für die Bestellungen, die sie angenommen hatte. Nachdem sie bezahlt hatte, rollte er bereitwillig seinen Ballen auf, und sie konnte von dem schönen weißen Stoff haben so viel sie wollte.

»Wollen Sie ihn nicht gleich zahlen, Frau Greiner, oder wenigstens einen Teil davon? Sie haben ja noch Geld, wie ich sehe, und Sie bekommen jeden Meter um zehn Pfennig billiger, wenn Sie gleich bezahlen.«

Aber Frau Greiner entsetzte sich ordentlich über den Vorschlag. »Noch mehr zahlen!« rief sie. »Was meinen Sie denn, von was sollten wir denn leben in der Woche? Und muß ich nicht auch was zurücklegen für den Hauszins und etwas für die Steuer und für die Sterbekasse? Und gerade heut', wo wir einen Huckelkorb gekauft haben! Marie, zeig deinen Korb. Sehen Sie? Gleich bar hab' ich die Hälfte vom Preis auf den Ladentisch hinlegen müssen, sonst hätte ich ihn gar nicht mitbekommen; nein, bis Ende der Woche reicht's nimmer zu einem Päckchen Zichorie, das kann ich schon jetzt sehen.«

»Nun, ich bin ja zufrieden, ich habe es ja nur gut mit Ihnen gemeint,« beschwichtigte der Kaufmann. »Jetzt ist ja die beste Zeit vom Jahr. Leben Sie wohl, und guten Verdienst!«

Frau Greiner verwahrte das kleine Geldsümmchen im Schrank; auch den Stoff schloß sie sorgfältig hinein, denn am Samstag abend wurde nicht mehr gearbeitet. Der Mann kam ganz erschöpft vom Acker heim, er war die Feldarbeit nicht gewöhnt, auch die Frau war müde von dem langen Marsch. Aber als sie dann mit den Kindern um den Tisch mit den Kartoffeln saßen, wurden sie alle wieder guten Muts. Es sah auch heute abend ganz nett in der Stube aus, die Arbeit war weggeräumt, der Boden aufgekehrt. Das hatte der Mann besorgt, während die Frau in der Stadt war, und nun machte er Feierabend und setzte sich auf die Bank vor dem Haus; die Nachbarn erschienen auch, da und dort standen sie beisammen und plauderten.

Aber die Frauen hatten noch nicht Feierabend. »Schlupft ins Bett, Kinder, daß ich euere Hemden waschen kann,« sagte Frau Greiner. Die Kleinen besaßen jedes nur ein Hemd, das wurde immer in der Nacht von Samstag auf Sonntag gewaschen und am Ofen getrocknet. Marie hatte schon zwei Hemden, dafür mußte sie aber auch schon helfen beim Waschen. Heute kam's ihr sauer an, sie war so müde, und als die Mutter einmal von der Waschwanne an den Brunnen ging, um Wasser zu holen und wieder ins Haus zurückkam, war die kleine Wäscherin nicht mehr zu sehen und nicht zu errufen – sie war schnell ins Bett geschlupft und schlief schon fest. Frau Greiner lachte und ließ sich's gefallen.

Am Montag morgen saß die Familie wieder an der Arbeit und jedes von ihnen hätte gedacht, daß dieser Tag und all die nächsten genau so verstreichen würden, wie die vorigen, denn eintönig floß das Leben dieser fleißigen Leute dahin; doch diese Woche brachte einen andern Ton. Er kam durch den ins Haus, der gar oft Aufregung bringt: durch den Postboten. Der Postbote war gar kein so seltener Gast in der Familie Greiner, denn er brachte manchmal Anerbietungen von Kaufleuten, manchmal auch Mahnungen wegen rückständiger Zahlungen. Derentwegen machte er die Türe gar nicht auf, sondern legte sie nur durchs Fenster aufs Gesimse. Heute aber kam er ins Zimmer und sagte: »Daß ihr nur nicht erschreckt: diesmal bringe ich einen Trauerbrief!« Sie erschraken aber doch. »Ich habe ja sonst keine Zeit, die Sachen zu lesen,« sagte der Postbote, »aber die Anzeige habe ich lesen müssen, weil's mich doch gewundert hat, wer an euch so vornehm schreibt und weil's so eine ganz besondere Traueranzeige ist.« Er ging. Die Anzeige kam aus Köln. Die Aufschrift lautete: an »Herrn Fabrikbesitzer Greiner mit Familie« und der Inhalt war freilich zum Erschrecken: Herr und Frau Fabrikant Langbeck in Köln waren an einem Tag infolge eines Unglücksfalls plötzlich gestorben. Frau Langbeck war Greiners Schwester. Greiner und seine Frau standen ganz erschüttert beisammen und starrten auf die Nachricht und konnten sie kaum glauben. Und dann hätten sie so gerne Näheres gewußt. Was für ein Unglücksfall konnte das gewesen sein? Immer wieder lasen sie das Blatt, aber es standen nur so wenige Worte darin.

»Haben wir nicht erst in den letzten Tagen von deiner Schwester gesprochen?« sagte Frau Greiner. »Vielleicht gerade in der Stunde, in der sie verunglückt ist; das war eine Ahnung, es war mir gleich damals so traurig zumute.«

Auch die Kinder, die manchmal von ihren reichen Verwandten in Köln gehört hatten, staunten das schwarzgeränderte Papier an, das solche Trauerkunde gebracht hatte. Aber nach einer Viertelstunde saßen Greiner und seine Frau wieder an der Arbeit, und wenn er auch seine Schwester wirklich betrauerte, und wenn sie auch voll Mitleid an die verwaisten Kinder dachte, Zeit durfte nicht versäumt werden; er mußte doch wieder an seine Formen zurück und sie mußte die Bälge nähen, wie wenn nichts geschehen wäre.

Und doch sollte das, was geschehen war, mehr Einfluß auf ihr Leben haben, als sie ahnten. Es vergingen ein paar Tage, da reichte der Postbote wieder einen Brief mit Trauerrand durchs Fenster, der wieder an Herrn Fabrikbesitzer Greiner überschrieben war.

»Was ist aber das!« rief Frau Greiner entsetzt. »Jetzt sind wohl auch noch die Kinder verunglückt. Ich habe doch auch so viel an sie denken müssen. Ich will's nur gleich vorlesen, du hast ja doch die Hände voll Brei!« Der Brief war von einem Verwandten des verstorbenen Fabrikanten Langbeck. Er teilte mit, es habe sich leider herausgestellt, daß das Geschäft des Verstorbenen zurückgegangen sei und er sein Vermögen eingebüßt habe. Nun müsse gesorgt werden für die drei mittellos hinterbliebenen Kinder: ein Mädchen von sieben Jahren, ein Knabe von vier, und einer von einem halben Jahr. Greiner möchte erklären, ob er nicht eins oder zwei der Waisen aufnehmen könne. Die Kinder seien etwas verwöhnt, weil sie in einem reichen Hause aufgewachsen seien, aber guten Charakters. Nur der vierjährige sei ein wilder Junge und brauche gute Zucht. Baldiger Bescheid wäre erwünscht.

Greiner nahm diese Anfrage schwer auf. Ihn drückte ohnedies die Sorge für seine Familie; es war kein Brot übrig und war kein Platz frei für ein weiteres Familienglied. Er war kränklich und schwach und wollte sich keine neue Lasten aufbürden, die alte drückte ihn schon schwer genug. Aber seine Frau sah's anders an. »Wir nehmen das Mädchen,« sagte sie, »die Große, die Siebenjährige. Bedenk doch nur den Nutzen! Ein Bett hat sie, denn in reichen Familien hat jedes ein Bett, das muß sie mitbringen, da kann unsere Marie bei ihr schlafen, denk nur die Wohltat. Und dann die Arbeit, die sie tun kann! Sieben Jahre, wahrscheinlich bald acht, gleich kann sie Bälge füllen und jedes Jahr verdient sie mehr. Und dann bedenk doch, es sind doch deiner Schwester Kinder!«

Vater Greiner wurde ganz überstimmt, denn auch die Kinder stellten sich auf der Mutter Seite, Marie vor allem freute sich bei dem Gedanken an eine große Schwester. Aber wenn er auch nicht mehr viel sagte, es lag ihm doch schwer auf der Seele, und oft mußte ihn seine Frau in den nächsten Tagen drängen, bis endlich ein Brief nach Köln abging, in dem sich Greiner bereit erklärte, Edith, das siebenjährige Töchterchen, aufzunehmen. Gleich darauf kam der dritte Brief aus Köln. Er war von der Hand eines jungen Mädchens geschrieben, das als Kinderfräulein in der Familie Langbeck diente, und gerichtet an Frau Greiner. Sie teilte mit, daß Edith, schon ehe Greiners Brief angekommen war, eine freundliche Unterkunft gefunden habe, nicht so die Knaben. Sie bitte nun im Einvernehmen mit dem Vormund herzlich, statt Edith das jüngste Knäblein, den kleinen Alex, aufzunehmen. »Es ist ein goldiges Kind,« schrieb das Fräulein. »Es war unser aller Liebling; ich mag gar nicht daran denken, daß ich mich nun von ihm trennen muß, und ganz gewiß werden auch Sie und Ihr Herr Gemahl die größte Freude an ihm haben, und er wird herrlich gedeihen in der köstlichen Luft des Thüringer Waldes. Ich bin im Begriff, in meine Heimat zu reisen, komme nahe an Thüringen vorbei und wurde von dem Vormund der Kinder gebeten, Ihnen den Kleinen zu übergeben. So bringe ich Alex, wenn Sie nicht abtelegraphieren, schon übermorgen. [*] Unter Soxhlet versteht man eine Vorrichtung zum Kochen der Milch für kleine Kinder. Alex ist mit Soxhlet[*] aufgezogen, ich bringe diesen deshalb auch mit. Wenn Sie dadurch auch mehr Mühe haben, wird es doch für die ersten Wochen, bis der Kleine eingewöhnt ist, gut sein.« Der Brief war unterschrieben: »Elisabeth Moll, Kindergärtnerin.«

Frau Greiner hatte den Brief vorgelesen. Bei dem Wort »Soxhlet« stockte sie, das Wort hatte sie noch nie gelesen. »Wen bringt sie mit?« fragte Greiner. »Den Soxhlet bringt sie mit; das muß der größere Bruder sein, der vierjährige, der wilde, von dem sie neulich geschrieben haben.«

»Soxhlet, den Namen habe ich aber noch nie gehört,« sagte Greiner. »Die vornehmen Leut' haben immer so tolle Namen«, meinte die Frau. »Alex steht gerade so wenig im Kalender, und Edith heißt bei uns auch niemand. Es kann auch gar niemand anders sein, als der größere Bub, sie schreibt ja, das Mädchen habe eine Unterkunft gefunden, aber die Buben nicht. So schicken sie halt beide zu uns, das ist eine schöne Bescherung!«

Diesmal war sogar Frau Greiner besorgt, wie das gehen

solle, und große Bestürzung herrschte in der Familie. Vater Greiner war ungehalten. »Mir kommt's auch gar nicht recht vor, wenn man schreibt, man wolle ein Mädchen und man schickt einem dann zwei Buben! Man hätt's nicht tun sollen, und wenn's auch meiner Schwester Kinder sind!«

»Wer weiß, ob sie nur Betten mitbringen,« sagte Frau Greiner. »Kinder, da dürft ihr euch schmal machen.«

»Wie heißt der Böse, Mutter?« fragte Marie.

»Soxhlet heißt er.«

»Bei wem schläft der? Vor dem fürcht' ich mich, gelt, den legst nicht zu mir?«

»Der kommt ja nur für ein paar Wochen,« sagte die Mutter.

»Ja, wenn das nur wahr ist,« sagte Greiner. »Wenn ihn aber niemand abholt, dann bleibt er halt an uns hängen, auf die Straße kannst ihn doch nicht setzen.«

»Du meine Güte, du denkst auch gleich ans Schlimmste,« rief Frau Greiner. »Das wär doch gar zu arg. Es ist schon der Kleine schlimm, der schreit noch bei Tag und Nacht, und das ist noch das ärgste, wenn man nicht einmal seine paar Stunden Nachtruh' hat. Aber auch noch so einen Wilden dazu, der die Sägspäne verstreut oder deine Köpfe umstößt, so einen können wir nicht brauchen. Weißt noch, wie der Lehrer einmal so Kostbuben gehabt hat? Gleich ist der eine zum Täuflingsmacher und hat das Papiermaché umgeworfen! Jetzt rechne nur einmal die Kosten!«

»Sie schreibt doch etwas vom abtelegraphieren; kann man das nicht telegraphieren, daß sie den Soxhlet nicht mitbringen sollen?«

»Wenn's halt nicht recht teuer ist, so ein Telegramm nach Köln.«

»Man könnt' ja fragen, was es kostet.«

»Jedes Wort wird da gerechnet, bis du nur überschreibst: an Fräulein Elisabeth Moll in Köln am Rhein, äußere Ringstraße Nr. 5, hast schon – zähl' einmal – hast schon zehn Wörter und steht noch nichts vom Soxhlet darin. Dann, so barsch möcht' ich auch nicht sein, daß ich nur schreibe, sie sollen ihn nicht mitbringen, man müßt' doch auch erklären, warum. Wieviel gäb' das Wörter! Das geht nicht in ein Telegramm.«

»Und zum Brief ist's zu spät?«

»Ja, zu spät.«

Jetzt wurde es ganz still im Zimmer. Vater Greiner bückte sich wieder über seine Arbeit wie immer, nur sah sein abgemagertes Gesicht noch sorgenvoller aus, als sonst, und auch Frau Greiner hatte nicht ihren gewohnten fröhlichen Ausdruck. Marie hatte sich gefreut auf die Genossin, nun kamen statt ihrer kleine Buben, von denen hatte sie schon vorher genug. So machte auch sie ein betrübtes Gesicht, während sie die Puppenbälge mit Sägspänen ausstopfte, und es lag eine rechte Mißstimmung über der ganzen Familie. Aber nach einem kleinen Weilchen erschien schon wieder ein heiterer Zug auf dem Gesicht von Frau Greiner, und indem sie nach ihrem Mann hinsah, sagte sie: »So hat dich wohl niemand genannt, ›mein Herr Gemahl!‹« und sie lachte und die Kinder auch. »Was wohl das Fräulein, wenn sie kommt, für Augen macht, wenn sie meinen Herrn Gemahl sieht in seinem großen Schurz voll Papiermaschétropfen und in seinem verflickten Kittel? Ich meine, die stellen sich alles viel nobler bei uns vor, weil sie doch auch immer an den Herrn Fabrikbesitzer schreiben. Die denkt nicht, daß du nur ein Drücker bist und bei uns alles so armselig ist.«

Ja, damit hatte Frau Greiner richtig geraten. Fräulein Elisabeth Moll, die seit einem Jahr in der Familie Langbeck treue Dienste leistete, hatte sich eine ganz falsche Vorstellung von der Familie Greiner gemacht. Frau Langbeck hatte von ihren Verwandten in Thüringen nur einmal gesprochen. »Mein Bruder,« hatte sie gesagt, »verfertigt solche Puppen, wie Edith hier eine hat. Auch mein Vater hat sich schon damit abgegeben.« Da nun Herr Langbeck Besitzer einer großen Fabrik war, so hatte sich das Fräulein unwillkürlich Herrn Greiner als den Besitzer einer eben so großen Puppenfabrik vorgestellt, und weil in der Familie Langbeck alles hübsch und vornehm eingerichtet war, so machte sie sich auch vom Haus Greiner ein solches Bild. Sie war es, die den Vormund auf diesen Bruder der Frau, auf den Fabrikbesitzer Greiner, aufmerksam gemacht hatte. Der Vormund fühlte sich sehr erleichtert, als sich eine anscheinend so günstige Aussicht für einen seiner kleinen Pflegebefohlenen eröffnete. Er war nicht allzu gewissenhaft, hielt es nicht für nötig, sich näher nach den Thüringer Verwandten zu erkundigen, noch auch mit ihnen persönlich in Briefwechsel zu treten. Im Vertrauen auf das bewährte Kinderfräulein beauftragte er dieses, bei der Familie Greiner anzufragen, und als kein absagendes Telegramm eintraf, wurden die Reisevorbereitungen getroffen.

In einen Reisekoffer packte das Fräulein die ganze niedliche Aussteuer des Kindes: all die spitzenbesetzten Hemdchen, die gestickten Kleidchen und die feine Bettwäsche. Den Kleinen kleidete sie mit besonderer Sorgfalt an, damit er den Verwandten einen guten Eindruck mache. In den Güterwagen wurde des kleinen Reisenden Korbwagen gestellt, daß er bei Ankunft in Thüringen sein gewohntes Bett gleich fände. So trat das junge Mädchen die Reise an, froh, das Haus verlassen zu dürfen, dessen Zusammenbruch sie miterlebt hatte, und in der besten Zuversicht, für ihr geliebtes Pflegekind treu gesorgt zu haben.

Der kleine Alex lachte fröhlich, als die Fahrt begann. Er wußte nicht, was dieser Tag für sein Leben bedeutete. Ahnungslos ließ er sich aus dem Haus des Reichtums und Wohllebens in die Stätte der Armut und Not versetzen.

Die ganze Nacht hindurch und den folgenden Morgen dauerte die Reise. Sonneberg war die letzte Station; hier mußte Elisabeth die Bahn verlassen. Der Korbwagen wurde ausgeladen, der schlafende Kleine liebevoll hineingebettet und nun stand sie da und sah sich um. Sie hatte sicher gehofft, hier abgeholt zu werden und wartete, sich umsehend, eine gute Weile. Es mußte für Herrn Fabrikant Greiner oder seine Gemahlin ein leichtes sein, sie und ihr zukünftiges Pflegekind aufzufinden.

Ach, sie wartete vergeblich. Greiner und seine Frau saßen an der Arbeit wie immer; keinem wäre auch nur der Gedanke gekommen, einen Arbeitstag zu versäumen, selbst wenn sie genau die Ankunftszeit der Reisenden gewußt hätten. Aber nun sah Fräulein Elisabeth jemand, der ihr als Wegweiser dienen konnte. Am Bahnhof standen wartend zwei Frauen. Die trugen eine große »Schanze«, einen flachen Korb, in dem wohl ein halbes Hundert Puppen dicht aneinandergeschichtet lagen, lauter Puppen, in Hemden und Häubchen, offenbar frisch aus der Fabrik – gewiß aus der Fabrik von Herrn Greiner, dachte das Fräulein. Sie ging auf die beiden Frauen zu und fragte, ob sie aus der Fabrik von Herrn Greiner in Oberhain kämen. Nein, daher kamen sie nicht, wußten auch nichts von dem Namen; aber das Dorf Oberhain war ihnen wohlbekannt und auch, daß heute kein Postwagen mehr dorthin ging. So erkundigte sich das junge Mädchen nach einem Gasthaus und bat dort um einen Wagen, der sie mit dem Kleinen sofort nach Oberhain fahren könnte. Ein solcher fand sich auch, groß genug, daß hintenauf der Korbwagen gepackt werden konnte, und Elisabeth stieg mit Alex ein, froh, endlich so weit zu sein. »Wo soll ich halten in Oberhain?« fragte der Kutscher.

»Bei Herrn Fabrikbesitzer Elias Greiner,« sagte Elisabeth, »die Wohnung kennen Sie ja wohl?« Nein, er kannte sie nicht, er war schon oft in Oberhain gewesen, hatte aber nie eine Fabrik bemerkt. Er wollte sie aber schon erfragen. Nun ging's vorwärts, zuerst flott und rasch durchs Städtchen, dann langsamer die aufwärts steigende Straße hinan, rechts Wald, links Wald, ein herrlicher Anblick für die Städterin. Die köstliche Waldluft strömte herein, Elisabeth war in glücklichster Stimmung.

»Mein kleiner Schatz,« sagte sie zu dem schlummernden Kind, »gelt, ich habe dir eine schöne Heimat ausfindig gemacht, wie wirst du da rote Bäckchen bekommen, mein Liebling – aber Papa und Mama können sich nicht mehr darüber freuen, armer Schneck!«

Als die ersten Schieferhäuschen von Oberhain auftauchten, fuhr der Kutscher langsamer, wandte sich zurück und rief in den Wagen: »Wie soll die Fabrik heißen?«

»Elias Greiner.« Ein paar Schulkinder kamen des Wegs. »He,« rief der Kutscher sie an, »wo ist die Fabrik von Elias Greiner?« Die sahen sich an und kicherten und ein Junge sagte: »Bei uns im Dorfe ist keine Fabrik.« Fräulein Elisabeth wurde ängstlich. »Das kann ich nicht begreifen,« sagte sie. »Ich weiß aber gewiß, daß der Name richtig ist, wir haben erst vorige Woche so überschrieben und Antwort erhalten.«

»Wir wollen's schon herausbringen,« sagte der Kutscher, »es heißt sich mancher Fabrikant, der keine Fabrik hat.« Er trieb die Pferde an, daß sie rasch durch die Dorfstraße fuhren bis ans Wirtshaus. Bei dem Geräusch des vorfahrenden Wagens trat der Wirt unter die Türe. Die Kutsche hielt, der Kleine wachte auf und fing an zu weinen. Neugierig sammelten sich einige Leute um die Kutsche, während der Kutscher vom Bock aus mit dem Wirt Beratung hielt. Elisabeth verstand nicht genau, was die beiden im Thüringer Dialekt miteinander verhandelten, aber sie hörte, wie der Wirt dem langsam Davonfahrenden nachrief: »Es kann gar kein anderer gemeint sein, als der Drücker Greiner; keiner sonst heißt Elias.«

Und nun ging's noch ein Stück langsam weiter, die Dorfstraße wurde enge, ein Häuschen kam zum Vorschein mit einem halb zerfallenen Bretterzaun, über und über mit blassen Puppenköpfen ohne Augen besteckt – vor dem hielt der Kutscher, sprang vom Bock, öffnete den Schlag und sagte: »So, jetzt haben wir die Fabrik!« und sich dem Fenster zuwendend, wo Maries Kopf erschien, rief er: »Wohnt da der Elias Greiner?« Der hatte schon den Wagen halten hören, und nun kamen sie alle heraus: Voran die Frau, dann die Kinder, barfüßig alle, der Johann in bloßem Hemdchen, zuletzt der Mann. Ach, dem Fräulein wurde so weh ums Herz – das sollte die Fabrik sein, der Fabrikant! Ärmlichere Gestalten hatte sie kaum je gesehen! Noch hoffte sie, es möchte ein Irrtum sein, aber nun kam Greiner dicht heran, sah das Kind auf dem Arm des Fräuleins, betrachtete bewegt das liebliche Gesichtchen und sagte: »Das ist also meiner Schwester Kind!« »Ja,« sagte Elisabeth, aber unwillkürlich blieb sie dicht am Wagen stehen – keinen Schritt machte sie auf das Haus zu.

Frau Greiner fand bestätigt, was sie sich schon gedacht hatte – das junge Mädchen war enttäuscht über das, was sie vor sich sah, bitter enttäuscht. Sprachlos und ratlos stand sie da, das Kind fest an sich drückend. Frau Greiner war nicht gekränkt darüber, das junge Mädchen dauerte sie. »Kommen Sie nur herein, Fräulein,« sagte sie, »das Kind ist ja noch so klein, das merkt den Unterschied noch gar nicht. Gelt du, Kleiner, gelt du bist froh, wenn du nur etwas zu essen bekommst?« Freundlich blickte sie das Kind an und dieses lächelte wieder, und ehe sich's Elisabeth versah, hatten diese ärmliche Mutter und dieses schön geputzte Kind die Arme nacheinander ausgestreckt und lachend trug Frau Greiner den kleinen Alex ins Häuschen.

Ihr folgten die Kinder, die bewundernd auf den neuen Ankömmling sahen, während Greiner half, den Koffer abzuladen, und Elisabeth den Kinderwagen richtete. Es war ihr schon ein wenig leichter ums Herz, hatte sie doch ihren kleinen Pflegling in Mutterarme übergeben. Sie folgte ins Zimmer. Da freilich war eine Hitze, ein Dunst und Geruch, daß sie nicht glaubte, bleiben zu können. »Sie haben Feuer an diesem heißen Tag?« fragte sie.

»Das bringt eben das Geschäft mit sich,« sagte Greiner und deutete auf seine Arbeit.

Jetzt aber sprach Frau Greiner die Frage aus, die allen längst auf den Lippen lag: »Haben Sie den Soxhlet nicht mitgebracht?«

»Doch,« sagte Elisabeth, »ich werde ihn gleich hereinholen, er ist draußen im Koffer, ich will nur zuerst dem Kleinen das Reisekleidchen abnehmen.« Greiner und seine Frau warfen sich vielsagende Blicke zu, sie wußten nun, daß Soxhlet kein menschliches Wesen war. Nicht so die Kinder. Für sie war die ganze elegante Erscheinung des Fräuleins mit dem Kind, der schöne Korbwagen, der feine Lederkoffer so wunderbar, daß es ihnen auf ein Wunder mehr auch nicht ankam, und sie glaubten nicht anders, als daß der wilde Soxhlet im Koffer eingesperrt sei. Neugierig schlichen sie miteinander hinaus in den kleinen Vorplatz, wo der Koffer abgestellt worden war. Marie blieb vorsichtig in einiger Entfernung stehen, Philipp aber trat näher.

»Bleib da!« rief die Schwester ängstlich und leise, daß es der Soxhlet nicht hören sollte. Als sich aber der unheimliche Koffer ganz still verhielt, wurden die Kinder kecker. Sie kamen nahe heran, Philipp wagte sogar mit dem Fuß einen Stoß gegen den Koffer, sprang aber dann doch vorsichtig zurück. »Hast nicht gehört, wie er gebrummt hat?« sagte Marie, »paß auf, daß er nicht herausfährt. Der muß doch arg bös sein, daß er so eingesperrt wird!«

Jetzt kam Fräulein Elisabeth mit dem Kofferschlüssel heraus, kniete nieder und schloß auf. Die Kinder blieben ängstlich und fluchtbereit in der Ferne stehen, wunderten sich, daß ihre Mutter so ruhig herantrat, und dann waren sie halb beruhigt, und doch halb enttäuscht, als der Deckel aufgehoben wurde und lauter harmlose Dinge, Kleidungsstücke und Wäsche hervorkamen. »Und da ist der Soxhlet,« sagte das Fräulein und vor den erstaunten Augen der Umstehenden zog sie ein Blechgestell mit einer Anzahl leerer Fläschchen heraus, ein Ding, so harmlos und unschuldig wie nur möglich, so daß die Kinder sich verblüfft ansahen. »Das ist der Soxhlet?« sagte Frau Greiner und machte dabei ein nicht eben geistreiches Gesicht.

»Sie haben sich den Soxhlet vielleicht anders vorgestellt,« sagte das Fräulein. »Ich will Ihnen gleich die Behandlung erklären. In der Berliner Anstalt, wo ich als Kindergärtnerin ausgebildet wurde, hat man uns so gelehrt: ›Um die Milch keimfrei zu machen, wird sie in die Fläschchen gefüllt, die mit durchlochter Gummiplatte bedeckt und in den Blechtopf voll kochenden Wassers gestellt werden, woselbst man sie fünf Minuten kochen läßt. Danach werden die Fläschchen durch Glaspfropfen geschlossen und die Milch noch eine halbe Stunde gekocht.‹« Frau Greiner hatte geduldig und aufmerksam zugehört. Jetzt schloß das Fräulein mit der Bemerkung: »Alex ist doch ein zartes Kind, über die Sommermonate sollten Sie ihn noch weiter so ernähren.«

»Ja,« sagte Frau Greiner, »ich will schon alles recht machen. Milch haben wir ja nicht, wir kaufen halt so viel, daß es grad zum Kaffee reicht. Aber den wird er schon auch mögen und auch Kartoffeln, und an Speck und Hering soll's ihm gewiß nicht fehlen. Das ist bei uns zulande die Hauptnahrung.«

»Aber doch nicht für so kleine Kinder?« sagte Elisabeth entsetzt.

»Es ist ja kein Wochenkind mehr,« entgegnete Frau Greiner. »Seien Sie nur ruhig, ich will's ihm schon in die Soxhletfläschchen tun, so oft eben Milch da ist.« Inzwischen hatte Elisabeth weiter ausgepackt. »Da sind seine Badehandtücher,« sagte sie, »und da ist der Badethermometer, ich habe ihn mitgebracht, aber ich weiß nicht,« setzte sie zweifelnd hinzu, »ob Sie den Thermometer ver – – – ob Sie an ihn gewöhnt sind? Wir haben das Bad auf 24 Grad erwärmt, ich glaube, auf dem Lande prüft man die Wärme mehr so mit dem Arm, oder nicht? Sie baden Ihre Kinder doch auch?«

»O ja, gebadet wird jedes, so bald als es auf die Welt kommt, aber hernach kommt man nimmer leicht dazu, das braucht's auch nicht!«

»Ach,« sagte Elisabeth, »uns hat man gelehrt, daß die Hautpflege so wichtig sei bei den Kleinen; Alex ist auch so rein am ganzen Körperchen, wäre es nicht möglich, daß Sie ihn wenigstens immer am Samstag baden? Haben Sie eine Badewanne? Nein? Ich wollte ihm gerne noch eine kaufen von meinem Geld, wenn hier welche zu haben sind; oder ich schicke Ihnen eine aus Sonneberg.«

»Lassen Sie das nur, Fräulein, meine Waschwanne tut's schon auch, und so oft ich Zeit habe, will ich ihn schon baden.«

»Ach ja, bitte, und dann hätte ich noch etwas auf dem Herzen: In dem Zimmer riecht es so stark und es ist so überhitzt; Sie werden das gar nicht so bemerken, weil Sie es gewöhnt sind; könnte Alex nicht in einem andern Zimmer sein?«

»Ein anderes Zimmer haben wir gerad' nicht, aber wegen der Luft dürfen Sie gar nicht sorgen, liebes Fräulein, die ist berühmt im Thüringer Wald, deretwegen kommen die Leute oft weit hergereist. Sehen Sie nur meine Kinder an, die sind ja auch alle gesund, auch meine verstorbenen drei waren ganz gesund.«

»Woran sind sie denn gestorben?« fragte Elisabeth.

»Das eine ist verunglückt, das arme Tröpfle hat den heißen Brei über sich geschüttet, den mein Mann braucht zu den Köpfen; und eines hat's auf der Lunge gehabt, und das dritte ist uns nur so über Nacht weggestorben, niemand hat recht gewußt, daß ihm was fehlt. Es hat uns weh getan, aber so ist's halt; wir haben ja auch an dreien genug und jetzt sind's eben auf einmal vier geworden!«

Während dieses Gesprächs waren alle Habseligkeiten des kleinen Alex ausgepackt worden mit vielen Anweisungen über die Verwendung; was jetzt noch im Koffer verblieb, war des Fräuleins Eigentum. Sie schloß wieder zu und kam mit Frau Greiner ins Zimmer, wo Vater Greiner an der Arbeit saß.

Der kleine Alex lag inzwischen in seinem Wagen, die Kinder standen bewundernd um ihn herum, Marie fuhr ihn vorsichtig hin und her. Elisabeth trat hinzu und sagte leise zu Marie: »Willst du ihm eine treue Schwester sein? Sieh, der arme Kleine hat es daheim so schön gehabt. Gelt, du fährst ihn manchmal spazieren und sorgst recht schön für ihn?« Die kleine Marie nickte und sah mit großen Augen das Fräulein an, das gegen die Tränen ankämpfte, als sie sich über den Kleinen beugte, ihn herzte und küßte und leise sagte: »Behüt' dich Gott, mein Liebling, ich habe es gut mit dir gemeint, ich bin nicht schuld. Warum haben dich deine Eltern verlassen, wie konnten sie dir das antun?«

»Ich muß gehen,« sagte sie, indem sie zu Greiner trat, und sie nahm sich zusammen, um ihren Tränen zu wehren. »Ich habe Sie noch etwas fragen wollen,« sagte Greiner, und nun zitterten auch seine Lippen; »was war denn das für ein Unglücksfall mit meiner Schwester und ihrem Mann?«

»Sie starben beide in der Nacht, ehe der Zusammenbruch des Geschäfts bekannt wurde. Näheres kann ich nicht sagen.« Greiner fragte auch nicht weiter.

Ein paar Stunden später fuhr das Fräulein ihrer Heimat zu, und während sie nach langer Zeit wieder am elterlichen Tisch saß, nahm Alex auf dem Schoß der neuen Pflegemutter zum erstenmal Anteil am Familienmahl und so oft er den kleinen Mund aufsperrte, wurde ihm ein Stückchen Kartoffel hineingeschoben, ein sorgsam geschältes!

Danach, da es Feierabend, draußen aber noch hell und warm war, gingen sie alle zusammen hinaus. Frau Greiner trug stolz den schönen Kleinen auf dem Arm, und da er verwundert nach den Tannen sah, die am Wege standen und leise vom Wind bewegt wurden, hob sie ihn hoch bis zu den Ästen und rief ihm freundlich zu: »Da, schau nur, Alex, schau, jetzt bist du im Thüringer Wald!«

Wieviel Arbeitsstunden waren bei Greiners versäumt worden durch all die Briefe, durch die Ankunft des kleinen Pflegekinds und alles, was damit zusammenhing! Als am Samstag der große Huckelkorb vollgepackt wurde, fand sich, daß alles leicht hineinging und daß Maries neuer Korb ganz überflüssig war; bei weitem nicht alle versprochene Arbeit war fertig geworden. Marie blieb auch ganz gern daheim; den eleganten Kinderwagen mit dem schönen neuen Brüderchen vor dem Haus herumzufahren und allen staunenden Nachbarn zu zeigen war noch ein größeres Vergnügen, als mit der Mutter zu gehen. So wanderte Frau Greiner allein der Stadt zu, die Arbeit abzuliefern. Aber diesmal kam sie übel an! Der Sonneberger Fabrikant hatte fest gerechnet auf das, was sie versprochen hatte zu liefern; die Zeit drängte, was er heute nicht erhielt, konnte er nicht fertig stellen bis zu dem Tag, wo die Sendung abgehen sollte, um das Schiff zu erreichen, das nach Australien ging.

Frau Greiner entschuldigte sich, die Schwester ihres Mannes sei gestorben und sie hätten ein Waisenkind aufnehmen müssen. Die Entschuldigung wurde ganz ungnädig aufgenommen. Ob sie meine, daß das Schiff warte, bis alle Waisenkinder versorgt seien? Sie solle nicht mehr Arbeit versprechen, als sie leisten könne. Zum Unglück hatten noch einige Arbeiter weniger geliefert, als sie versprochen hatten, und so war der Fabrikant wirklich in Verlegenheit.

»Wenn ich mein Wort nicht halte,« sagte er, »so verliere ich meine Kundschaft, was wollen Sie dann machen, wenn keine Puppen mehr bestellt werden?« Ganz schuldbewußt und zerknirscht stand Frau Greiner da und wagte kein Wörtlein zu sagen, als ihr auf dem Zettel ein gehöriger Abzug am verabredeten Lohn gemacht wurde. Der Herr schien auch gar keine Lust zu haben, ihr neue Aufträge zu geben, und ließ sie lange stehen, wie wenn sie nicht mehr da wäre. Da aber noch große Bestellungen vorlagen, so bekam sie schließlich doch wieder Aufträge genug, und diesmal verließ sie ohne Verzug die Stadt und kehrte nicht einmal bei ihrer Mutter ein, um keine Zeit zu verlieren. Jetzt, in den besten Arbeitswochen, ein so elendes Sümmchen Geld heimzubringen, kam ihr fast wie eine Schande vor und sie fürchtete schon ihres Mannes grämliches Gesicht, wenn sie so wenig abliefern konnte. Im Sommer wollte er doch immer etwas zurücklegen für den Winter, wo das Puppengeschäft stockt. Aber schließlich konnte sie auch nichts dafür, es war ja sein Schwesterkind an allem schuld.

In diesen Gedanken ging sie ihrem Dorfe zu. Mit ihrem flinken Schritt holte sie bald einen jungen Burschen ein, der auch von Sonneberg kam und gemütlich, eine Zigarre rauchend, dem Dorfe zuschlenderte. Frau Greiner kannte ihn wohl, er war auch von Oberhain und war ein Neffe ihres Mannes. Die Woche über arbeitete er in Sonneberg in der Fabrik, Samstag abends kam er heim zu seinen Eltern. Frau Greiner hatte gern Reisegesellschaft, sie rief schon von ferne dem Burschen zu: »Georg, wart ein wenig!«

Er wandte sich um, gesellte sich zu ihr, und vom Geschäft plaudernd gingen sie nebeneinander her und kamen bis zu dem Punkte, wo der Fußweg nach Oberhain von der großen Straße abzweigt und ein Wegweiser nach verschiedenen Richtungen zeigt. An diesem Wegweiser stand ein Herr, der an seinem Reiseanzug leicht als Fremder zu erkennen war und der nun, als unsere beiden Leutchen an ihm vorbeikamen, mit fremder Betonung fragte, wie weit es noch bis Oberhain sei. Ein Stündchen war's immerhin noch auf dem Fußweg, den aber ein Fremder leicht verfehlen konnte. So schloß sich der Herr an und sie gingen zu dritt weiter. Zuerst schweigsam, dann siegte bei Frau Greiner die Neugier über die Schüchternheit und sie fragte, ob der Herr kein Deutscher sei? Nein, er war Amerikaner, ein Kaufmann, der wegen des Puppengeschäfts nach Sonneberg gekommen war. Die deutsche Sprache hatte er aber gut gelernt, man konnte sich wohl mit ihm verständigen. Er fragte Frau Greiner, was sie zu Markte gebracht habe und was ihr Mann sei. »Mein Mann ist Drücker,« sagte Frau Greiner.

»Was ist das, Drücker?«

»Wenn man das Papiermasché in die Formen drückt, daß es Puppenköpfe gibt.«

»Helfen Sie auch drücken?«

»Nein, ich bin Balgnäherin, was die Körper für die Puppen gibt. Und die Kinder helfen auch, sie wenden um und stopfen aus mit Sägespänen.«

»Was fehlt noch an den Puppen, wenn Sie sie abliefern?«

»Dann haben sie noch keine Augen und –«

»Wer macht die Augen?«

»Die werden in Lauscha gemacht, da kommen ganze Schachteln voll her in allen Größen, die muß der Augeneinsetzer hineinmachen.«

»Ist das das Letzte?«

»Nein, die Maler müssen doch erst die Backen malen und die Lippen, und die Friseurin muß die Haare aufsetzen, dann wird erst der Kopf auf den Balg geleimt.«

»Das kann Ihr Mann nicht?«

»O, mein Mann kann das alles und als jung ist er in die Industrieschule geschickt worden, hat schon Köpfe und all die Formen machen lernen, aber dann ist sein Vater gestorben; gleich hat er dann das Lernen aufgeben müssen und hat seines Vaters Sach übernommen und ist halt auch wieder Drücker geworden. Mein Mann war von den besten einer auf der Schul', aber er hat halt heim müssen, die Not ist gar groß bei uns.«

»Wieviel verdienen Sie in der Woche?«

»Ja Herr, das wechselt sehr, bald ist's mehr, bald weniger. Es gibt Wochen im Winter, da bekommt man gar keine Bestellung.«

»Aber in der besten Zeit des Jahrs, auf wieviel bringen Sie es in der Woche, Sie mit Mann und Kindern?«

»Die vorige Woche hab' ich fünfundzwanzig Mark heimgebracht, es ist auch schon auf dreißig gestiegen, aber da muß man schon die Nacht durcharbeiten. Und davon müssen wir alles selbst anschaffen, was wir zu den Puppen brauchen, gar nichts bekommen wir geliefert, das meiste geht dafür wieder hinaus und man bringt's fast nicht dazu, daß man sich für den Winter etwas zurücklegt. Mein Mann sorgt sich jetzt schon wieder darum; ich nicht, im Sommer mag ich gar nicht an den Winter denken, sonst wird man 's ganze Jahr nicht froh.«

»Ist Ihr Mann gesund?«

»Er hustet halt, das kommt von dem Staub vom Papiermasché und von den Sägspänen, aber krank ist er nicht, gottlob.«

Jetzt mischte sich Georg ins Gespräch. »Die kräftige Nahrung fehlt halt da außen auf dem Land, in der Stadt essen sie besser.«

»Ja, Fleisch gibt's nicht viel bei uns, der Kaffee und die Kartoffeln sind die Hauptsache, bei uns heißt's: Kartoffeln in der Früh, zu Mittag in der Brüh, des Abends mitsamt dem Kleid, Kartoffeln in Ewigkeit!«

Der Amerikaner fragte nun nicht weiter, der Weg wurde steiler und eine Viertelstunde gingen die drei still nebeneinander, bis sie die Höhe erreicht hatten, wo sie wieder auf die Landstraße einmündeten und von der Ferne einzelne schiefergraue Dächer sichtbar wurden.

»Das ist unser Dorf,« sagte Frau Greiner; »geht der Herr noch weiter heut'?«

»Ja, aber Mittwoch komme ich wieder hier durch und dann will ich Ihren Mann aufsuchen.« Er blieb stehen bei diesen Worten und sagte, indem er Frau Greiner ernst und forschend ansah: »Sagen Sie ihm einstweilen, daß ein Amerikaner zu ihm kommt und mit ihm sprechen will. Es ist vielleicht gut, wenn ich Ihnen vorher schon sage warum. Ich möchte so eine Familie, die den ganzen Puppenbetrieb versteht, mit hinübernehmen nach Amerika. Ich habe dort Ländereien, Wald; die Eisenbahn geht vorbei, es ist gar nicht viel anders wie hier. Ich sehe nicht ein, warum wir die Puppen alle so weit her holen sollen, das könnten wir drüben auch machen, wenn wir nur die Leute dazu hätten. Dreimal so viel Lohn als Sie hier in der besten Woche haben, kann ich Ihnen für drüben das ganze Jahr hindurch versprechen. Alles schriftlich, natürlich. Ich bin schon mit dieser Absicht herübergekommen und nehme jedenfalls Leute von hier mit. Wenn Sie klug sind, reden Sie Ihrem Manne zu.«

Frau Greiner sah den Amerikaner staunend und sprachlos an. Der junge Bursche lachte und sagte: »Ihr könnt ja gar nimmer reden, es versetzt Euch den Atem, gelt? Dreimal soviel und das ganze Jahr hindurch, das wäre nicht schlecht!«

»Und selbstverständlich freie Reise,« fügte der Amerikaner hinzu.

»Für alle? Wir haben drei Kinder, nein, jetzt vier, das vierte ist ein Waisenkind, das haben wir erst aufgenommen.«

»Das bleibt hier. Dazu gibt's Waisenhäuser. Aber Ihre eigenen drei gehen mit. Die Kinderarbeit will ich bei uns auch einführen, dazu brauchen wir deutsche Kinder, die es vormachen als Beispiel, damit es unsere davon absehen. Verstehen Sie? Gut, also reden Sie mit Ihrem Mann und lassen Sie den Vorteil nicht hinaus, denn wenn Sie nicht gehen, so finde ich genug andere, die gerne gehen. Wie heißen Sie?«

Er zog sein Merkbuch, schrieb den Namen auf, reichte der Frau einen Taler, daß sie beim Mann ein gutes Wort für ihn einlege, und schlug die kleine Straße ein, die hier von der Oberhainer Straße abzweigte.

Frau Greiner stand still und sah ihm nach. »Hab' ich nun das alles geträumt oder ist's wahr?« sagte sie zu Georg. Es mußte wohl wahr sein, denn Georg behauptete, sie habe ein unerhörtes Glück und sie hätte nur gleich »ja« sagen sollen, damit ihr nicht andere Leute zuvorkämen. Warum sie denn auch gar kein Wort geantwortet habe?

»Es ist wahr,« sagte Frau Greiner, »ich war halt ganz wie aus den Wolken gefallen, denk nur, alle miteinander übers Meer, die weite Reise! Aber schön müßt's sein, was könnt' man da alles sehen, und ganz freie Überfahrt und drüben den dreifachen Lohn! Ach, der Herr wird jetzt doch nicht beleidigt sein, daß ich so dumm dreingeschaut hab', er wird doch auch gewiß kommen? Was meinst, Georg?«

Immer rascher ging Frau Greiner dem Dorf zu, sie konnte es nicht mehr erwarten, mit ihrem Mann zu reden. Im Ort, gerade beim Wirtshaus, trennte sich ihr junger Begleiter von ihr. »Sag's noch niemand, Georg, weißt, es gibt so viel Neider, schweig still davon, gelt?« empfahl sie ihm noch an; aber er lachte nur und ehe noch Frau Greiner, die ganz oben im Dorf wohnte, ihr Haus erreichte, hatte Georg die merkwürdige Begegnung schon all seinen Hausgenossen erzählt.

Es war schon fast eine wehmütige Abschiedsstimmung, mit der die junge Frau durchs Dorf ging. Sie sah nach rechts und nach links und grüßte mit besonderer Herzlichkeit die Dorfbewohner. Alle waren ihr bekannt, und in dem Augenblick waren sie ihr auch alle lieb, weil sie dachte, sie würde sich bald von ihnen trennen. Der Verdruß über die schlechte Einnahme war ganz überwunden durch die Hoffnung auf zukünftige Reichtümer, und dann hatte sie ja auch noch den Taler in der Hand als Unterpfand, als Beweis, wenn ihr Mann etwa die wunderbare Mär nicht glauben wollte.

Aus dem Hause drang ihr Kindergeschrei entgegen und als sie die Stubentüre aufmachte, wurde sie von allen Seiten mit der Nachricht begrüßt, Alex habe fast den ganzen Tag geschrien. Da lag das arme Büblein in seinem schönen Wagen, zog die Beinchen in die Höhe und kreischte wie ein Kind, das Schmerzen hat. Es war gar keine Möglichkeit, die große Neuigkeit mitzuteilen, die sie eben noch ganz erfüllt hatte, sie verstand ihre eigenen Worte nicht. Deshalb nur schnell die guten Kleider abgelegt, die große Schürze umgebunden und den Kleinen auf den Arm genommen. Lange wollte er sich nicht beruhigen. »Ein paar Stücklein Hering hat er heut' mittag gegessen und seitdem schreit er,« berichtete Marie. Mütterlich sprach die Frau dem Kleinen zu, ob er gleich nichts davon verstand: »Gelt, armer Kerl, gelt dir tut's weh; gelt, ja, das sind böse Leut, die geben dir deinen Soxhlet nicht, sei nur still, mein Schatz, ich kauf' dir Milch, still, still! Marie, spring in Gottes Namen und hol' noch einmal Milch; geh zu Bauers hinüber, von der schönen weißen Geiß sollen sie dir was melken; zahlst gleich einen Groschen dafür. Nimm so ein Fläschchen mit von seinem Soxhlet, daß ihm's gut bekommt; still, mein Bübchen, die Marie bringt dir Milch; sollst es gut haben, so lang du noch bei uns bist. Mußt ja doch bald ins Waisenhaus. Still, mein

Waislein, still!«

Es war spät abends, alle Kinder schliefen; Mann und Frau saßen beisammen und sprachen von dem großen Plan, den Frau Greiner mitgeteilt und warm befürwortet hatte. Wenn Greiner schon im alltäglichen Leben alles schwer nahm, wieviel mehr Bedenken machte er sich jetzt, wo die Frage an ihn herantrat, ob er mit Frau und Kind auswandern wolle in einen andern Weltteil! Es war kein Fertigwerden mit ihm; wenn seine Frau gegen alle seine Bedenken etwas vorgebracht hatte, so fing er beim ersten wieder an. Als sein Bundesgenosse meldete sich von Zeit zu Zeit der kleine Alex mit leisem Wimmern in unruhigem Schlaf. »Wo brächten wir das arme Kind unter?« fragte Greiner. Dann kam noch ein weiterer Bundesgenosse, das war der Husten: »Siehst doch, ich bin ein kranker Mann,« sagte er, »Kranke bleiben am besten daheim.«

Wenn aber dann seine Frau sagte: »In Gottes Namen, ich will dich auch nicht in die Fremde treiben, so bleiben wir halt hier und den Taler geb' ich dem Herrn wieder zurück,« dann fing wieder Greiner an: »Freilich, die Hungerleiderei nimmt hierzulande kein End', nur zwölf Mark hast heut' heimgebracht und gescholten bist auch noch worden! Leicht könnt' man's schöner haben in Amerika. Wieviel sagst, den dreifachen Lohn, und alles will er schriftlich machen? Es ist wohl wert, daß man sich's überlegt.«

So besprachen sie das Für und Wider und kamen zu keinem Entschluß. Es war eine schwüle Sommernacht, das Fensterchen der Schlafkammer stand offen. In seinen schweren Gedanken sah Greiner hinaus nach dem dunklen Wald und nach dem Mond, der mild herabschien; es war ihm, als sähe er dies alles zum erstenmal. Schön war's doch im Thüringer Wald und leicht wäre es nicht, davonzugehen. Die Heimatliebe kam ihm deutlich zum Bewußtsein, und nun trat seine Frau zu ihm her ans Fensterlein und sie lachte nicht wie sonst über sein nachdenkliches Wesen, auch sie sah still und ernst hinaus ins Dunkle. »Magdalene,« sagte er, »kannst nicht mehr das Lied: ›In allen meinen Taten laß ich den Höchsten raten, der alles kann und weiß‹; wie geht's da weiter?« Sie brachten den Vers zusammen, und trotz aller Unentschiedenheit war Friede in ihr Gemüt gekommen, als sie endlich ihr Lager aufsuchten.

Am nächsten Morgen, als gerade die Familie am Tisch saß und die Mutter den Kindern ihren Teil von der dünnen Kaffeebrühe verabreichte, näherten sich feste Schritte der Türe. Frau Greiner sah ihren Mann an: »Der Amerikaner,« flüsterte sie. »Herein!« Aber der eintrat, war ein anderer Gast, ein ganz unwillkommener. Es war der Steuerbote. Ein finsteres Gesicht hatte er, vielleicht kam's daher, daß er selbst so oft mit finsterer Miene empfangen wurde. Ein kurzer Gruß wurde gewechselt; der Steuerbeamte wies einen Zettel vor, Greiner stand auf, ging an die alte Kommode und schloß sie auf. Sein Töchterchen folgte ihm, ängstlich sah sie in sein Gesicht und nun auf seine Hände, die ein wenig unsicher ein Käßchen öffneten. »Vater, reicht's?« fragte sie ganz leise und blickte besorgt zu ihm auf. Er gab keine Antwort, es war auch nicht nötig, man merkte ihm auch ohne Worte die Verlegenheit an.

Er zählte das Geld vor dem Steuerboten auf. »Alles haben wir nun freilich gerade noch nicht beisammen,« sagte er entschuldigend. »Der Herr wird schon zufrieden sein,« setzte freundlich Frau Greiner hinzu, »er bekommt später den Rest, andere haben's auch nicht beisammen.«

»Anderen wird dann eben gepfändet, was sie an Mobiliar oder dergleichen besitzen,« sagte scharf der Beamte und sah sich im Zimmer um. Das war ein unheimlicher Blick. Er blieb haften auf Alex' Kinderwagen. »Da haben Sie noch ein schönes Stück, das hat Geldwert,« sagte der Beamte.

»Das bleibt im Haus,« erwiderte Greiner mit ungewohnter Festigkeit. Schon manchmal war der Steuerbote mit geringem Betrag abgezogen, aber heute war er so zäh! Er wich nicht eher, als bis Frau Greiner den Taler herbeigeholt hatte, den ihr der Amerikaner gegeben hatte. Sie hatte ihn so schön in einem besonderem Büchschen aufgehoben; es half nichts, er mußte eingewechselt und noch zur Hälfte darauf gelegt werden. Erst dann verschwand der unliebsame Gast. Mißmutig sah die Frau ihm nach. »Er wittert das Geld,« sagte sie, »er hat's nicht wissen können, daß wir noch etwas haben, aber er hat's gespürt, daß Geld im Haus ist.«

»Es ist ein Elend,« seufzte Greiner, »da geht man wahrhaftig gern aus dem Land.«

»So mein' ich auch; der Taler ist fort, Elias, das ist ein Fingerzeig, wir gehen auch fort.«

»Ja, und das gern.«

»Bist entschlossen? Im Ernst?«

»Ja, wie du sagst, es ist ein Fingerzeig.«

»Kinder, Kinder, denkt's euch nur, wir gehen nach Amerika!« rief die Mutter.

Jetzt gab's Fragen und Verwundern und eine Aufregung war in der kleinen Familie wie noch nicht leicht. Daß der Alex nicht mit durfte, das kam allen hart vor, aber die Mutter hatte schon einen Plan: Nach Sonneberg wollte sie ihn bringen, bei ihrer Mutter wäre er gut versorgt; ihre Schwester hatte jetzt lange genug keine Kinder gehabt, die sollte das arme Waislein nur nehmen.

Vater Greiner sagte aber fast jede Stunde an diesem Tag:

»Wenn er nur auch Wort hält, dein Amerikaner!« worauf dann seine Frau entgegnete: »Denk nur an den Taler!« Ja, der Taler war das Unterpfand, aber er lag nicht mehr da, so wirkte er auch nicht mehr recht.

Im Dorfe hatte sich gar schnell die Nachricht verbreitet, daß die ganze Familie Greiner auswandern würde nach Amerika. Dafür hatte schon Georg gesorgt. Öfter als sonst ging in den zwei nächsten Tagen die Türe auf, die Verwandten und Freunde wollten alle genau hören, wie sich die Sache verhielt, und es wurde in Greiners Stübchen mehr gesprochen als gearbeitet in diesen Tagen; Greiner drückte zwar unermüdlich seine Puppenköpfe aus und mahnte die Seinen, denn von dem Lohn, den sie in Amerika bekommen sollten, würden sie jetzt noch nicht satt. Aber seine Frau hatte keine Seelenruhe mehr für ihre Puppenbälge; sie dachte nur immer an die Zukunft und wie der Auszug zu bewerkstelligen wäre, und die Kinder liefen vor das Haus und ließen sich anstaunen als die Reisenden, die übers Meer wollten. Einmal kam Georg herein und erzählte, daß ein Kamerad aus dem Nachbarort von dem Amerikaner erzählt habe. Ein vornehmer Herr sei es, der gut zahle, und beim Wirt habe er geäußert, daß er am Mittwoch über Oberhain nach Sonneberg zurück wolle.

Dienstag abend war's. Die Kinder lagen schon im Bett, Greiner und seine Frau hatten auch Feierabend gemacht. Er stand vor der Haustüre und rauchte sein Pfeifchen; sie nahm die Puppenköpfe ab, die da und dort noch zum Trocknen am Zaun standen, und plauderte dabei mit ihrem Mann, als sie durch den dämmernden Abend einen älteren Mann langsam und bedächtig die Dorfstraße herauf auf ihr Häuschen zukommen sahen. Die Frau bemerkte ihn zuerst, stieß ihren Mann an und sagte: »Der Schulze kommt zu dir.«

Dieser Mann, der wohl schon ein Siebziger sein mochte und mit seinen weißen Haaren einen ehrwürdigen Eindruck machte, war der Ortsvorsteher von Oberhain, der Bauer Ruppert. Schon so lange verwaltete er dies Amt, daß Greiner und seine Frau sich die Zeit nicht mehr erinnern konnten, wo Ruppert noch nicht der Gemeindevorstand war. Greiner nahm die Pfeife aus dem Mund, was er andern gegenüber nie für nötig hielt, und grüßte den Alten, der nun zu ihnen trat, um ein Wort mit ihnen zu sprechen. Ins Haus wollte er nicht, er war noch rüstig, stand fest und gerade und erschien in seinen alten Tagen noch frischer als Greiner. Über den Gartenzaun besprachen sich die Männer. Ruppert wollte von Greiner selbst hören, was wahr sei von dem Gerede, daß sie nach Amerika übersiedeln wollten. Frau Greiner mußte ihm nun genau ihre Begegnung mit dem Amerikaner erzählen und alles, was dieser zu ihr geredet hatte.

»Und ihr wollt gehen?« fragte Ruppert.

»Wenn sich alles so verhält, wie der Mann zu meiner Frau gesagt hat, und wenn er alles schriftlich vor dem Notar macht, dann wären wir entschlossen zu gehen,« war Greiners Antwort.

Eine Stille trat ein. Frau Greiner hatte so ein unbestimmtes Gefühl, als ob der Mann, der nun schweigend mit ernstem Ausdruck bei ihnen stand, nicht einverstanden wäre. Das konnte sie nicht ertragen. »Es ist doch natürlich, daß man aus seinem Elend heraus möchte, wenn man kann, nicht wahr? Und wenn einem jemand sagt, du kannst 60 Mark verdienen statt 20, so wäre man doch nicht recht gescheit, wenn man nicht zulangen wollte, ist's nicht wahr? Und wie ärmlich ist mein Vater gestorben, alles hat man ihm verpfändet! Und meinen Kindern wird's auch einmal nicht besser gehen, wenn wir sie nicht fortbringen aus dem Elend, oder nicht?«

Bei jeder Frage hatte der alte Mann nur zustimmend genickt, wer kannte besser als er die Armut im Dorf! »Ja, ja, ja,« sagte er nun langsam und bedächtig, »wenn nur eines nicht wäre! Wenn die da drüben in Amerika unser Handwerk lernen und wenn sie selbst die Arbeit machen, die wir jetzt tun, wer wird dann noch von Thüringen Puppen kommen lassen? Wenn die Amerikaner nicht mehr in Sonneberg bestellen, dann fällt die beste Kundschaft weg; für 2 Millionen Mark haben die Amerikaner in einem einzigen Jahr Puppen und Spielsachen nach Amerika kommen lassen und gerade am meisten von der Sorte, wie wir sie in unserem Dorf machen. Der Bürgermeister von Sonneberg hat schon gar oft mit mir darüber gesprochen und die Herren Fabrikanten auch. Wißt Ihr, Greiner, wie mir's vorkommt, wenn Ihr geht? Da oben hinter Eurem Haus kommt doch die Quelle heraus für alle unsere Brunnen; gerade so kommt mir's vor, als wolltet Ihr hingehen und die Quelle verschütten, daß der ganze Ort kein Wasser mehr hat.«

Da fiel Frau Greiner ihm in die Rede: »Nein, nein,« sagte sie, »wegen der Quelle dürfen Sie keine Sorge haben, das tät mein Mann nie, mit dem Graben ist's ohnehin nicht viel bei ihm.«

»Magdalene, was red'st so ungeschickt,« sagte Greiner, »das ist nur so sinnbildlich gesagt!«

»Ja, Greiner,« nahm der Ortsvorsteher wieder das Wort, »es ist zum Vergleich. Wenn eine Familie hinübergeht und zeigt's den Amerikanern, wie sie's machen sollen, so ist's eine Gefahr für unsere Einnahmequelle. Für Euch könnt's ein Glück sein, aber für das ganze Dorf kann's zum Unheil ausschlagen. Unsere Leute haben keinen andern Verdienst als ihre Puppen, das wollt' ich Euch zu bedenken geben, darum bin ich heraufgekommen.«

Frau Greiner sah ihren Mann ängstlich an, ob er wohl etwas gegen diese Worte zu sagen wüßte. Ihr selbst wollte gar nichts einfallen. Ja, jetzt entgegnete er etwas. »Wer weiß, ob's dem Herrn Amerikaner gelingt da drüben?« fragte er. »Es wird so leicht nicht sein, daß er das gerade so einführt, wie's bei uns seit hundert Jahren oder wer weiß wie lang schon ist.«

»Da habt Ihr recht. Aber ich rechne so: Gelingt's ihm nicht, so werdet auch Ihr Euer Glück nicht machen, Ihr werdet ihm bald zur Last sein. Gelingt's aber, die Industrie dort einzuführen, dann ist's der helle Schaden für uns herüben, das ist leicht einzusehen.« Ja, das war einleuchtend, die Frau war schon ganz überzeugt. Aber ihr Mann? Sie mußte sich nur wundern, er war halt doch ein ganzer Mann, sogar mit dem Schulz konnte er's aufnehmen, denn er wußte wieder etwas dagegen zu reden.

»Auf jeden Fall,« sagte Greiner, »braucht so etwas Zeit. Bis die da drüben die Kunst so los haben, wie wir, geht wohl ein Jahrzehnt dahin, und bis das dann im ganzen Amerika bekannt wird und sie die Puppen von dem Herrn beziehen, statt wie bisher von unsern Fabrikanten, da kann's noch lang dauern, bis dorthin leben wir wohl nicht mehr.«

Die Frau nickte beifällig. »Ja, so weit hinaus sorgt niemand,« sagte sie zustimmend.

»Das denkt Ihr so, weil Ihr jung seid,« sagte Ruppert zur Frau. »Mir kommt's nicht soviel vor, so zwanzig Jährlein, und an die Nachkommen muß man auch denken. Für wen hat denn der Gemeindeförster den Abhang da oben frisch aufgeforstet? Für uns nicht, kaum für die Kinder, für die Kindeskinder vielleicht. Und wo nehmen wir unser Holz her? Von den Bäumen nicht, die wir gepflanzt haben, die

Alten haben uns dafür gesorgt, die lange schon tot sind. Darum meine ich, wir dürfen, da wir so arm sind in unsern Walddörfern, unsern einzigen Verdienst nicht den Amerikanern bringen. Warum? – weil unsere Enkelkinder auch noch essen wollen!«

Nun nickten sie beide zustimmend, Mann und Frau. Daß die Enkelkinder auch noch essen wollten, das war berechtigt.

»Es ist schon wahr,« sagte Greiner mit schwerem Seufzer, »am Unglück vom Dorf möchte ich nicht schuld sein.«

»Ich noch weniger, lieber Gott, wenn man dächte, es wäre gar kein Verdienst mehr im Ort, es wäre ja zum Verzweifeln. Wenn aber der Amerikaner eine andere Familie mit hinübernimmt?« fragte Frau Greiner.

»Von unserem Dorf geht keine mit,« entgegnete Ruppert, »unsere Leut kenn' ich und will schon mit ihnen reden, und wegen der Nachbarorte will ich schon sorgen; wenn man mit dem Amtmann spricht und mit den Pfarrern und Lehrern und mit den Ortsvorstehern und dem Notar, dann wird der Amerikaner auch nichts erreichen.«

Schon eine gute Weile war in den stillen Sommerabend das Schreien des kleinen Alex herausgedrungen, jetzt ließ sich auch noch der Johann vernehmen und die Mutter ging hinein. »Ihr habt jetzt ein Kostkind?« fragte Ruppert.

»Ja, mein Schwesterkind ist's.«

»Was bekommt ihr Kostgeld dafür?«

»So ein Kostkind ist's nicht, für das man Kostgeld bekommt, wir haben's bloß aus Barmherzigkeit, weil die Eltern tot sind und das Vermögen verloren.«

»Ist denn gar nichts für die Kinder übrig geblieben? Der

Mann Eurer Schwester war doch reich?«

»Ich weiß selbst nichts weiter, der Vormund hat uns halt das Kind geschickt. Gewollt haben wir's nicht; das große Mädchen hätten wir gern genommen, aber der Kleine ist ihnen übrig geblieben.«

»Der Vormund hat sich's leicht gemacht. Etwas Kostgeld hättet Ihr Euch ausbedingen sollen. Jetzt gute Nacht, Greiner. Wenn morgen wirklich der Amerikaner kommen sollte, so sagt's ihm nur, er könne sich die Mühe sparen, in den Häusern herumzulaufen, von Oberhain gehe keiner mit, die halten alle fest zusammen gegen Amerika.«

»Ja, ja, das tun wir auch.«

Die Gestalt des alten Mannes verschwand im Halbdunkel des Sommerabends, und Greiner kehrte in die Hütte des Elends zurück, aus der hinaus er sich geträumt hatte.

Bald wurde es still und dunkel im Häuschen. Doch nach Mitternacht erwachte Frau Greiner an einem schweren Traum: Hungrige Enkelkinder wollten dem kleinen Alex ein Leid tun. Sie fuhr auf in ihrem Bett: da stand ihr Mann am Wagen des Kleinen und schob das weinende Kind im Wagen sanft hin und her. »Kannst liegen bleiben,« sagte der Mann zu ihr, »es ist ja meiner Schwester Kind.« Da legte sie sich behaglich und sagte schon wieder halb schlafend: »Es ist recht, Elias, du wirst nicht so müd sein wie ich.«

Als am nächsten Morgen die Kinder kaum erwacht, schon miteinander anfingen zu plaudern von der Reise übers Meer, da war's doch traurig, ihnen sagen zu müssen, daß über Nacht das ganze Luftschloß eingestürzt sei, daß man nicht nach Amerika ginge, sondern alles bliebe wie bisher. Sie waren noch zu klein, um den wahren Grund zu verstehen; als sie aber gar nicht abließen, danach zu fragen, half sich die Mutter auf ihre Art und sagte: »Kinder, seid zufrieden,

83

da drüben gibt's noch Menschenfresser.«

»Aber der Amerikaner geht doch auch hinüber!«

»Der freilich; Herren fressen sie nicht, bloß Kinder.« Da gaben sie sich zufrieden.

Im ganzen Dorf war in diesen Tagen von nichts anderem die Rede gewesen als davon, daß Greiners übers Meer gingen, und dann, daß sie nun doch nicht gingen, weil Ruppert gesagt habe: keiner, der's mit Oberhain gut meine, dürfe dem Amerikaner folgen. Als nun dieser Herr, nichts ahnend von der Stimmung, die gegen ihn gemacht worden war, am Mittag ins Dorf kam, sahen ihn alle, die ihm begegneten, scheu an, wie den Versucher zum Bösen, und mit knapper Not waren sie so artig, ihm die Wohnung des Drückers Greiner zu zeigen, nach der er fragte.

Den ganzen Morgen war es unserer Frau Greiner schon unbehaglich bei dem Gedanken, daß der Herr nun abgewiesen werden mußte, und wohl zehnmal wollte sie von ihrem Manne hören, wie er es denn vorbringen wolle. Während sie an der Arbeit saßen, wurde der kleine Philipp immer wieder vors Haus geschickt, nachzusehen, ob kein Fremder die Dorfstraße heraufkomme, und richtig, so gegen Mittag war es, da kam er hereingerannt und rief: »Er kommt, er ist schon da!« Und dem kleinen Kerl auf dem Fuß folgte der lange Amerikaner mit dem hellen Anzug und dem Reiseschal schräg über die Achsel geknüpft. Er mußte sich bücken, als er durch die kleine Türe eintrat, denn er war wohl einen Kopf größer als Greiner, der nun von der Arbeit aufstand, während seine Frau ihre Verlegenheit zu verbergen suchte, indem sie nur um so eifriger an ihren Puppenbälgen nähte, als ob sie der Besuch nichts anginge.

Das half ihr aber nichts, denn der Amerikaner wandte sich gleich an sie: »Wie geht es, Madame Greiner?« fragte er;

»haben Sie meinen Vorschlag Ihrem Manne mitgeteilt? Ja? Haben Sie meine Sache vertreten?«

Da sah Frau Greiner hilfesuchend zu ihrem Mann auf, und der antwortete an ihrer Stelle: »Sie hat's schon getan, daran hat sie's nicht fehlen lassen; es wäre auch nicht so ohne, elend genug ist's bei uns, wie Sie sehen. Aber der Beschluß ist doch so ausgefallen, daß wir nicht gehen.«

»Das wollen wir uns doch erst überlegen, Sie und ich. Ich denke mir wohl, daß Sie nicht gleich einem fremden Mann, wie ich bin, vertrauen wollen, und auch ich müßte erst vom Arzt hören, ob Sie gesund genug sind, und noch anderes mehr. Die Unterhandlungen fangen jetzt erst an, Sie müssen nicht gleich von einem Beschluß reden. Sie dürfen mir selbst einen Notar vorschlagen, mit dem wir die Sache besprechen wollen.«

»Der Notar kann da nichts ändern,« sagte Greiner, »wir Oberhainer gehen nicht hinüber.«

Der Amerikaner schien betroffen, er merkte jetzt, daß die Sache doch wohl schon reiflich überlegt war.

»Sagen Sie mir, warum nicht. Ich habe Ihnen Vertrauen entgegengebracht, ich darf wohl auch von Ihnen Vertrauen erwarten?«

Nun sprach Greiner frei heraus; sagte, daß er die Puppenindustrie nicht nach Amerika bringen und dadurch sein Heimatland schädigen wolle; auch dann nicht, wenn er selbst dabei reich werden könnte; und so wie er dächten auch die andern Familien im Ort.

Darauf schwieg der Amerikaner. Greiner ging wieder an sein Geschäft – die Pause war schon lang gewesen für einen Wochentag, auch die Kinder rührten wieder die Hände. Philipp stopfte Sägspäne in die Bälge. Marie wandte mit fabelhafter Geschicklichkeit die zugenähten Körper um, und der lange Herr sah staunend auf sie herab. Ja, solche Familien hätte er gerne gehabt, drüben in seinem Wald: Leute mit solch ehrenwerter Gesinnung und mit solchem Fleiß und Geschick, Leute, die zufrieden waren in solch ärmlicher Umgebung.

Als er so still dastand, sah Frau Greiner zu ihm auf und beschämt zog sie ein Päckchen Geld aus ihrer Tasche: »Etwas fehlt an dem Taler, den Sie mir gegeben haben,« sagte sie, »weil der Steuerbote so dumm dahergekommen ist, wie wir gerade nur noch den Taler im Besitz gehabt haben.«

»Ich habe doch gesagt, du sollst hinuntergehen zum Schulzen,« sagte Greiner, »er soll dir darauf legen, was fehlt, bis nächsten Samstag. Der hat's und tut's gern.«

»Nicht nötig,« sagte der Amerikaner, »es war nicht ausgemacht, daß ich den Taler wieder bekomme. Es war ein Geschenk.«

Und nun grüßte er und sie grüßten ihn, und er zog von dannen, zum Ort hinaus, ohne einen Versuch bei andern Familien zu machen. –

In der Nähe von Greiners Häuschen war schon den ganzen Morgen ein Bursche herumgestrichen: Georg, der junge Fabrikarbeiter, der bei der ersten Begegnung mit dem Amerikaner dabei gewesen war. Einem Kameraden hatte er aufgetragen, ihn wegen eines bösen Fußes in der Fabrik zu entschuldigen. Als aber der Amerikaner den Ort verließ, folgte ihm Georg mit seinem bösen Fuß erstaunlich schnell. Der Amerikaner ging mit langen Schritten vorwärts, Georg hielt sich immer eine Strecke hinter ihm, bis das Dorf außer Sicht war und sich der Wald dazwischenschob. Dann eilte er vorwärts, versicherte sich noch einmal, daß niemand des Weges kam, lief dem Fremden nach und redete ihn an. Dieser erkannte ihn sofort. Einen Augenblick dachte er, Greiner habe ihn nachgeschickt. Vielleicht bereute er die Abweisung; aber er merkte bald, daß es nicht so war.

»Ich wollte den Herrn nur fragen, ob er mich nicht nach Amerika mitnehmen wolle. Ich bin mit dem Puppengeschäft aufgewachsen und ich wüßte noch einen Burschen und ein Mädchen aus dem Ort, die wären auch bereit, mitzugehen; wir drei könnten so gut wie die Greiners die Leute in Amerika anweisen.«

Eine Weile besann sich der Amerikaner. »Wißt Ihr auch den Grund,« fragte er, »warum die Familie Greiner nicht mit mir zieht?«

»Ja wohl weiß ich's, daß sie unser Dorf nicht um seinen Verdienst bringen wollen. Aber ich bin aufgeklärter, ich denke: Jeder ist sich selbst der Nächste, und soviel ich von Amerika weiß, denken sie da drüben auch so und machen Geld, soviel sie können.«

»Ja, ja, das ist ganz richtig,« sagte der Amerikaner. »Es ist auch das Vernünftigste. Aber wenn ich doch einmal Deutsche mitnehme, dann will ich richtige Deutsche, die das Gemüt haben, wie es nur die Deutschen haben, die so denken wie dieser arme Mann, der Greiner, denkt. Sie sind kein solcher; Sie haben kein Herz für Ihr Dorf: Sie würden auch für mein Geschäft kein Herz haben, sondern würden mich verlassen, sobald Ihnen ein anderer einen Dollar mehr böte. Guten Abend.«

Mit diesem unverhofften Gruß ging der Fremde nach der andern Seite der Straße und hatte keinen Blick mehr für Georg. Der stand da, halb zornig, halb beschämt, sah eine Weile dem langen Amerikaner nach, wandte sich dann und schlich langsam zurück ins Dorf. Wer ihm jetzt begegnete, der konnte eher glauben, daß er einen bösen Fuß habe.

Armut und Sorge, Not und Entbehrung lasten immer schwer auf dem Menschen, aber am schwersten trägt er daran, wenn er einen Augenblick gemeint hat, er habe die Last los, und wenn sie ihm nun aufs neue aufgebürdet wird. Es war eine trübe Stimmung im Hause des Drückers in den nächsten Wochen, bis allmählich die Erinnerung an den Plan der Auswanderung verblaßte und sie wieder eingewöhnt waren in das alte Elend!

Klein Alex aber schien sich nicht einzugewöhnen; er nahm nicht zu und wurde nicht kräftig wie andere Kinder seines Alters. Wenn gerade Geld und Zeit übrig war, so wurde ihm Milch geholt und er wurde so gut gepflegt, wie's eben seine Pflegemutter verstand. War aber Mangel im Haus und drängte die Arbeit, dann mußte sich der Kleine wieder mit Kartoffeln begnügen und Kaffeebrühe trinken wie die andern Kinder auch. »Er verträgt's nicht,« sagte dann Greiner und sah trübselig auf das Kleine, das bei Nacht sein Pflegekind war.

»Nein, er verträgt's nicht, er ist an seinen Soxhlet gewöhnt,« sagte die Mutter. »Aber gut ist's, daß er's nicht weiß und nicht bös auf uns ist, gelt du Kleiner, gelt du magst uns doch? Hast's ja so gut bei uns, kein Mensch darf dir was tun! Und am Sonntag, da wird's lustig, da fahren wir dich in Wald hinaus, wo die Vöglein singen und pfeifen, gelt du freust dich, kleiner Schelm?«

So plauderte sie mit ihm, ohne die Arbeit aus der Hand zu legen, und lachte ihm freundlich zu, und Marie, Philipp und Johann machten es der Mutter nach. Dann lächelte der Kleine so hold, daß sie ihn alle lieb hatten und ihm sein vieles Schreien verziehen. Sie beachteten es nicht so im Drange der Arbeit.

Sommer und Herbst waren vergangen. Das letzte Schiff, das die Puppen zu Weihnachten nach Amerika bringen sollte, war abgefahren, und was unsere kleinen Leute gearbeitet hatten, war nun auf der Reise in aller Herren Länder. Und nun stockte die Arbeit. Die Fabriken in Sonneberg gaben keine Aufträge mehr. Das war alle Jahre so im Winter, aber es war immer wieder ein Schrecken für die Leute, wenn der Verdienst aufhörte. Und doch konnten sie die Ruhe so notwendig brauchen. Der Kartoffelacker mußte bestellt und Holz gesammelt werden. Die Kammer, der man den ganzen Sommer versprochen hatte, daß sie auch einmal geputzt werden sollte, wurde nun rein gemacht. Die Kleider wurden geflickt, und wer kein gutes Hemd mehr hatte, für den wurde jetzt ein neues genäht. Aber die Kost wurde immer schmäler.

Um die Weihnachtszeit war's am schlimmsten. »Marie, geh zum Krämer,« sagte die Mutter, »hol einen Hering zu Mittag. Drei Pfennige nimmst mit, was er mehr kostet, soll der Krämer aufschreiben.« Marie kam zurück mit leeren Händen. »Er gibt's nicht mehr auf Borg; es wird ihm gar zuviel, sagt er; aber ich soll ein Töpfchen bringen, von der Heringsbrüh wolle er mir geben um drei Pfennig.« Und Marie nahm ein Töpfchen. »Sei doch gescheit und nimm den großen Topf mit, dann bekommst mehr,« sagte Frau Greiner. Aber der Krämer war auch gescheit; er machte den Topf nur zur Hälfte voll.

»Die Brüh ist kräftig,« sagte Frau Greiner, als sie sie zu den Kartoffeln auf den Tisch setzte, »man könnt' meinen, man hätte einen Hering, so stark schmeckt sie.« »Ja,« sagte Greiner, »aber hintennach merkt man's doch, daß man keinen Hering gegessen hat. Man wird halt gar nicht satt von der Brüh.« »Wart nur, im Sommer, wenn die gute Einnahm' kommt, dann holen wir wieder Speck.« So wurde schon im Dezember die harte Arbeitszeit wieder ersehnt.

Weihnachten kam. Die Wege waren verschneit, das Eis

glitzerte an den Bäumen, aber doch wanderten gar viele Dorfbewohner durch den winterlichen Wald, Sonneberg zu, das Christfest in der Kirche zu feiern. Auch Greiner und seine Frau gingen miteinander hin. Die Kinder ließen sie ruhig allein, brav waren sie gewiß an diesem Morgen, denn sie wußten von vergangenen Jahren: Vater und Mutter kehrten nach der Kirche bei der Großmutter ein, und die schickte Lebkuchen, für jedes Kind einen, und diese Freude warf ihren Schimmer voraus auf das Trüpplein der Kinder, das daheim neben dem Ofen kauerte und wartete, wartete eine Stunde nach der andern, unfähig an etwas anderes denken zu können, als an den Lebkuchen. Jetzt stapfte jemand in den Hausgang herein; der Postbote, dick beschneit, erschien unter der Türe, und als er nur die Kinder sah, rief er: »Ist der Vater nicht da oder die Mutter? Da ist ein Paket, ist wohl ein Christstollen darin. Daß ihr's nicht aufmacht! Ich leg's lieber da hinauf.« Und der Bote legte den Pack oben hin auf den Kleiderschrank und ging. Das war nun eine Aufregung! Da standen sie alle, die Marie, der Philipp und der Johann und sahen andächtig hinauf nach dem großen Paket in seinem braunen Packpapier und wiederholten, was der Postbote gesagt hatte: »Es ist wohl ein Christstollen.« Der Philipp, der sich das Paket näher besehen wollte, trug einen Stuhl herbei und hätte den Pack auch wohl heruntergeholt; aber das wollte Marie nicht erlauben und darum fing sie an, an dem Stuhl zu rütteln, so daß der Philipp schrie und froh war, als er glücklich wieder auf festem Boden stand. Und nun knieten sie auf der Bank am Fenster, kratzten das Eis von den Scheiben und sahen hindurch, ob denn die Eltern immer und immer noch nicht kämen.

Endlich tauchten sie auf, die zwei beschneiten Gestalten; der Vater kam hustend und frierend gleich auf den Ofen zu, die Mutter konnte nicht vorwärts kommen, so wurde sie bedrängt und umringt von den Kindern und ihr Korb bestürmt wegen der Lebkuchen. Auch der kleine Alex im Wagen tat einen kleinen Juchzer, als er die Mutter wieder sah, und auch er bekam von dem Weihnachtsgebäck. »Wenn's ihm nur gut bekommt, gib's ihm lieber nicht,« sagte Greiner sorglich. Aber ganz entrüstet rief seine Frau: »Ich werd doch nicht ihm allein keinen Lebkuchen geben, wenn alle einen essen? er muß doch auch merken, daß Christtag ist: da, mein Bübchen, da, heute ist Weihnacht!«

Einen Augenblick hatte das heißhungerige Verlangen die Kinder sogar das Paket vergessen lassen, aber noch mit dem ersten Bissen im Mund verkündeten sie das Ereignis. Philipp sprang wieder auf den Stuhl und Marie wehrte ihm nicht, so schleppte er das Paket auf den Tisch, und unter gespannter Aufmerksamkeit wurden die Schnüre gelöst. Alle drängten sich heran und mit unbeschreiblichem Jubel wurde der Christstollen begrüßt, den der Postbote prophezeit hatte, und was auch dieser nicht geahnt hatte: ein ganzer Kranz Würste, gute feste Siedwürste, und noch etwas gar liebliches: ein rosa Kinderkleidchen.

Die Sendung kam von Fräulein Elisabeth; sie hatte dem kleinen Alex das Kleid gemacht, der ganzen Familie zum Gruß für die Feiertage den Stollen gebacken und ihre Eltern hatten die Würste beigelegt. In einem Brief voll Liebe und Teilnahme fragte sie nach ihrem Liebling und ob ihn auch alle lieb hätten. Da umringten sie den Kleinen im Gefühl, daß sie ihm das alles verdankten, und sagten ihm liebe Worte, und er lachte laut, als sich all die freundlichen Gesichter über ihn beugten. Aber das schöne Kleidchen konnte ihm Frau Greiner nicht anziehen; so war er nicht gewachsen und gediehen, wie sich's wohl Fräulein Elisabeth vorgestellt hatte. »So sollte er halt jetzt sein,« sagte Greiner. »Wir heben das Kleidchen gut auf, bis übers Jahr wird er hineingewachsen sein,« sagte die Mutter und verwahrte es sorgsam.

Das gab ein Festmahl heute! Wie taute der halb erfrorene abgemagerte Mann auf, als die heißen Würste aufgetragen wurden, und wie schmeckte diese ganze Woche die Kaffeebrühe so wunderbar, wenn der köstliche Stollen dazu eingetunkt wurde! Ja, der Dank kam aus dem Herzen, den Vater Greiner in einem Brief zu Neujahr an Fräulein Elisabeth im Namen der ganzen Familie aussprach! –

Januar war's, kalte kurze Tage und keine Arbeit im Haus. Nicht einmal bei Nacht konnte man die Sorgen verschlafen, denn Alex war krank. Eine Frau im Dorf hatte geraten, ihm von Zeit zu Zeit Überschläge zu machen auf das heiße Köpfchen, und das besorgte Greiner. So saß er in der stillen Nacht an dem Kinderwagen, und indem er auf das schöne Kind seiner verstorbenen Schwester sah und sich fragte, ob es wohl bald seiner Mutter nachfolgen würde, kam den Mann, der jahraus jahrein handwerksmäßig die gewohnten Puppenköpfe formte, das Verlangen an, dies Kinderköpfchen nach dem Leben zu bilden. Hätte er nur Wachs gehabt, wie er es in seinen jungen Jahren auf der Schule verwendet hatte, so hätte er sich's wohl zugetraut.

Es gab aber ein paar Jungen im Dorfe, die jeden Tag nach Sonneberg in die Industrieschule wanderten. Dort lernten sie Menschen und Tiere aus Wachs bilden. Durch diese konnte er sich welches verschaffen. Er sagte nichts davon zu seiner Frau; aber er ging frühmorgens vors Haus, paßte einen der Burschen ab und am Abend hatte er schon, was er brauchte zu seinem Vorhaben.

Und bei Nacht machte er sich an die Arbeit. Nie hatte es ihm Freude gemacht, in den Formen Köpfe auszudrücken, die ihm die Fabrik übergab; denn die Puppenköpfe, die da herauskamen, gefielen ihm nicht, er machte sie nur, weil er Geld dafür bekam. Aber nun hatte er eine Arbeit, die ihm

Freude machte; er konnte etwas Schönes schaffen, wie vor zwanzig Jahren, wo er auf der Schule war. Mit jugendlichem Eifer ging er daran und nach ein paar Stunden hatte er ein Köpfchen geformt, das Ähnlichkeit hatte mit dem des kleinen Alex. Aber als er es am nächsten Morgen heimlich bei Tageslicht ansah, war er unzufrieden mit seinem Werk. Wohl waren die einzelnen Züge ähnlich, aber die Anmut und Lieblichkeit, die dem ganzen Gesichtchen einen besonderen Reiz verlieh, die fehlte. Mit einem einzigen Druck der Hand zerstörte er die Arbeit der vergangenen Nacht; er hielt wieder das formlose Wachs in Händen und legte es mutlos beiseite.

In der nächsten Nacht, als der Kleine unruhig wurde und dann im Weinen innehielt und verlangend die Arme nach ihm ausstreckte, war Greiner wieder ergriffen von dem rührenden Ausdruck des Gesichtchens. Kaum war das Kind beruhigt, so konnte er dem Verlangen nicht widerstehen, setzte sich an die Arbeit, formte aufs neue und allmählich kam's ihm in die Finger, daß er das zum Ausdruck zu bringen vermochte, was er vor sich sah. Ja, nun schien sein Köpfchen Leben zu haben; beglückt betrachtete er sein Kunstwerk. Diesmal verbarg er es nicht, er stellte es oben auf den Kleiderkasten; er wollte hören, was seine Frau dazu sagen würde.

In der Dunkelheit des Januarmorgens bemerkten weder die Frau noch die Kinder beim Aufstehen das kleine Köpfchen, das auf dem Schrank stand, und Greiner hatte eine gewisse Scheu, davon zu sprechen. Doch lächelte er beim Frühstück so traumverloren vor sich hin, daß seine Frau ihn verwundert ansah. Sie hatte aber nichts dagegen, daß er so vergnüglich dreinschaute, es war ihr schon lieber als das sorgliche und grämliche Gesicht, das sie an ihm gewöhnt war. Gegen acht Uhr richtete Marie sich zur Schule. Sie ging in die Kammer, ihr Tuch zu holen. Der Vater horchte auf ihre Schritte – richtig, jetzt machte sie Halt, sie mußte etwa vor dem Schrank stehen. »Mutter,« rief sie nun aus der Kammer, »was steht denn da oben?«

»Ich weiß doch nicht, was du meinst.«

»Da oben auf dem Schrank, es sieht aus, wie ein Kopf.«

Jetzt wurde die Mutter aufmerksam und Philipp sprang neugierig in die Kammer. »Ein Puppenkopf ist's,« rief er, »aber kein solcher,« und er deutete auf die, welche sein Vater auspreßte.

»Auf dem Schrank steht doch kein Puppenkopf, oder hast du etwas hinaufgestellt, Elias?«

»Mußt eben sehen,« sagte der mit seinem wunderlichen Lächeln. Jetzt ging die Mutter selbst hinaus und Greiner schaute ihr nach. Vorsichtig hob Frau Greiner das Köpfchen herunter, nahm es vor ans Kammerfenster; die Kinder folgten ihr, der Vater horchte hinaus. »Das ist gar kein Puppenkopf,« hörte er jetzt seinen Philipp sagen, »das ist ja der Alex.«

»Gerade hab' ich's auch gedacht,« rief die Frau, »unser Alex, ja ganz wie er leibt und lebt.«

Da hörten sie Greiner laut und vergnügt lachen, wie sie's gar nicht gewöhnt waren. »Was lachst denn du so?« fragte seine Frau und kam zu ihm mit dem kleinen Kunstwerk in der Hand.

»Mich freut's halt, daß ihr's erkannt habt. Bei Nacht hab' ich's gemacht, daß wir doch ein Andenken haben, wenn der Kleine sterben sollte,« setzte er schon wieder in seiner gewohnten sorglichen Weise hinzu.

»So steht's nicht um ihn, daran brauchst gar nicht zu denken.« Sie trat an den Wagen, das Kind schlief, sie hielt das Köpfchen daneben. »Gut erraten hast's, wirklich gut!«

»Wenn man danach Formen machte, meinst nicht, das würde schönere Puppenköpfe geben, als die alten da?«

»Ja, wahrhaftig, Elias, aber wie müßt' man das anstellen?«

»Einen andern Weg wüßt' ich nicht, als daß man den Kopf den Fabrikherren zeigt, ob er einem von ihnen so gut gefiele, daß er Formen danach machen ließe.«

»Aber der müßt ihn dir abkaufen; für einen neuen Kopf hat mancher schon viel Geld bekommen.«

»Ich hab' ja nichts dagegen, wenn er ihn teuer bezahlt, du mußt ihn halt in die Stadt tragen; meine Liebhaberei ist das nicht, zu den Herren zu laufen, die einen vielleicht kurz abweisen.«

Die Frau sah das ein. Sie besann sich auch nicht, ob es ihre Liebhaberei sei. Sie wollte es versuchen. Es gab ja eine ganze Anzahl von Fabrikanten in Sonneberg; ihre Schwester wollte sie fragen, an wen sie sich wenden sollte, einer würde es schon annehmen. Das Kunstwerk wurde nun vorsichtig wieder auf den Schrank gestellt, und am folgenden Tage richtete sich Frau Greiner, ihr Glück in der Stadt zu versuchen.

Dem lebendigen kleinen Alex versprach sie beim Abschied, daß es ihm nie mehr an Milch fehlen sollte, wenn sein Abbild einen Käufer fände. Leichtfüßig ging sie aus dem Haus – Arbeit war nicht abzuliefern, der große Huckelkorb hatte seine Ruhezeit. Am Arm ein kleines Körbchen, in dem der Schatz geborgen war, ein großes Tuch um Kopf und Brust geschlungen, das die Winterkälte abhalten sollte, so verließ sie ihr Heim. Der Mann blieb in größerer Aufregung zurück als je vorher. Wenn sonst seine Frau zur Stadt ging, so handelte es sich nur darum, ob sie etwas mehr oder weniger Geld und Bestellungen heimbringen würde; heute aber war die große Frage, ob sie gleichgültig abgewiesen mit leeren Händen beschämt heimkommen, einen kleinen Betrag bringen oder gar eine große Summe erhalten würde?

Einmal war's ja vorgekommen im Dorf – das mochte aber schon dreißig Jahre her sein – daß einer ein reicher Mann geworden war durch einen besonders hübschen Puppenkopf, den er geformt hatte. Es war Greiner zumute wie einem, der ein Los genommen, auf das er große Hoffnungen setzt, und nun sieht er der Ziehung entgegen – wird's eine Niete sein, ein Gewinnst oder gar der Haupttreffer? Der schöne Traum mit dem großen Verdienst in Amerika fiel ihm wieder ein, wie schnell war er verflogen! Nun ja, auch der schöne Traum würde wohl heute abend vorbei sein. Seine Frau wird den kleinen Kopf wieder heimbringen, vor ihn hinlegen und sagen: es hat ihn keiner gewollt. Natürlich, sie hatten ja in Sonneberg Formen genug, was sollten sie andere machen? Die alten Puppenköpfe gefielen ihnen vielleicht viel besser, sie lachten seine Frau wohl aus. Mit all seinem Denken und Fühlen war Greiner bei seiner Frau, nur körperlich weilte er unter seinen Kindern. Er sah und hörte kaum, was sie trieben.

Inzwischen hatte Frau Greiner die Stadt erreicht und suchte Mutter und Schwester auf. – Auch bei diesen stockte in dieser Jahreszeit die Arbeit. Die alte Frau saß am Ofen und ruhte, die Schwester flickte, friedlich und still war's im Stübchen. Aus dem Topf auf dem Ofen wurde Frau Greiner eine große Tasse voll Kaffee eingeschenkt, der sie angenehm erwärmte nach dem langen Marsch durch die Kälte. Sie hatte schon erzählt, was sie heute in die Stadt trieb, aber das Kunstwerk war noch im Korb.

»So zeig doch einmal den Kopf,« sagte nun die alte Frau. Sorgsam nahm ihn Frau Greiner heraus, gespannt sah sie auf der Mutter prüfendes Gesicht. »Da spar' dir nur die Müh', Magdalene,« sagte sie jetzt, »das ist kein richtiger Puppenkopf. Der sieht ja aus wie ein Kinderkopf, den nimmt dir kein Fabrikant ab. Jetzt macht der Greiner in die dreißig Jahr Köpf' und weiß noch nicht, wie sie aussehen müssen! Hättest's ihm wohl sagen können, hast's denn du nicht gesehen?«

»Ja,« sagte die Frau kleinmütig, »anders ist er freilich, als sonst die Puppenköpfe sind, aber er hat halt gemeint, so wären sie schöner.«

»Wie, laß mich's doch auch recht sehen,« sagte die Schwester und stellte den Kopf an das Plätzchen, an dem sie sonst jahraus jahrein den Köpfen ihren Haarschmuck zurechtmachte. »So einer ist freilich noch nie dagestanden,« sagte sie kopfschüttelnd, »aber so unrecht ist er gerade nicht. Bei dem jungen Fabrikanten Weber drüben, da wär's doch nicht unmöglich, daß du ihn anbrächtest; da ging' ich hin, der ist fürs Neumodische; wenn der ihn nicht nimmt, dann nimmt ihn keiner.«

»Kennst du den Mann? Gehst du nicht mit mir?« fragte Frau Greiner.

»Bis ans Haus begleit' ich dich und wart' unten; hinauf möcht' ich grad nicht, sie sind oft so barsch.«

Die Schwestern gingen miteinander, es war nicht weit. Das Haus war geschlossen, am Glockenzug blieben sie zögernd stehen. »Meinst du nicht, man lacht mich nur aus mit meinem elenden Köpfchen? Sollt' ich's nicht bleiben lassen? Der Mutter hat's ja gar nicht gepaßt.«

»Wenn der junge Herr so zufällig herauskäm', wär's freilich besser, als wenn man so extra und großartig die Glocke zieht.« Eine Weile standen sie zaghaft auf dem kalten Pflaster. Da mußte die junge Frau an daheim denken, und es war, als ob sie es spürte, wie ihr Mann mit all seinem Denken bei ihr war. »Ich muß in Gottes Namen hinein,« sagte sie, »ich könnt' mich ja vor meinem Elias heut' abend nicht blicken lassen.« Sie läutete; die Türe wurde aufgezogen; die Schwester ging einen Schritt zurück und Frau Greiner vorwärts bis an eine Türe mit der Aufschrift »Kontor«, und tapfer hinein in das Zimmer, wo an großen Stehpulten zwei Herren schrieben.

»Sie wünschen?« fragte der eine, der nur einen Augenblick den Kopf erhoben hatte, dann aber eifrig weiterschrieb. Schüchtern und unsicher brachte Frau Greiner ihr Anliegen vor. Einen neuen Puppenkopf habe ihr Mann gemacht, weil sie ein so schönes Waisenkind hätten, nach dem hätt' er's gemacht, wie's leibt und lebt; bei Nacht, weil es seiner Schwester Kind sei und Umschläge brauchte bei Nacht.

»Ja, gute Frau, was geht denn das uns an, was wollen Sie denn eigentlich?« fragte der Schreiber.

»Wir haben gemeint, ob Herr Weber den Kopf nicht kaufen würde?«

»Kaufen? Ja, zu was denn?«

»Daß man Formen danach mache zu Papiermaché-Köpfen. Mein Mann ist Drücker in Oberhain.«

»Wenn er Drücker ist, dann soll er nur die Formen schön ausdrücken; aber die neuen Köpfe, das könnt' er wissen, die bezieht Herr Weber nicht von den Drückern da draußen im Wald, die werden von den Künstlern geliefert, von rechten Künstlern, die ausgebildet sind auf der Kunstschule. So etwas muß gelernt sein, gute Frau. Jetzt gehen Sie nur heim und machen Sie Ihrem Waisenkind Umschläge, das wird besser sein.« Er lachte und der jüngere Herr am nächsten Schreibpult lachte auch. Aber Frau Greiner war nicht empfindlich; es waren eben junge Herrn, die machten sich gern lustig, das nahm sie nicht schwer. Zeigen wollte sie doch wenigstens den Kopf. Sie nahm ihn aus dem Korb. »Das wäre er,« sagte sie; »der Herr Weber ist wohl nicht zu Haus, daß ich ihm den Kopf zeigen könnt'?«

»Nein,« sagte der Herr und schaute nur flüchtig nach dem Köpfchen. »Herr Weber hat genug neue Muster, fragen Sie nur anderswo; Fabriken gibt es ja hier in jedem dritten Haus, jedes Kind auf der Straße kann Ihnen eine zeigen.«

Frau Greiner packte ihren Schatz sorgsam wieder ein, und dabei sagte sie ganz treuherzig: »Es wär' mir doch recht gewesen, wenn ich den Herrn Weber hätt' einen Augenblick sprechen können. Weil er doch fürs Neumodische ist, und so neumodisch wie der Kopf ist, ganz weich ist er noch.« Die Herren lachten, da lachte Frau Greiner mit. »Sie haben halt noch gut lachen,« sagte sie, »Sie sind jung. Aber für meinen Mann ist's schon anders, wenn ich mit leeren Händen heimkomm'. Man könnt's Geld so nötig brauchen und er hat schon wunder gemeint, wieviel ich ihm heimbring'! Der macht böse Falten hin!«

Halblaut sagte der ältere Schreiber zum jüngeren: »So gehen Sie eben hinauf und bitten Sie Herrn Weber, daß er einen Augenblick herunterkomme.«

Frau Greiner bemerkte mit großer Genugtuung, daß Herr Weber nun auf einmal zu Hause war. Gleich packte sie ihr Köpfchen wieder aus.

So sehr jung war der Fabrikant nicht mehr, der nun eintrat und zu Frau Greiner sagte: »Einen Kopf hat Ihr Mann gemacht? So lassen Sie mal sehen.« Und während er mit dem Köpfchen in der Hand ans Fenster trat, es fortwährend betrachtend, fragte er: »Wie heißt denn Ihr Mann?«

»Elias Greiner.«

»Hat er denn schon mehr verkauft? Nein? Wo hat er's gelernt?«

»Nur als Bub war er ein halbes Jahr auf der Schul'.«

»So, so, und was verlangen Sie für den Kopf?«

Die letzte Frage war eine feine Frage! Die Augen von Frau Greiner leuchteten ordentlich, aber was sollte sie antworten? »Ich weiß nicht, was ich verlangen soll,« sagte sie. Inzwischen hatte Herr Weber mit seinem Buchhalter leise verhandelt.

»Wer etwas verkaufen will, der muß auch den Preis machen,« sagte der Fabrikant.

Da wuchs Frau Greiner der Mut. »Ich denk' halt so,« sagte sie; »Fabriken gibt's hier in jedem dritten Haus, ich könnt' überall fragen und es dem Herrn geben, der's am besten bezahlt.«

Die jungen Herren lachten. Aber der Fabrikant wandte sich ernsthaft an sie: »Ich will Ihnen etwas sagen, Frau, und Sie können es Ihrem Mann ausrichten: der Kopf ist ausgezeichnet geformt, ganz nach dem Leben, aber trotzdem, Sie werden ihn doch nicht leicht verkaufen können. Es ist kein Puppenkopf, wie man es gewohnt ist. Ihr Mann soll sich einmal hundert Puppenköpfe ansehen: alle haben einen Mund so klein, kleiner als die Augen und so schmal wie die Nase. Beim Menschen ist es ja nicht so, und bei diesem Kopf auch nicht, darum sieht er aus wie ein Kinderköpfchen, nicht wie ein Puppenkopf. Mir gefällt es so, weil es nach dem Leben ist, ich kann die großen Puppenaugen nicht leiden; aber ob es sich gut verkaufen läßt, das fragt sich sehr. Die Kaufleute wollen eben die hergebrachten Puppenköpfe, und darum dürfen Sie mir glauben, wenn Sie auch zu allen Fabrikanten laufen, Sie werden den Kopf schwer anbringen. Aber versuchen Sie es nur.«

Frau Greiner hatte kein Verlangen danach, sie war froh, daß
dieser Mann an dem Kopf Gefallen fand. Auch flößte ihr
seine Art Vertrauen ein. »Ich weiß nicht, was ich fordern
soll,« sagte sie, »aber wenn Sie ihn kaufen wollen, so biete
ich ihn niemand anders an. Sie werden mir schon geben,
was recht ist.«

Noch einmal betrachtete der Fabrikant prüfend das kleine
Kunstwerk, dann sagte er: »Ihr Mann soll mir schriftlich
versprechen, daß er in den nächsten Jahren keinen Kopf für
einen anderen Fabrikanten macht als für mich, dann zahle
ich Ihnen für den Kopf 800 Mark; davon gebe ich Ihnen die
Hälfte gleich mit und die andere Hälfte, sowie Ihr Mann mir
das Schriftliche bringt. Wenn Sie einverstanden sind, so
wird der Handel gleich schriftlich gemacht.«

»Ja, ja, ja,« sagte Frau Greiner, »einverstanden bin ich, ganz
einverstanden,« und die Freude über die hohe Summe
überstrahlte ihr Gesicht, alle ihre Erwartungen waren
übertroffen. Als sie die Summe wirklich in die Hand bekam
und das Schreiben dazu, sagte der Fabrikant: »Ihr Mann
soll die andere Hälfte des Geldes selbst holen, ich möchte mit
ihm reden, vielleicht können wir miteinander verabreden,
daß er mir den Kopf auch in andern Größen liefert.«

Da fühlte die Frau, daß ihr für jetzt und für die Zukunft eine
Last abgenommen war, die sie getragen hatte, solang sie
zurückdenken konnte – die bittere Armut, unter deren
Druck sie gestanden, so lange sie lebte. Sie sagte noch mit
Tränen in den Augen: »Vergelt's Gott, und mein Mann wird
sich selbst bedanken,« und ging wie im Traum von dannen.
Die Herren sahen ihr nach, der Buchhalter meinte: »Die
hätt's auch um weniger hergegeben.« »Ja,« sagte der
Fabrikant, »aber es wäre nicht recht, wollte man die
Unwissenheit solch armer Leute ausnützen. Ein Künstler

hätt' das Doppelte dafür verlangt. Der Kopf ist vorzüglich, wollen wir sehen, ob wir gute Geschäfte damit machen.« Das Abbild des kleinen Alex wurde in kostbarem Schrank verwahrt.

Draußen vor dem Haus trippelte frierend Frau Greiners Schwester auf und ab. »Aber du hast lang gebraucht! Ich bin ganz erstarrt!«

»Macht nichts, Regine, macht gar nichts. Er hat's ja gekauft! Rat nur, um wieviel? Aber du hättest's ja doch nie erraten – um 800 Mark, Regine! Komm zur Mutter, komm nur schnell!« –

Es war schon dunkel, als Frau Greiner ihr Dorf erreichte. Auf dem langen Wege hatte sie sich ihren Plan gemacht: Am Krämer wollte sie vorbeigehen und am Metzger, Schulden bezahlen, einkaufen, bar zahlen. Dann, wenn sie heimkam, wollte sie die Kinder hinausschicken, die brauchten nichts zu wissen von dem vielen Geld. Danach wollte sie zu ihrem Manne sagen: Den Kopf nimmt niemand, der hat ja gar so einen großen Mund, und dann, wenn er sich recht gegrämt hatte, wollte sie den Korb aufmachen und statt dem Kopf die Geldrollen vor ihn legen. Ja, so hatte sie sich's ausgedacht. Als sie aber endlich im Dorf war, mochte sie sich nicht mehr aufhalten; einkaufen konnte sie doch später noch, jetzt heim, heim! Und als sie die Zimmertüre aufmachte, wo all die Ihren beisammen saßen und auf sie warteten, und als ihr Mann auf sie zukam und sie ansah, wie wenn sein Leben abhinge von dem Wort, das jetzt über ihre Lippen kommen würde, da hatte sie kein Verlangen mehr, ihn zu täuschen; da fuhr sie ihm mit beiden Händen über seine schmalen Backen, und strahlend vor Glück rief sie: »Um 800 Mark haben sie ihn gekauft, und er will noch mehr von dir! Gelt, da kannst lachen, du alter Griesgram du!«

Der kleine Alex hatte geschlafen, als die Mutter

heimgekommen war. Nach einer Stunde etwa ließ er sein Stimmchen hören und ein einstimmiges: »Jetzt wacht er!« kam aus aller Mund; im Augenblick war der Wagen umringt von allem was Greiner hieß, denn die ganze Dankbarkeit wandte sich dem Kindlein zu. Des Alex' Gesichtchen war's ja, das solches Glück ins Haus gebracht hatte. Milch hatten sie schon bereit, zwei von seinen Soxhletfläschchen standen voll auf dem Ofen. Wie lieblich der Kleine all die freundlichen Gesichter anlächelte, die seinen Wagen umringten, und wie gierig er die Milch trank; er konnte gar nicht genug bekommen! Sie sahen ihm alle zu. »Jetzt sollst du Milch haben, soviel du willst, alle Tage frische Milch, du lieber kleiner Schelm du!«

Aber wie war es nur möglich – sie bekam ihm nicht einmal gut! »Er wird die Milch doch vertragen, es wird doch nicht zu spät sein?« dachte Greiner. Am nächsten Morgen wollte er sie gar nicht nehmen; er schob das Soxhletfläschchen weg, wenn sie es ihm reichten und mit allen Schmeichelworten immer wieder anboten. In der Nacht faßte Greiner einen Entschluß: »Wenn ich morgen in die Stadt gehe und das Geld hole, nehme ich den Arzt mit heraus; wir sind's ihm schuldig, dem Kind, wir wollen alles dafür tun.«

Aber das war nicht des kleinen Alex Bestimmung. Er war nicht gesandt, Mühe und Kosten zu machen, er sollte bloß aus dem Elend helfen. Jetzt hatte er geholfen und jetzt nahm er Abschied. In früher, dunkler Morgenstunde, als Greiner an seinem Bettchen saß, lächelte der kleine Alex holdselig, dann schloß er halb die kleinen Äuglein und war still. Ganz sanft war er entschlafen. Da trat der Mann ans Bett seiner Frau. »Magdalene, wach auf, unser Kleiner ist gestorben.«

Das Waislein wurde betrauert, wie es bei seinen eigenen Eltern und Geschwistern nicht mehr hätte betrauert werden können, und dem kleinen Fremdling folgten auf den winterlichen Friedhof alle Nachbarn und Freunde; denn es war keiner, dem es nicht Leid getan hätte um das liebliche Kind. Und sie sagten untereinander, es sei zu schön gewesen für diese Welt.

Der Ortsvorsteher schrieb nach Köln, man sollte den Vormund ausfindig machen und ihm den Todesfall mitteilen. Die Familie lasse auch fragen, ob sie die Wäsche, den Wagen und den Soxhlet als Erbe behalten dürfe? Er, Ruppert, halte das für selbstverständlich. Er habe es nie gebilligt, daß man dieser armen Familie das Kind zugeschoben habe, und bitte den Vormund, die Beerdigungskosten zu zahlen.

Eines Tages brachte Ruppert das Geld für die Beerdigung und eine Antwort mit Entschuldigung. Der Vormund habe nicht gewußt, daß Fabrikant Greiner in so schlechten Vermögensverhältnissen sei. Die Wäsche und den Wagen sollten selbstverständlich die Kostgeber als Entschädigung erhalten.

»Vom Soxhlet steht nichts darin?«

»Nein, von dem nicht.«

»Siehst, wir sind nicht allein so dumm,« sagte Frau Greiner zu ihrem Mann. »Die Herren wissen halt auch nicht, was der Soxhlet ist.«

Im Frühjahr, als der Schnee schmolz, richteten sie das kleine Grab. Rings um den Hügel gruben sie in die Erde die Soxhletfläschchen, die dienten als Gläser für die Schneeglöckchen und Maiblumen. Sogar ein schönes Kreuz schmückte das Grab, obwohl das im Dorf nicht Sitte ist bei Kindergräbern. Aber wo ruht auch sonst ein kleiner Erdenbürger, der, wie Alex, eine ganze Familie aus dem Elend errettet hat? Mancher wird alt und grau und hat in seinem langen Leben andern kein Glück gebracht!

Wenn ihr an Weihnachten die Puppen seht, eine neben der andern ausgestellt in den Läden der großen Stadt, dann schaut sie genau an. Ist nicht eine dabei, die lebensvoll wie ein Kindergesichtchen euch ansieht zwischen all den großäugigen Puppengesichtern? Dann grüßt sie freundlich, ihr wißt ja, wie sie entstanden ist: dem kleinen Alex ist sie nachgebildet.

Der Akazienbaum.

Draußen vor dem Stadttor steht ein großes Haus, das ist das Kinderspital. Viele kranke Kinder liegen darin.

Mitten im kalten Winter wurde das kleine Lenchen krank. Man brachte es in das Kinderspital. Dort wurde es in ein Bett gelegt und von der Schwester gepflegt, lange Zeit.

»Ach, Schwester Berta,« seufzte Lenchen, »ich bin schon so lange krank, wann werde ich wohl wieder gesund?«

Da wies Schwester Berta auf den Akazienbaum, der vor dem Fenster so kahl dastand und seine dürren Äste über die Gartenmauer streckte, und sie sagte: »Wenn die Akazie wieder grüne Blätter bekommt, dann wirst du wieder gesund.« Von nun an sah Lenchen von ihrem Bett aus alle Tage durchs Fenster, ob die Akazie noch keine grünen Blätter zeigte, und sehnte sich danach.

Der Winter verging, die gute Schwester Berta kam fort, eine andere Schwester kam und pflegte die Kinder. Es wurde Frühling, alle Hecken und Büsche trieben Blätter, viele Bäume blühten schon, nur allein die Akazie stand noch kahl, wie im Winter.

»Ach Schwester Marie,« seufzte Lenchen, »wann wird denn endlich die Akazie grün?« Da sah Schwester Marie hinaus auf den blätterlosen Baum; sie wußte nicht, daß die Akazien alle Jahre später grün werden als die andern Bäume, und da sie den kahlen Baum sah, antwortete sie: »Der wird wohl nie mehr grün, der ist abgestorben.« Da erschrak Lenchen und dachte bei sich: »dann werde ich auch nimmer gesund, dann bin ich auch abgestorben,« und das arme Kind weinte still in seinem Bettchen, wandte sich ab vom Fenster und wollte gar nicht mehr hinaussehen. Die Schwester wußte aber nicht warum und sagte eines Tages zum Arzt: »Ich glaube, dem Kind tun die Augen weh, es wendet sich immer ab vom Fenster.«

»Dann muß man einen Wandschirm vor sein Bett stellen,« sagte der Arzt, »damit es nicht ins Helle sieht.« So kam eine Wand vor Lenchens Bett, und es konnte das Fenster nicht mehr sehen.

Viele Wochen vergingen, alle Kinder, die man im Winter ins Spital gebracht hatte, waren längst wieder fort, nur mit Lenchen wurde es nicht besser. »Willst du nicht versuchen aufzustehen?« fragte manchmal Schwester Marie das stille Kind.

»Ich kann nicht, ich bin ja abgestorben,« sagte die Kleine und man ließ sie liegen.

Eines Tages sprach der Arzt: »Ich begreife gar nicht, warum es mit diesem Kind nicht vorwärts geht. Schwester, tragen Sie einmal die Kleine vor an das Fenster, damit ich sie besser sehen kann.« Lenchen wollte nicht ans Fenster, denn sie mochte den abgestorbenen Baum nicht sehen, aber Schwester Marie nahm sie auf den Arm und tat, wie der Arzt verlangt hatte. Lenchen drückte die Augen fest zu. Am Fenster stand der Arzt. »Augen auf!« befahl er. Da folgte sie und öffnete die Augen. Ihr erster Blick fiel auf die Akazie und siehe, der Baum war über und über voll grüner Blättchen, die wiegten sich im Sonnenschein und der blaue Himmel glänzte zwischen den Zweigen hindurch, die freundlich über die Mauer herübergrüßten. Da jubelte Lenchen laut auf und rief: »Die Akazie ist grün, jetzt bin ich gesund, Schwester Berta hat es gesagt!«

Der Arzt und die Schwester sahen sich sehr verwundert an, denn sie verstanden gar nicht, was das Kind meinte, aber sie freuten sich, daß Lenchen so glücklich war. Lange, lange blieb sie am Fenster und konnte sich nicht satt sehen an dem grünen Baum, und als noch einige Tage vorüber waren, da spielte sie drunten im Garten mit andern Kindern unter dem schönen Akazienbaum und war bald wieder frisch und gesund.

———

Wie Johannes Ruhn Kaufmann wurde.

Die große Frage, was einst aus ihm werden solle, war für Johannes Ruhn schon gelöst, lange ehe er aus der Schule kam; denn er hatte eine solch ausgesprochene Neigung zum Kaufmannsstand, daß seine Gedanken ganz und gar davon erfüllt waren. Sein Vater, ein tüchtiger und verständiger Mann, seines Zeichens ein Bahnarbeiter, war allerdings der Ansicht, daß für den kaufmännischen Beruf etwas Vermögen not täte, und er hatte das seinige nicht in Wertpapieren angelegt, der ganze Reichtum, den er besaß, war eine Frau und fünf Kinder. Deshalb äußerte Vater Ruhn manchmal Bedenken über die Zukunftspläne seines Ältesten; aber wenn er seinen Johannes beobachtete, wie der mit hellen Augen ins Leben sah, oder wenn er ihn von seinem zukünftigen Berufe reden hörte, dann hatte er, ohne recht sagen zu können woran es lag, den Eindruck: der wird auch ohne Vermögen vorwärts kommen. Auch seine Frau, die sonst eine sorgliche, schüchterne Art hatte, meinte von ihrem Johannes: »Den lassen wir nur machen, er findet schon seinen Weg, wenn nur alle so hell wären, wie der!«

Als nun der Junge aus der Schule kam, gingen die Eltern mit bester Zuversicht daran, ihm eine Lehrstelle ausfindig zu machen. Der Vater hielt Umfrage, die Mutter kaufte kein Salz und kein Schmalz, ohne mit der Frage zu schließen, ob eine Lehrstelle frei sei; Johannes selbst stellte sich da und dort vor – aber es wollte nicht gelingen und die gute Zuversicht verlor sich mit jeder Woche mehr. In manchem Geschäft wäre wohl Platz gewesen, aber es wurde Lehrgeld verlangt oder höhere Ausbildung und beides stand

Johannes nicht zur Verfügung. Andere besahen sich den Jungen, doch ihrem Blick entging das Besondere, das die Eltern an ihm kannten; sie sahen nur die für sein Alter noch etwas kleine, zarte Gestalt, nicht die hellen Augen, die aus dem offenen Gesicht strahlten und von Unternehmungslust glänzten. Es boten sich so viele kräftige, derbe Burschen an, ihnen wurde der Vorzug gegeben, und niemand wollte Johannes.

So ging der Sommer hin, der Herbst kam, es fand sich kein Plätzchen, immer kleinmütiger wurde die Stimmung bei Vater, Mutter und Sohn.

Dieser machte sich einstweilen daheim nützlich. Die Mutter konnte ruhig auswärts Arbeit annehmen, ihr Großer ersetzte ihr Kindsmagd und Köchin, denn zur Untätigkeit war seine Natur nicht angelegt, er mußte immer zu tun haben, sonst war ihm nicht wohl. Aber trotz seines guten Willens vergaß er von dieser Hausarbeit, die ihm nun zufiel, doch so manches, und das kam daher, daß seine Gedanken nicht bei der Sache waren; die arbeiteten unablässig und suchten nach Mittel und Wegen, um das ersehnte Ziel zu erreichen: Kaufmann zu werden. Wollte man ihn in keinem Geschäft aufnehmen, so mußte es anderswie gehen.

Und es kam der Tag der Eingebung, die Stunde, in der seine hellen Augen plötzlich den Weg vor sich sahen, den er gehen mußte.

Lange hatte er, sinnend am Fenster stehend, in den abendlichen Herbstnebel hinausgeschaut; von dort war ihm das Licht nicht gekommen, aber woher sonst? Was ist es doch für ein geheimnisvoller Hergang, wenn wir nachdenken, so lange, bis unserem Geist plötzlich aufleuchtet, was uns ohne dieses Besinnen dunkel geblieben wäre?

Johannes Ruhn hätte auch nicht sagen können, wie es zugegangen, daß er plötzlich wußte, was er tun mußte; aber er war glückselig über diese Klarheit. Sein gutes, noch kindliches Gesicht strahlte vor Freude und die Lust belebte seinen ganzen Menschen, er stemmte die Hände auf das Fensterbrett, hob sich vom Boden und warf die Beine hinaus wie ein junges Füllen.

Und dann begann für den kleinen Geschäftsmann die Arbeit. Die erste mußte sein: Vater und Mutter für seinen Plan zu gewinnen. Am Abend, als die kleinen Geschwister zu Bette waren, begann er mit Herzklopfen seine Gedanken zu entwickeln: Weil er in keinem Geschäft ankomme, müsse er selbst eines beginnen, und weil kein Geld da sei, müsse er etwas verkaufen, was ihn selbst nichts koste, was er geschenkt bekäme. Er wußte schon etwas, nämlich: alte Kistchen, Büchsen und Pappschachteln; die bekomme man umsonst in den Läden und auch von seinen Kameraden würde ihm jeder welche schenken. Wenn er die alle sauber herrichten und ausbessern würde, und hätte dann einen ganzen Haufen in allen Größen und Formen, dann könnte er sie verkaufen, vor Weihnachten, wo jedermann Pakete abschicke, vielleicht auf der Messe oder an einer Straßenecke, und alte Packpapiere und Schnüre müßten auch dabei sein. Und wenn er dann etwas Geld verdient habe, dann kaufe er noch Siegellack dazu und Adreßkarten und Begleitscheine, daß die Leute alles bequem beieinander hätten, und den Ungeschickten würde er auch helfen zusammenpacken und – – hier unterbrach sich Johannes. Es kam ihm plötzlich zum Bewußtsein, daß er schon eine ganze Weile redete und die Eltern noch immer kein Zeichen von Beifall gaben. So hielt er inne, begierig, was sie sagen würden.

Es kamen allerlei Einwände. Der Mutter schien der Handel nicht fein genug; ein Trödelgeschäft sei das, und wenn er Trödler sei, komme er nimmer hinauf in den richtigen

Kaufmannsstand; und ein kaltes Vergnügen wäre das, im Dezember im Freien seine Ware feilzubieten, da könnte man mehr als einen Schnupfen davontragen; auch denke sie sich's nicht schön, betteln zu gehen, um so eine Menge Schachteln zusammenzubekommen. Mit diesen und ähnlichen Einwänden wurde aber Johannes leicht fertig; denn ihm erschien der beabsichtigte Handel sehr fein und die Kälte fürchtete er gar nicht und betteln würde er nirgends, nur bitten. Aber nun kam ein anderes, ein schwerwiegendes Wort: »Ohne Erlaubnis geht das nicht,« sagte der Vater, »für so etwas muß man eine Eingabe bei dem Magistrat machen, muß Abgaben zahlen, wohl auch noch Gewerbesteuer entrichten, daran scheitert die Sache.«

An so etwas hatte Johannes nicht gedacht und wollte es zuerst gar nicht glauben. Wie sollte denn der Magistrat sich darum kümmern, wenn er, Johannes Ruhn, alte Schachteln verkaufen wollte? Aber der Vater erklärte ihm die Sache, und die schweren großen Worte: Magistrat, Gewerbesteuer und Abgaben drückten so sehr auf Johannes' Luftschloß, daß es einzustürzen drohte; bis die Mutter dem schönen Gebilde zu Hilfe kam, das sie doch selbst erst angegriffen hatte, nun aber in warmer Regung des Mitleids zu stützen geneigt war. Sie sagte zum Vater: »Du müßtest eben einen der Herren vom Magistrate darum ansprechen.«

Einige Tage später kam Vater Ruhn vom Rathause heim, wo ihm eröffnet worden war: wenn sein Junge so ein findiger Kerl sei, so möge er die Sache immerhin versuchen, zunächst ohne Abgabe. Auch stünde ihm zu seinem Versuch ein alter Marktstand unentgeltlich zur Verfügung.

Johannes Ruhn wußte sich an diesem Tage nicht zu fassen vor Glück. Seine Freude war so groß, daß sie wie ein Strom die Geschwister, ja auch die Eltern mit fortriß, die gar nicht mehr zu dem Gedanken kommen konnten, ob es eigentlich ein so besonderes Glück sei, wenn im günstigsten Falle durch den Verkauf von alten Schachteln einige Mark verdient würden? Der zu erwartende Gewinn war es auch nicht, der Johannes so beseligte; es war vielmehr die Freude des Erfinders, die ihn erfüllte und nun seine Unternehmungslust weckte.

Es dauerte gar nicht lange, so füllten sich die Räume mit Schachteln, Pappkästen und Kistchen aller Art; denn es sprach sich bald in der Nachbarschaft herum, wie hocherwünscht solche in der Familie Ruhn seien; gar manche Bodenkammer wurde durchsucht und befreit von altem, bestaubtem Packmaterial, das von Johannes mit lebhafter Dankbarkeit in Empfang genommen und nun gereinigt und ausgebessert wurde. Unermüdlich schaffte er mit Zwirn, mit Kleister und Leim, und allmählich türmten sich die sauber hergerichteten Schachteln, so daß die Familie in ihren kleinen Zimmern bedrängt wurde von diesem Überfluß und sehnlich den Tag erwartete, bis sich der Segen herausergießen würde aus ihren engen Räumen.

Endlich kam die erste Dezemberwoche, mit ihr die Weihnachtsmesse, der zur Eröffnung des »Geschäfts« bestimmte Zeitpunkt. Noch vor Tagesanbruch, ehe die kleinen Geschwister wach waren, zogen Vater, Mutter und Sohn hinaus nach dem Platze, der ihnen zum Aufrichten der alten Meßbude angewiesen war. Einmütig halfen sie zusammen, doch war den beiden Eltern das ungewohnte Unternehmen peinlich; sie sprachen nur leise miteinander, um die Aufmerksamkeit der anderen Meßleute nicht auf sich zu ziehen, während sie sich mühten, den Stand aufzurichten. Johannes dagegen war frei von dieser Befangenheit, lief zu den anderen Ständen, um abzusehen wie diese zusammengefügt wurden, und man durfte ihn nur ansehen, um auf seinen belebten Zügen zu lesen: Heute ist ein großer Tag!

Seinem Stand gegenüber war ein solcher mit Glaswaren und Porzellanfiguren. Er erfaßte das sofort als einen besonderen Glücksfall; und als die derbe Frauensperson, die eben ihre Kiste auspackte, einmal innehielt und neugierig hinüberblickte zu ihm, der mit so ungewohntem Kram den Markt bezog, nahm er seinen Vorteil wahr, trat zu ihr heran und zog artig die Mütze: »Ich handle mit Packwaren,« sagte er, »und wenn Sie Glaswaren verkaufen, dann seien Sie doch so gut und sagen Sie den Leuten, daß sie bei mir Schachteln finden. Vielleicht traut sich dann auch mancher, mehr so zerbrechliche Dinge einzukaufen.« So hatte er schon in der ersten Morgenstunde eine Geschäftsverbindung geschlossen. Seine Mutter hatte ihm verwundert nachgesehen; wie vertrauensvoll ging er auf die Leute zu, während sie im bedrückenden Bewußtsein des »Trödelkrames« immer Angst hatte, man würde sie auslachen. So trieb sie auch bald ihren Mann, mit ihr heimzugehen: »der Johannes richtet es schon ohne uns,« meinte sie, und so überließen sie den kleinen Geschäftsmann seinem Schicksale.

Kalt war es an diesem Dezembermorgen und still blieb es auf der Messe, ein Käufer kam auf fünf Verkäufer und nach leeren Schachteln fragte keiner. Aber doch – das bemerkte Johannes mit großer Befriedigung – hatten alle Vorübergehenden einen Blick für die hoch aufgebauten Schachteln, für die verschiedenfarbigen Packpapiere, die feine Holzwolle, die Schnüre, die in allen Längen und Stärken dahingen, und kaum einer übersah die ungewohnte Aufschrift:

Packwaren.

Gegen Mittag wurde der Markt belebter; die Porzellanhändlerin brachte ein zierliches Figürchen, eine Schäferin, zum Verkauf. »Nehmen Sie sich nur gleich da drüben eine Schachtel mit, daß der Hirtenstab nicht abbricht,« sagte sie zu der Käuferin, und richtig, das Fräulein wandte sich den Packwaren zu. Sie war Johannes' erste Kundin, wie eifrig wurde sie aber auch bedient! Wie sorglich wurde die passendste Schachtel gewählt und wie vorsichtig die Schäferin in feinste Holzwolle gebettet! Bis nach Australien hätte sie ohne Ungemach in dieser Verpackung reisen können. Und dann nickte Johannes voll Vergnügen seinem Gegenüber zu, und bewachte gerne den Kram, während die Frau ging, sich einen Topf heißen Kaffees zu holen.

Am ersten Abend brachte Johannes nur wenige Pfennige als Erlös heim, und in den nächsten Tagen war es nicht viel besser. Schnee und Regen fielen durcheinander auf die Verkäufer herab, die frierend von einem Fuß auf den andern trippelten, das war kein Spaß.

Aber am vierten Tage verkündigte Johannes schon in der Frühe der Porzellanhändlerin: »Der Barometer steigt,« und bald darauf brach die Sonne durch und all die Glaswaren glitzerten in ihren Strahlen; der Himmel wurde blau und lockte die Menschen hinaus, die schnell den guten Tag benützen wollten. Durch die Reihen der Buden schoben und drängten sich immer mehr Kauflustige, und an Johannes Ecke war gar oft der Ausruf zu hören: Hier können wir gleich eine passende Schachtel auswählen. Das Geschäft ging gut; der kleine Geschäftsmann strahlte, und weil er es jedem Käufer als eine besondere Güte auslegte, wenn er bei ihm kaufte, so war er selbst voll Freundlichkeit und scheute keine Mühe, unter seinen Schätzen den passendsten für einen jeden auszuwählen. Dadurch wurden die Leute zutraulich; manche Unbeholfene ließen sich ihre Ware gleich von ihm verpacken, die Adresse aufkleben und wollten erst noch wissen, was ihre Schachtel wiege und wieviel sie wohl da- und dorthin Porto koste. Als das Johannes merkte, brachte er der Mutter Wage mit und fing an, daheim jeden Abend die Postvorschriften zu studieren, die er sich verschafft hatte; lernte sie auswendig, wußte bald die Postsätze bis in die fernsten Länder und wünschte sich nur jeden Tag, es möchte recht oft nach dieser Weisheit verlangt werden. Bald sprach es sich herum: auf der Messe ist einer, handelt mit Schachteln, sieht aus wie ein Bub, weiß doch alles wie ein Postbeamter, ist aber nicht so kurz angebunden wie diese, sondern gibt freundlich Bescheid. Längst wäre Johannes' Vorrat an Schachteln zu Ende gewesen, aber die Quelle für neue war ja so nahe. Abends, wenn die Buden geschlossen wurden, ging er durch die Reihen; man kannte ihn nun schon und gab ihm, was untertags durch Verkauf leer geworden war. Erhielt er es auch nicht ganz umsonst, jetzt konnte er ja etwas dafür zahlen, ein kleiner Gewinn sprang doch noch dabei heraus; und was ihm die Hauptsache war, es ging doch immer lebhaft zu vor seiner Bude und niemand mußte mit einer unpassenden Schachtel davongehen.

So verflogen ihm die Tage, und mit Schmerz sah er das Ende der ganzen Herrlichkeit nahen, noch drei Tage und die Messe war vorüber.

Heute ging es noch lebhaft zu. Vor der Bude der Porzellanhändlerin stand ein älterer Herr mit seinem Enkeltöchterchen. Die Kleine suchte unter den Blumengläschen, und während sie wählte, horchte und schaute der Herr hinüber nach der Packwarenbude. Er hatte als Magistratsrat die Einwilligung zur Eröffnung dieses Handels gegeben und sah nun zufällig das wunderliche Geschäft im Betrieb. Was ihn aufmerksam gemacht hatte, war der Ruf einer noch kindlichen Stimme: »Aber legen Sie keinen Brief in die Schachtel, denn nach Frankreich ist das verboten!« Es war Johannes, der das einer Käuferin nachrief. Der alte Herr trat näher und beobachtete mit wachsender

Teilnahme den kleinen Geschäftsmann. Wie betrieb der Junge seine Sache! Mit welchem Eifer war er dabei, wie unverdrossen half er den Käufern auswählen, und beachtete ihre Bedenken; er wollte nicht um jeden Preis seine Ware losschlagen, man merkte es wohl, daß seine Freude war, die Leute gut zu bedienen; und nun fragten sie den kleinen Burschen nach Porto und Gewicht, und der wußte wirklich Bescheid zu geben! Schon eine ganze Weile war der stattliche Mann mit der Kleinen an der Hand als stiller Beobachter dagestanden; und, obgleich ihn das Kind an seiner Hand zog und bat: »Gehen wir doch weiter, da ist ja gar nichts Schönes,« blieb er doch auf seinem Posten. Johannes hatte schon mehrmals nach ihm aufgesehen. Der Herr kaufte nichts, sah nicht nach den Schachteln, was wollte er denn? Fast unheimlich wurde es ihm unter dem scharfen Blick des großen, ernst dreinsehenden Mannes; hatte er vielleicht etwas einzuwenden gegen sein Geschäft? »Ich habe die Erlaubnis vom Magistrat,« sagte Johannes und blickte dem Herrn offen ins Auge. »Das weiß ich,« entgegnete dieser; lächelte vor sich hin, blieb noch eine Weile stehen und folgte dann dem fortstrebenden Enkelkinde.

Der letzte Meßtag war gekommen und bot ein trauriges Bild. Die Stände wurden abgeschlagen, Kisten standen überall in den Wegen, die mit Stroh, Papier und Scherben bestreut waren. Die Porzellanhändlerin schenkte Johannes einen kleinen Schutzengel zum Andenken und sagte: »Auf Wiedersehen.« Die Eltern Ruhn kamen getreulich, dem Sohne zu helfen. Nun war die Mutter nicht mehr schüchtern, das Geschäft war über all ihr Erwarten gut gegangen; stolz konnte sie sein auf ihren Johannes. Aber dieser war heute in ganz anderer Stimmung als bei Eröffnung der Messe. Wie sollte es jetzt mit ihm weitergehen? Er wußte keinen Weg. Trübselig packte er seinen Kram zusammen.

Da kam des Wegs der Magistratsrat, den wir schon kennen. Ein wenig eilig ging er, wie einer, der nicht zu spät kommen möchte. »Das ist wieder der Herr,« sagte Johannes leise zu seinem Vater. »Der?« fragte dieser dagegen, »und den hast du nicht gekannt? Das ist ja der Kaufmann Ulrich Wagner, dem das große Kolonialgeschäft am Markt gehört. Was der jetzt wohl noch auf der Messe sucht!« Johannes antwortete darauf nicht, aber er ahnte gleich, ja, er fühlte bestimmt: mich sucht er.

Und so war es. Der große Geschäftsmann kam, um den Kleinen für sich zu gewinnen. Er hatte dazu schon vor drei Tagen die Lust verspürt, sich aber die Sache wieder ausgeredet. So einen kleinen schmächtigen Lehrling hatte er doch noch nie in sein Geschäft aufgenommen, immer größere Burschen und solche mit besserer Ausbildung. Der da war ja noch das reinste Kind.

Aber dieses Kind kam ihm nicht mehr aus dem Sinn. Er sah es vor sich in seinem freundlichen Eifer und konnte vor allem den Blick nicht vergessen, die hellen Augen, mit denen Johannes ihn angesehen hatte, als er sagte: Ich habe die Erlaubnis vom Magistrat. Es war ihm, wenn er diesen Jungen mit andern Lehrlingen verglich, als bekäme er mit ihm statt einer Maschine eine Seele ins Geschäft. Die wollte er sich nicht entgehen lassen; er eilte, sie für sich zu gewinnen.

Zwischen Kisten und Karren hindurch kam er zu der Familie Ruhn, bot dem Jungen die Hand und fragte: »Wie geht's, kleiner Geschäftsmann?« »Wie geht's« ist eine leicht hingeworfene Rede, die oft nichts sagen will; aber Johannes fühlte eine wahre Teilnahme heraus, und da ihm die Not der Zukunft heute auf der Seele lag, so sah er ernsthaft auf zu dem Mann und sagte: »Es geht nimmer weiter,« und dabei lag in seiner Stimme und seinem Blick das Zutrauen: »Zeig' du mir, wo der Weg weitergeht.« Und Ulrich Wagner machte den Wegweiser.

Mitten unter dem Getriebe der packenden, abreisenden Meßleute wurde das Schicksal eines jungen Menschenkindes entschieden, und es fand sich weder der große noch der kleine Geschäftsmann in seinem Vertrauen getäuscht.

Johannes trat ein in das Geschäft von Ulrich Wagner als der kleinste Lehrling; wuchs heran unter der trefflichen Leitung des großen Mannes und verdankte ihm viel. Doch als die Jahre vergingen, da war es das Geschäft, das wuchs, und Ulrich Wagner verdankte das der Lust und der Kraft des ehemaligen Lehrlings Johannes Ruhn.

Ein geplagter Mann.

Wir sind in einem schwäbischen Städtchen, zwischen Wald und Bergen gelegen, und versetzen uns um etwa dreißig Jahre zurück. Das Haus, in dem wir nur einen Tag miterleben wollen, aber einen großen Tag, liegt malerisch an dem Flüßchen, das in raschem Lauf das Städtchen durchfließt, und bildet die Ecke der Fahrstraße nach dem Bahnhof. Unser Haus hat zwei Besitzer; das Erdgeschoß gehört dem Schreiner Wahl zu eigen, der obere Stock dem Stadtschultheißen Römer. Außerdem gibt es noch im Dachstock sechs Kammern; ursprünglich gehörten drei dem Schreiner und drei dem Stadtschultheißen, aber der Schreiner, der manchmal in Geldverlegenheit kam, bot in solchen Fällen dem Stadtschultheißen eine Kammer zum Kauf an und so gehörten jetzt bereits fünf Kammern dem Stadtschultheißen und nur noch eine dem Schreiner.

Am frühen Morgen des großen Tages, von dem wir berichten wollen, hantierte in einer dieser Kammern der Schreiner; und die junge Frau des Stadtschultheißen hörte kaum über sich seinen schweren Schritt, als sie auch schon im leichten Morgenrock die Treppe hinaufeilte und den Mann aufsuchte.

»Guten Morgen, Herr Wahl,« sagte sie freundlich, »machen Sie schon die Fahnen hinaus, das ist recht.«

»Ja,« sagte der Mann, »es ist ja gut Wetter.«

»Und nicht wahr, meine Lämpchen stellen Sie mir auch rechtzeitig hinaus.«

»Wohl, wohl, Frau Stadtschultheiß, aber doch erst am Abend, wenn man sie gleich anzünden kann; das ist ja schnell getan.«

»Meinen Sie?« sagte sie ungläubig. »Am Fenster sind sie freilich leicht aufzustellen, aber ich meine die außen, die auf dem vorspringenden Sims, der rings ums Haus herumläuft, die muß man doch vorher aufstellen, daß man sieht, wie sich's macht und ob auch die Leiter hoch genug ist.«

»Frau Stadtschultheiß, auf den Sims würde ich keine aufstellen, da brauchen Sie furchtbar viele Lämpchen, an keinem Haus wird es hier so gemacht. Die Leute stellen halt ein paar Lichter vor die Fenstergesimse, weiter braucht's nichts.«

»Aber Herr Wahl, wir haben es doch so miteinander verabredet, und ich habe deshalb dreihundert Lämpchen gekauft! Unser Haus liegt doch auch gerade so an der Ecke; wenn die Wagen hereinfahren, nachdem die Felsenbeleuchtung draußen vorbei ist, kommen sie alle an unserem Haus vorbei, und da spiegeln sich dann unsere Lichter im Fluß. Ich habe das einmal in Hamburg gesehen, das macht sich wundervoll; ich wollte meinen Mann damit überraschen, wenn er mit den Herren hereinfährt. Sie haben doch vorige Woche gesagt, Sie wollten es mir machen.«

»Nun ja, dann muß ich's eben machen,« sagte der Mann zögernd.

»Aber gewiß nicht zu spät, Herr Wahl. Vielleicht richten wir es um zwei Uhr, während die Herren im Gasthof zur Tafel sind;« und als der Schreiner nicht antwortete, fügte sie hinzu: »Ich fürchte immer, Ihre Leiter ist nicht lang genug.«

»Die ist lang und Leitern gibt es genug im Städtchen, da muß man nur eine entlehnen.«

»Frau Stadtschultheiß,« rief das Dienstmädchen, das eilig die Treppe heraufkam, »der Herr Stadtschultheiß möchte heute früher frühstücken, das Bäckermädchen ist aber noch nicht da, ich renne schnell hinüber und hole Brot.«

Davon war sie, die Anne, das flinke, fröhliche, junge Dienstmädchen, und die Frau Stadtschultheiß kam schnell herab in die Wohnung und richtete den Frühstückstisch.

Der kleine Sohn des Hauses, der kaum vierjährige Hans, turnte noch im Nachthemdchen in seiner Gitterbettstatt herum; und sein Schwesterchen, das vierteljährige, schlummerte im Wagen. Aber der Herr des Hauses, Stadtschultheiß Römer, stand schon wartend am Tisch. Er mochte vielleicht zwölf Jahre älter sein als seine Frau, trug einen großen schwarzen Vollbart und sah ernst und achtunggebietend aus. Jetzt trat er ans Fenster und horchte auf. An der Straßenecke schellte ein Polizeidiener und nachdem er so die Aufmerksamkeit auf sich gezogen hatte, las er mit lauter Stimme: »Es ergeht an die hiesige Einwohnerschaft die Bitte, zu Ehren des Besuchs Ihrer königlichen Hoheiten des Prinzen und der Prinzessin die Häuser zu beflaggen, und bei einbrechender Dunkelheit zu beleuchten. Ferner wird erwartet, daß die Straßen während des Aufenthalts der hohen Gäste sonntäglich gehalten werden und daß insbesondere das Federvieh von den Straßen ferngehalten wird.«

Der Polizeidiener ging weiter, und in der Ferne hörte man wieder seine Schelle und danach seine laute Stimme, die die Aufforderung wiederholte. Die Folge seines Ausschellens war, daß bald da bald dort eine Magd mit dem Kehrbesen erschien und vor dem Haus kehrte; und daß manches Gänslein und Hühnervolk, dem soeben erst die Stalltür geöffnet worden war, wieder in den Stall zurückgetrieben wurde. Fahnen und Fähnchen, Kränze und Laubgewinde wurden an allen Häusern angemacht, und glänzten lustig im Sonnenschein des ersten Septembermorgens.

Der Stadtschultheiß war es, der diese und noch manche andere Vorbereitung veranlaßt hatte. Seit Wochen schon stand die landwirtschaftliche Ausstellung und zugleich der Besuch des Prinzen und seiner jungen Gemahlin in Aussicht; und heute war nun der große Tag angebrochen.

»Um elf Uhr werden also die Fürstlichkeiten erwartet?« fragte die Frau.

»Ja, um elf Uhr ist der Empfang am Bahnhof. Es fehlt noch der Blumenstrauß, den wir für die Prinzessin bestellt haben. Mit der neun Uhr Post muß er ankommen, dann packe du ihn einstweilen aus. Ich gehe nun aufs Rathaus und sehe, ob alles in Ordnung ist. Magst du mir den Frack und all das bereitlegen, daß ich mich rasch umkleiden kann, wenn ich wiederkomme?«

»Ja,« sagte die junge Frau, »jetzt gleich richte ich deine Sachen und dann Hänschens Bauernanzug.«

»Wenn er sich nur brav hält, der Schlingel!«

Auch der kleine Hans sollte eine Rolle spielen an diesem großen Tag. Eine schwäbische Bauernstube war draußen, nahe am Ausstellungsplatz, eingerichtet worden, genau nach dem Leben. In diese sollten die hohen Gäste geführt werden; und damit die Stube auch belebt sei, sollten des Oberamtmanns kleines Töchterlein und des Stadtschultheißen Bub, als Bauer und Bäuerin verkleidet, darin aufgestellt werden. »Es ist immer gewagt, wenn man Kinder mit hineinzieht,« sagte der Stadtschultheiß, »wenigstens so kleine. Ich war nicht dafür, aber die andern um so mehr.«

»Es wird auch nett aussehen und Freude machen.«

»Wenigstens euch Müttern,« sagte Römer. »Aber nun muß ich gehen. Solange es noch ein wenig ruhig ist auf dem Rathaus, will ich mir meine Rede zurechtlegen.«

»Zur Begrüßung am Bahnhof?«

»Da genügen einige Worte, aber bei Tisch habe ich die Hauptrede, und auf dem Ausstellungsplatz die Eröffnungsrede.«

»Drei Reden! Du bist ein geplagter Mann!« sagte die Frau freundlich, sie sah aber stolz zu ihm auf.

»Ein geplagter Mann,« wiederholte der kleine Hans mit ebensoviel Gefühl, wie es die Mutter gesagt hatte. Ihm gefiel dieser neue Ausdruck.

Ehe der Stadtschultheiß sich auf das Rathaus begab, machte er den Umweg über den Rasenplatz, auf dem die landwirtschaftliche Ausstellung schon allerhand Leute herbeigezogen hatte, die sich die Maschinen besahen, während vom Land herein von jeder Gattung Vieh besonders schöne Stücke zugetrieben wurden. Da gab es noch manche Frage zu beantworten, manche Einrichtung zu beanstanden und Befehle zu erlassen, bis unser Stadtschultheiß auf das Rathaus kam, wo auch schon allerlei Leute mit verschiedenen Anliegen auf ihn warteten.

Inzwischen hatte seine Frau daheim an alles gedacht, was zu ihres Mannes festlichem Gewand gehörte: Da lag der Frack bereit, die weiße Binde, die Handschuhe und der hohe schwarze Zylinderhut. Mit der Post traf richtig der bestellte Strauß ein; sorgfältig wurde er aus der Schachtel genommen; der kleine Hans und die große Anne waren so entzückt bei dem Anblick der Blumen, daß auch die junge Frau zufrieden war, obwohl sie noch etwas Schöneres und Größeres erwartet hatte.

Um zehn Uhr kam der Stadtschultheiß wieder. »Julie!« rief er noch auf der Treppe, und der Ton, in dem er sie rief, fiel seiner Frau nicht angenehm auf. Er nahm sich kaum die Zeit zum Gruß, als sie ihm entgegen kam.

»Warum ist das Holz neben unserem Haus nicht weggekommen?«

»Hätte es denn wegkommen sollen? Es ist ja ganz ordentlich aufgeschichtet.«

»Aber du weißt das doch; die Straßen sollen frei sein. Allen Leuten, die Holz vorn an das Haus aufgeschichtet hatten, ist anbefohlen worden, es wegzuräumen. Hat der Polizeidiener dir nichts gesagt? Anne!« Die Anne in der Küche hatte das Gespräch schon gehört, sie kam nur ungern zum Vorschein. »Hat der Polizeidiener nichts gesagt wegen des Holzstoßes am Haus?«

»Er hat wohl neulich so etwas gesagt, aber weil unser Holz doch noch so naß ist und weil es so ordentlich aussieht —«

»Gehen Sie augenblicklich und holen Sie Tannenwedel und decken Sie den Holzstoß damit vollständig zu!«

»Wo bekomme ich wohl die Wedel?«

»Das können Sie selbst erfragen.« Das Mädchen lief fort.

»Es macht sich nicht gut, wenn ich von andern verlange, daß sie wegräumen, und vor meinem eigenen Haus bleibt die Sache liegen. Eine rechte Stadtschultheißin muß ein gutes Beispiel geben.«

»Aber du hast mir nichts davon gesagt.«

»Ich habe es nicht gesehen, weil ich gewöhnlich von der andern Seite herkomme.« Der Stadtschultheiß kam ins Zimmer.

»Papa, sieh dort oben die schönen Blumen,« rief Hans.

Römer besah die Blumen. »Das soll der Empfangsstrauß sein?« sagte er, »das ist ja gar nicht möglich.«

»Wieso?« fragte die Frau.

»So sieht doch nicht ein Strauß aus für zwanzig Mark; der ist ja unbrauchbar, warum hast du mir denn das nicht gleich sagen lassen?«

»Den Preis wußte ich ja nicht. Klein ist er mir auch vorgekommen, aber doch ganz hübsch.«

»Aber Julie, das ist doch kein Strauß, wie man ihn einer Prinzessin überreicht! Wo ist denn die Rechnung? Nun ja, da siehst du es ja – zwei Mark statt zwanzig Mark. Also eine Verwechslung. Daß du aber so etwas nicht bemerkst, ist mir unbegreiflich! Überreichen kann ich das nicht.«

»Warum denn nicht?« fragte begütigend Frau Römer, »die Prinzessin ist noch jünger als ich, sie wird nicht so genau wissen, wie der Strauß aussehen sollte. Sie wird denken: So macht man sie in kleinen Städten.«

»Ja, wenn alle Menschen diese Dinge so harmlos nähmen und die Prinzessin so wenig verstünde wie du!«

Noch einmal sah der Stadtschultheiß prüfend die Blumen an: »Fort mit, geht unmöglich zum feierlichen Empfang. Lieber gar nichts, als etwas Geringes. Schicke den Strauß in den Gasthof, dort ist er verwendbar. Und nun sieh, daß ich ein wenig Ruhe habe, mir meine Rede zu überlegen; auf dem Rathaus war keine Möglichkeit dazu.«

Der Stadtschultheiß begab sich in das abgelegenste Zimmerchen der Wohnung, in das stille Gastzimmer; der kleine Hans wurde zu Anne hinuntergeschickt, die inzwischen einen ganzen Arm voll Tannenzweige herbeigeschleppt hatte und sich bemühte, das an der Hausmauer aufgeschichtete Holz damit zu verdecken. »Behalte den Kleinen, Anne, mein Mann will Ruhe haben,« sagte die junge Mutter.

Kaum ein paar Minuten vergingen, da kam ein Polizeidiener auf das Haus zu. »Ist der Herr Stadtschultheiß droben?« fragte er.

»Ja,« sagte Anne zögernd und ebenso zögernd bejahte es droben die junge Frau. »Ich habe zu melden, daß die Wäscherin Matzbeck Wäsche aufhängt an der Bahnhofstraße, und möchte den Herrn Stadtschultheiß fragen, ob das zu beanstanden ist?«

»Mein Mann ist an der Arbeit,« sagte die Frau, »können Sie der Wäscherin nicht gute Worte geben, daß sie das lassen soll bis morgen?«

»Frau Stadtschultheiß, die Matzbeck ist eine brutale Person und ehe man sich mit ihr einläßt, ist's besser, daß man weiß, wie der Herr Stadtschultheiß darüber denken.«

Leise trat die junge Frau bei ihrem Mann ein. »Nur einen Augenblick,« sagte sie, und berichtete von des Polizeidieners Meldung. »Sage dem Polizeidiener, die Straßen seien sonntäglich zu halten, hat er es doch selbst ausgeschellt. Am Sonntag wird keine Wäsche aufgehängt.«

Mit diesem Bescheid zog der Polizeidiener ab. Auf der Treppe begegnete ihm der Ratsdiener, ein würdiger älterer Mann. Auch er wollte den Stadtschultheißen sprechen.

»Es muß wohl jetzt sein?« fragte die Frau Stadtschultheiß. »Ja, dringend. Der Schultheiß von N. hat sagen lassen, daß ein Wagen voll Pulver durch unsere Stadt kommen werde.«

»Schadet denn das etwas?«

Der ergraute Ratsdiener sagte fast herablassend: »Ja, Frau Stadtschultheiß, ein Wagen Pulver und Prinzen und Feuerwerk im Städtchen paßt nicht zusammen. Bitte melden Sie es dem Herrn Stadtschultheiß.« Wieder öffnete die junge Frau sachte die Tür des Gastzimmerchens. Etwas gereizt wurde sie da empfangen. »Wenn du die Türe auch leise aufmachst, das hilft mir nichts, ich werde doch aus meinem Gedankengang gerissen. Was gibt es schon wieder?«

»Der Amtsdiener ist da wegen eines Pulverwagens.«

Der Stadtschultheiß warf sein Merkbüchlein beiseite und eilte hinaus. Diese Meldung schien ihm wichtiger als die von der Wäsche, er hörte sie selbst an.

»Der Pulverwagen darf heute nicht hier durchkommen,« war sein Bescheid.

»Er ist aber schon unterwegs, man kann keine Nachricht mehr geben.«

»Schicken Sie ihm einen Eilboten entgegen mit polizeilichem Verbot. Er darf heute auf drei Stunden im Umkreis der Stadt nicht nahe kommen. Ich schreibe sofort den Befehl.« Als der Gerichtsdiener mit diesem Schreiben abgezogen war, sagte die Frau Stadtschultheiß: »Weil du nun doch schon aus deinem Gedankengang gekommen bist, laß dich nur schnell fragen: könnte man nicht den Strauß in die Bauernstube schicken, daß ihn Hans als Bauernjunge der Prinzessin überreicht? Das wäre doch sicher reizend?«

»Wenn du nur immer den Jungen vorschieben kannst, bist du schon glücklich. Mir dagegen kommt es immer sicherer vor, Kinder aus dem Spiel zu lassen.«

»Aber liebster Mann, die Prinzessin ist doch nicht wie du. Einer jungen Frau macht das sicher Spaß.«

»Kann sein, mach es so, aber nun laß mich nur noch eine halbe Stunde in Ruhe.«

Ach wie gerne hätte sie das getan, aber einen Augenblick später sah sie schon wieder den Polizeidiener aufs Haus zukommen. Es war derselbe, der schon einmal wegen der Wäsche, die aufgehängt wurde, da war. Richtig, da kam er schon die Treppe herauf. »Die Wäscherin Matzbeck,« meldete er nun, »hat erklärt, es könne ihr niemand verwehren, bei dem schönen Wetter ihre Wäsche aufzuhängen. Die Frau Stadtschultheiß habe ja auch das Holz vor dem Haus nicht weggeräumt, so streng werde es also nicht genommen. Was Lumpen und dergleichen seien, wolle sie hinten hin hängen, aber ihre schöne Wäsche nehme sie keinem Prinzen zuliebe ab!«

»Ach Hagemann,« sagte die Frau Stadtschultheiß, »können Sie denn nicht der Frau sagen, sie dürfe ihre Wäsche in meinem Garten hinter dem Haus aufhängen? Wir können doch meinen Mann nicht noch einmal wegen der Wäsche fragen.«

»Die tut's eben nicht! Die kennen Sie schlecht, wenn Sie meinen, daß die jetzt nachgibt und die Wäsche wieder abzieht und in der Frau Stadtschultheiß Garten aufhängt.«

»Ach, so soll sie hängen bleiben, geht denn das nicht?«

»Wenn der Herr Stadtschultheiß die hohen Herrschaften am Bahnhof abholt und vorbeifährt und sieht das, dann fällt die Schuld auf mich.«

»So gehen Sie selbst zu meinem Mann, ich mag ihn nicht schon wieder stören,« sagte die junge Frau und führte den Polizeidiener durch Wohn- und Schlafzimmer bis an das Gaststübchen, wo auf das Klopfen ein sehr deutliches »Herein!« erfolgte. Sie hörte, wie der Mann seinen Rapport machte; ach, auch die Bemerkung, daß sie Holz vor dem

Haus hatten, wiederholte er; wäre sie lieber selbst zu ihrem Mann gegangen, das hätte sie gewiß weggelassen! Und nun hörte sie ihren Mann mit starker Stimme sagen: »Die Matzbeck hat die Wäsche binnen einer Viertelstunde vollständig abzuziehen, widrigenfalls die Polizei das Abziehen besorgt. Verstanden? Sie haben für die Ausführung zu sorgen. Was das Holz vor meinem Haus betrifft, so ist das auf der Seite, nicht vorn, und wird überdies so mit Grün überdeckt, daß es zum Schmuck dient.«

Der Polizeidiener ging seiner Wege. Die Frau Stadtschultheiß folgte ihm die Treppe hinunter und überzeugte sich, ob der Holzstoß wirklich zum Schmuck diene. Ja, Anne hatte ihre Sache gut gemacht, und Hänschen hatte noch einen Wedel abbekommen, mit dem er nun fröhlich die Treppe hinaufging. Fast gleichzeitig kam wieder ein Störenfried. Der junge Schreiber war es, der auf dem Rathaus verwendet wurde. In ein paar Sätzen kam er die Treppe herauf gesprungen und fragte eilfertig: »Ist der Herr Stadtschultheiß da?«

»Ja, aber er ist nicht zu sprechen. Was wollen Sie denn, Meyer?«

»Der Vorstand des landwirtschaftlichen Vereins hat mich geschickt von der Wiese draußen. Der Knecht vom Weidenhof hat zur Viehausstellung einen Stier gebracht nur am Strick; er will ihm keine Kette anlegen, wie's doch vorgeschrieben ist, weil er sagt, das Tier sei's nicht gewöhnt und werde wild. Der Vorstand hat mich schnell hergeschickt, er fürchtet, es könnte ein Unglück geben.«

»Was meint denn der Vorstand, daß man tun soll?«

»Er meint, man soll sogleich den Herrn Stadtschultheiß fragen.«

Diesmal trat die junge Frau laut bei ihrem Mann ein. »Wenn du nur die Rede früher studiert hättest,« sagte sie, »am letzten Morgen ist doch keine Ruhe! Nun ist wieder etwas los mit einem Stier, soll ich ihn hereinlassen?«

»Den Stier? Du scheinst schon in so grimmiger Laune zu sein,« sagte der Mann, »hast aber keine Ursache dazu, wo du doch gar keine Unannehmlichkeiten von der Sache hast! Übrigens war bis gestern bestimmt, daß der Oberamtmann die Festrede halten solle, und erst heute ließ er mir sagen, daß er sich zu unwohl fühle, sonst wäre ich nicht so spät daran. Daß du auch noch schlechter Laune bist, das fehlte gerade noch an diesem Tage, das ist doch sonst nicht deine Art.« Er ging hinaus und hörte den Bericht wegen des Stiers.

»Der Knecht hat sofort dem Stier die vorschriftsmäßige Kette anzulegen, wobei ihm in der Stallung die nötige Hilfe vom Schlachtmeister geleistet werden soll. Widersetzt er sich, so ist der Knecht in Arrest abzuführen, der Stier von der Ausstellung auszuschließen und im Stall anzuketten.«

Der Stadtschultheiß ging nicht mehr in das Gaststübchen zurück. »Es ist besser, ich kleide mich jetzt an,« sagte er, »und gehe wieder aufs Rathaus, dort ist es noch ruhiger als daheim.« Er verschwand im Schlafzimmer, wo sein Festgewand hergerichtet war. Aber etwas fehlte doch. Nach einer Weile ertönte seine Stimme: »Julie, wo ist meine weiße Halsbinde?«

Frau Römer, die eben ihrem kleinen Mädelein die Flasche reichte, rief: »Auf dem Tisch bei deinem Hut und den Handschuhen.«

»Nein, da ist sie nicht. Könntest du nicht einmal kommen? Ich habe keine Zeit mehr zu verlieren.«

Schnöde wurde der Kleinen die Flasche vom Munde

genommen, die Mutter sprang auf, lieber sollte das Kind warten als der Mann.

»Die Binde muß da liegen, ich habe sie doch hingelegt, ist sie denn vielleicht hinter das Schränkchen gerutscht?«

Nun ging ein Suchen an, das immer ungemütlicher wurde, dazu schrie die Kleine zum Erbarmen.

»So gib mir die andere, die du mir gestern gezeigt hast,« sagte Römer.

»Die war dir ja zu alt und abgewetzt.«

»So schlimm war sie ja nicht, gib sie nur her.«

»Die ist jetzt nicht mehr vorhanden. Ich schicke aber Anne in den Laden, in fünf Minuten ist sie wieder da.« Und hinaus rannte die Frau.

»Anne, schnell, spring so schnell du springen kannst, zu Geschwister Keller; eine weiße Halsbinde für meinen Mann, ich zahle sie morgen.«

Anne flog nur so davon. Die Mutter erbarmte sich inzwischen der schreienden Kleinen, wahrhaftig, Tränen standen dem kleinen Wesen im Auge.

»Wo hast du denn aber die alte Binde hingebracht?« fragte der Stadtschultheiß; »findest du denn auch diese nicht? Das ist aber eine Unordnung!« Nun kam das Geständnis: »Die alte habe ich dem Bubi geschenkt, der hat sich damit geschmückt und soviel Spaß daran gehabt.« Der Mann sagte gar nichts mehr.

Nun kam atemlos Anne zurück. Frau Römer hörte sie kommen und eilte ihr entgegen, mochte immerhin die Kleine wieder eine Pause im Trinken machen. »Fräulein Keller hat keine Binden mehr, sie habe eigens ein halbes Dutzend für den heutigen Tag kommen lassen, aber sie seien alle weggegangen,« berichtete Anne.

»Und im andern Geschäft?«

»Fräulein Keller meint, da gäbe es keine. Aber sie hat gesagt, wenn der Herr Oberamtmann, der gestern schon unwohl war, heute nicht besser sei, so schicke die Frau Oberamtmann die Halsbinde wieder zurück, die sie gekauft habe; das habe sie sich gleich ausbedungen. Und nun meint Fräulein Keller, ich soll bei Frau Oberamtmann anfragen.«

»Natürlich sollst du, Anne, wärst du doch gleich hingesprungen!«

Als Frau Römer wieder zu ihrer Kleinen zurückkehren wollte, sah sie ihren Hans, der mit dem Tannenwedel in der Hand, die weiße Binde um den Hals, militärisch auf dem Gang auf und ab spazierte und dabei laut vor sich hinsang: »Ich bin ein geplagter Mann.« Er nahm sich so drollig aus, der kleine Mann mit seinen dicken roten Bäckchen; heute hatte sie noch kaum einen Blick gehabt für ihren Bubi, sie nickte ihm zu und sah ihn an. War wohl im äußersten Notfall die alte Binde auch jetzt noch zu brauchen? »Laß sehen, Bubi!« Aber was war denn das? Die Binde sah ja schöner aus als gestern. Das war gar nicht die alte – keine Frage, Hans hatte die neue erwischt! Aber sie war noch rein, noch unverdorben. Rasch machte sie sie los unter dringenden Fragen, wie Hans dazu gekommen sei? Genommen hatte er sie, weil er die andere nicht mehr fand. »Bitte, Mama, gib mir dafür eine andere.«

Sie war aber ungnädig, die Mama, einen Klaps gab sie ihm, weiter nichts, und eilte an dem weinenden Töchterchen vorbei rasch zu ihrem Mann. »Da ist die Halsbinde.«

»Wo war sie denn?« Die Mama wollte des Vaters Zorn nicht auf des Kleinen Haupt laden. »Entschuldige,« sagte sie, »ich höre jemand kommen.« Ein Mädchen war draußen. »Höfliche Empfehlungen von Fräulein Keller und sie habe doch noch ins andere Geschäft geschickt, und da seien zwei Binden zur Auswahl.«

»So, so, das ist ja recht freundlich, ich lasse danken.« Und nun kam Anne schnaufend daher: »Der Herr Oberamtmann befinden sich schlechter und können nicht ausgehen. Frau Oberamtmann schickt die beiden Halsbinden, die sie zur Auswahl genommen habe.« Nun waren genug weiße Binden im Haus. Die Frau Stadtschultheiß ließ sich's aber nicht merken. »Das ist recht, Anne,« sagte sie, »du glühst ja ganz.«

»Es ist bloß von der Hitze,« antwortete das gute Mädchen.

»Setze dich zu der Kleinen ans Bettchen, ruhe dich ein wenig aus; gib ihr die Flasche vollends, wenn die Milch nicht zu kalt geworden ist.«

Anne ging zu dem Kind. »Sie schläft ja,« sagte sie.

»So? Hat sie die Hoffnung aufgegeben, da hat sie recht; es ist eine verständige Tochter.«

Der Stadtschultheiß kam nun im festlichen Anzug zum Vorschein und schickte sich an zu gehen.

»Wann kommst du wieder?« fragte seine Frau.

»Ich weiß nicht. Um elf Uhr Empfang, dann auf die Wiese zur Ausstellung; um zwölf Uhr etwa in die Bauernstube – da sehen wir uns wohl einen Augenblick; um ein Uhr Festessen, dann Preisverteilung auf der Wiese. Mit einbrechender Dunkelheit Stadtbeleuchtung – dazu wird dir ja unser Hausherr helfen; dann Felsenbeleuchtung; sodann Abfahrt des Prinzen und der Prinzessin. Zum Abendessen haben wir Herren uns in den Schwan verabredet. Es kann spät werden, ich will den Hausschlüssel mitnehmen.«

Kürzer als sonst, wenn es sich um einen ganzen Tag handelte, verabschiedete sich Römer. Seine Frau wußte nicht recht, war er nur ganz mit seinen Gedanken beschäftigt oder war er nicht recht zufrieden mit ihr. Sie jedenfalls war mit sich selbst nicht zufrieden; er hatte sich heute morgen vom Rathaus heimgeflüchtet und hatte zu Hause nur Verdruß gehabt, das ging ihr nach und bedrückte sie. Kurz vor elf Uhr fuhren die Wagen am Haus vorbei, die die Gäste abholen sollten; in einem saß ihr Mann, er war im Gespräch mit einem anderen Herrn und sah nicht herauf nach dem Fenster, an dem seine Frau stand, mit der Kleinen auf dem Arm, und ihm gern einen Gruß zugewinkt hätte.

Gegen zwölf Uhr machte sie sich mit Hans auf den Weg nach der Bauernstube. Sie begegneten dem Polizeidiener Hagemann.

»Wie ist es denn heute morgen mit der Wäscherin gegangen?« fragte sie ihn.

»Wie ich komme und richte aus, daß die Wäsche polizeilich abgezogen werden soll, sagt die Matzbeck zu mir: ›Was wollen Sie denn? Die Wäsche ist ja schon trocken, die muß ich so wie so abziehen‹, und sie hat sie heruntergenommen.«

»Ist die wirklich so schnell getrocknet?«

»Bewahre, Frau Stadtschultheiß, die Matzbeck hat nur so gesagt, wie sie den Ernst gemerkt hat, weil halt die Weiber immer recht behalten müssen!«

In dem Gemach, das als Bauernstube eingerichtet war, hatten sich einige Damen versammelt, denen der Vorzug zuteil werden sollte, das junge prinzliche Ehepaar zu sehen. Unter ihnen war als jüngste unsere Frau Stadtschultheiß mit ihrem kleinen Jungen, der sich ganz prächtig in bäuerlicher Tracht ausnahm. Er stand nahe dem Fenster hinter seiner kleinen Bäuerin, dem Töchterlein des Oberamtmanns, das man an einen Spinnrocken gesetzt hatte; es war ein nettes Pärchen. Eine der anwesenden Damen, die Frau eines Fabrikbesitzers, die in jungen Jahren als Erzieherin im Hause der Prinzessin angestellt war, gab den Kindern Verhaltungsmaßregeln, wie sie beim Eintritt der Gäste knicksen sollten und wie Hans dann, wenn sie ihm einen Wink gäbe, der Prinzessin den Strauß überreichen sollte.

Im Hintergrund des Zimmers stand ein riesiger Kleiderkasten und neben diesem, unter der geöffneten Türe eines Nebengemachs, hielten sich die Damen auf, um den Eindruck der Bauernstube nicht zu stören. Den Müttern des Pärchens war es nicht behaglich zumute, um so mehr als die Kinder anfingen, ungeduldig und mißmutig zu werden, und Frau Römer dachte daran, was ihr Mann von der Unsicherheit der kleinen Kinder gesagt hatte. Heute wäre es ihr ganz besonders leid gewesen, wenn ihr Hans irgend welche Störung verursacht hätte. Nun hörte man die Erwarteten kommen; rasch zogen sich die Damen zurück, nur die Frau des Fabrikbesitzers als persönliche Bekannte der Prinzessin hielt sich in der Nähe der Kinder, grüßte nun mit einer tadellosen Verbeugung die Eintretenden und wurde auch von der jungen Prinzessin sofort erkannt und begrüßt. Hinter den hohen, jugendlichen Gestalten des Prinzen und seiner Gemahlin erschienen als Begleiter mehrere Herren, worunter der Stadtschultheiß und der Vorstand des Landwirtschaftlichen Vereins, der nun auf alle Eigentümlichkeiten der schwäbischen Bauernstube aufmerksam machte. »Einige Damen,« sagte er, indem er in den Hintergrund deutete, »haben sich besonders bemüht um die getreue Ausstattung und haben auch echte kleine

Bewohner gestellt.«

Die Prinzessin näherte sich freundlich den Kindern, der Prinz folgte, an seiner Seite der Stadtschultheiß. »Was stellst du denn vor?« fragte die Prinzessin das kleine Mädchen, sich freundlich zu ihr beugend.

»Ich bin eine Bäuerin von der schwäbischen Alb,« antwortete die Kleine mit höflichem Knicks. »Und du?« fragte sie, sich Hans zuwendend. Der sah sehr ernsthaft zu der schönen jungen Frau auf und antwortete mit tiefer Empfindung: »Ich bin ein geplagter Mann.« Über diese unverhoffte Antwort entstand große Heiterkeit. Der Prinz lachte laut und herzlich und sagte dann, zu Römer gewandt: »Da muß man unwillkürlich fragen, was ist denn der Papa dieses Kleinen?«

Römer sagte lächelnd: »Er ist hier Stadtschultheiß.«

»Das läßt allerlei Schlüsse zu,« entgegnete heiter der Prinz; »ja, ja, an dieser Äußerung bin ich vielleicht gar nicht ganz unschuldig!«

Hans hielt noch immer seinen Strauß, obwohl er schon leichte Winke von verschiedenen Seiten bekommen hatte. Die Dame, die hinter ihm stand, merkte, daß sie deutlicher werden mußte. »Hans,« sagte sie, »du willst ja deinen Strauß der Frau Prinzessin geben!«

»Oder vielleicht der Mama?« rief der Kleine und sprang lustig durchs Zimmer auf seine Mutter zu, die sich ganz bescheiden hinter die älteren Damen zurückgezogen hatte. So war denn richtig die Störung eingetreten. Was tun? Eine Unterhandlung konnte Frau Römer nicht mit dem Kind anfangen, so folgte sie einer raschen Eingebung, nahm den Strauß aus der Kinderhand, trat mit Hänschen vor und sagte bittend zur Prinzessin: »Wollen Sie die Blumen wohl von mir annehmen?«

»Ja gewiß, gern,« sagte die Prinzessin liebenswürdig, »was haben Sie für einen prächtigen Jungen, er hat uns den größten Spaß gemacht, der kleine geplagte Mann.«

Noch ein paar Minuten verweilten die Gäste, dann verließen sie die Stube; der ganze Aufenthalt hatte vielleicht zehn Minuten gedauert und wieviel Arbeit und Überlegung hatte die Herstellung der Bauernstube gekostet!

Die Frauen blieben allein mit den Kindern zurück. Lebhaft wurde das Vorgefallene besprochen. »Es hat sich alles ganz gut gemacht,« entschied schließlich die ehemalige Erzieherin als Sachverständige, »nur das eine war ein faux pas, liebe Frau Stadtschultheiß, Sie hätten sagen müssen: ›Wollen Königliche Hoheit die Blumen annehmen‹; wollen ›Sie‹ ist doch gar zu vertraulich. Aber die Prinzessin wird es Ihnen nicht nachtragen,« setzte sie begütigend hinzu.

Der jungen Frau Römer war es beklommen zumute. Wie die prinzlichen Hoheiten über sie dächten, das war es nicht, was sie bekümmerte, aber ob ihr Mann über sie und das Kind ärgerlich war? Als sie mit ihrem kleinen Bauernjungen in diesen Gedanken heimging, sagte sie sich, daß am Abend die schöne Beleuchtung ihres Hauses alles wieder gut machen müsse. Ihr Mann sollte es sehen, wenn er mit dem Prinzen vorbeifuhr, daß sie doch ein Gefühl dafür hatte, was der richtigen Stadtschultheißin geziemte, trotz des Holzstoßes vor dem Haus, trotz des Zwischenfalls in der Bauernstube.

Dreihundert kleine irdene Schälchen hatte sie sich beim Seifensieder mit Unschlitt füllen lassen und nun machte sie sich daran, jedem einzelnen Döchtchen einen Tropfen Petroleum zu geben, denn vom Seifensieder hatte sie gehört, daß sie auf diese Weise am leichtesten anzuzünden wären. Ja, von ihr aus war alles bereit, wenn sich nur endlich der Schreiner gezeigt hätte!

Der Nachmittag rückte vor, dreimal hatte sie Anne hinuntergeschickt und jedesmal hatte diese die Antwort gebracht, Herr Wahl werde jetzt gleich kommen.

Endlich ging sie selbst hinunter. »Aber Frau Wahl, was ist denn mit Ihrem Mann? Warum kommt er denn nicht?«

Die Frau versicherte, daß sie ihn seit zwei Stunden erwarte. Sie wollte sich jetzt aber selbst auf den Weg machen, ihren Mann zu suchen. Es dauerte gewiß eine Stunde, bis sie ihn endlich brachte, aber er war in schlimmer Verfassung. Mit schwerer Zunge versicherte er, daß er die Sache gleich besorgen werde. Wieder verstrich eine Weile, da kam seine Frau herauf und sagte beschämt: »Es ist meinem Mann nicht gut, er hat sich aufs Bett gelegt; es wird auch besser sein, er schläft ein wenig.«

Unsere junge Frau war so entrüstet, daß sie kein Wort mehr für die Hausfrau hatte; auf den Schreiner mußte sie ja doch verzichten. »Anne,« sagte sie, »was tun wir jetzt, wer kann uns helfen?«

»Ich weiß, was wir tun,« sagte Anne. »Ich steige selbst auf die Leiter, wenn's dunkel wird und die Leute es nicht so bemerken. Ich will nur erst einmal nach der Leiter sehen, ob die wenigstens imstand ist.« Hinter dem Haus, an dem Holzschuppen war sie aufbewahrt. Anne schleppte sie herbei, Frau Römer sah vom Fenster aus zu. Nun lehnte die Leiter am Haus. »Sie ist ja zu kurz!« rief Anne herauf.

»Freilich, das habe ich immer gefürchtet!«

»Was machen Sie denn da?« fragte der Bäcker, der gegenüber wohnte und neugierig herbeikam. Frau Römer schöpfte Hoffnung. Der Mann konnte vielleicht helfen. Sie von oben und Anne von unten legten ihm den Plan dar. Die Lichter sollten an dem vorspringenden Sims, der die Front des Hauses schmückte, angebracht werden. »Hat das der Herr

Stadtschultheiß angeordnet?« fragte er.

»Nein, ich möchte es ja zu seiner Überraschung tun.« Der Mann schüttelte den Kopf und schwieg. Unsere junge Frau oben sah das, und wahrhaftig stampfte sie ein wenig mit dem Fuß, – ihre Ungeduld war zu groß. »Die Leute hier sind doch unausstehlich langweilig und schwerfällig,« dachte sie, »hätte ich nur meine Hamburger hier!«

»Frau Stadtschultheiß,« rief von unten der Bäcker, »wenn ich etwas sagen darf, dann rate ich Ihnen, lassen Sie das bleiben. Erstens hängen die Fahnen über dem Sims und könnten Feuer fangen, und zweitens ist's auch zugig an der Ecke, der Wind bläst doch alles aus.«

Was war dagegen vorzubringen? Frau Römer schwieg. Aber Anne ergab sich nicht so schnell. »O Herr Breitling,« sagte sie, »Sie wollen nur nicht. Die Fahnen könnte man einziehen, wenn's Nacht wird, und wie sollten denn die Lichter auslöschen, da könnte ja kein Mensch beleuchten. Gehen Sie zu, helfen Sie uns auch ein wenig, hole ich doch alle Tage die Wecken bei Ihnen und am Sonntag die Brezeln!«

Der Mann sagte darauf gar nichts, zog sein Feuerzeug aus der Tasche und zündete ein Streichhölzchen an – im Nu war es vom Wind ausgeblasen. »Glauben Sie's jetzt?« sagte er, »in der Fensternische, da geht's, da sind die Lichter geschützt, aber, frei längs der Hausmauer, da löschen alle aus. Helfen tät ich gern, daran fehlt's nicht.«

Einen Augenblick war es stille. »Anne, trage die Leiter an ihren Platz,« ließ sich nun von oben eine bekümmerte Stimme vernehmen, und das Fenster wurde geschlossen. Heute wollte doch auch gar nichts gelingen! Zum Weinen war es der jungen Frau, als sie ihre dreihundert Lämpchen sah. Sie hatte es sich etwas kosten lassen! Wie schön hatte sie es sich ausgemalt!

Anne kam herein. »Das sind Leute,« sagte sie, »der Schreiner und der Bäcker!«

»Gegen den Bäcker will ich nichts sagen, aber der Schreiner!«

Ja, der Schreiner, über den entlud sich nun der ganze Zorn, denn einen Sündenbock will der Mensch haben.

Es wurde dunkel. Da und dort zündeten Leute schon Lämpchen an. Ein kühler Abendwind erhob sich. »Wir haben wenigstens viele Fenster,« sagte Frau Römer, »und Lichter für beide Stockwerke.« Und nun fing sie oben im Dachstock an den Kammern an und stellte einstweilen die Lämpchen vor die Fenster, eines dicht ans andere; es war ja keine Gefahr, daß sie nicht reichten. Dann ebenso an allen Fenstern des ersten Stockwerks. In der Ferne hörte man ein Knattern und Knallen von Raketen, und die großen Felsen, die das Städtchen auf einer Seite umsäumten, erglänzten in bengalischer Beleuchtung.

Jetzt war es Zeit zum Anzünden. Anne wurde hinaufgeschickt, es in der Kammer zu besorgen; unten wollte es Frau Römer tun. Aber der Wind, der Wind! Kaum brannten zwei, drei Flämmchen, so kam der starke Luftzug und blies sie aus. Und gerade auf der Seite des Eckhauses, die freistand und die von weiter Ferne beim Hereinfahren von den Felsen den Gästen ins Auge fallen mußte, gerade auf dieser Seite löschten beharrlich die schwachen Flämmchen aus. Wie war es denn wohl in den andern Häusern? Die junge Frau lehnte sich hinaus und sah an der Häuserreihe hinunter – schön beleuchtet glänzte sie ihr entgegen, Licht an Licht. Sie meinte es wenigstens, denn daß auch an den anderen Häusern viele Lichter wieder verlöscht waren, konnte sie nicht erkennen; sie sah nur, was brannte, und das war freilich mehr als an diesem ausgesetzten Punkt. Jetzt kam auch Anne verzweifelt herunter. »Droben verlöschen sie alle! wie ist's denn unten?«

»Ebenso!«

»Meines brennt,« rief vergnügt der kleine Hans, der vor einem angezündeten Lämpchen stand, das auf dem Tisch hell brannte.

»Ja, im Zimmer, das glaube ich gern,« sagte Anne.

»Anne, ich weiß, wie wir es machen, wir stellen sie herein auf den inneren Fenstersims!« rief jetzt Frau Römer; »schnell, geh hinunter vors Haus und sieh, wie es sich ausnimmt,« und während das Mädchen hinuntersprang, legte sie ein paar Bücher auf den inneren Sims des geschlossenen Fensters und stellte die Lichter hoch. Anne kam wieder: »Prächtig sieht's aus, kein Mensch bemerkt, daß die Lichter nicht außen stehen, die Fenster sind ja alle frisch geputzt.«

Jetzt ging es ans Werk. »Hans, bring alle deine Bausteine herbei, schnell, schnell!« und mit Bausteinen und Büchern wurden nun sämtliche Fenstersimse so hoch belegt, daß die Lichter durch die Scheiben sichtbar wurden. Und dann wurden sie angezündet. Ob es nun wohl ging? Unsere junge Frau hätte sich ja nicht gewundert, wenn heute Lämpchen und Zündhölzer ihren Dienst versagt hätten. Aber sie brannten so gutmütig an, stellten sich ganz unschuldig. Einen Qualm gab das freilich in die Zimmer! Im Eckzimmer mit seinen vier Fenstern allein vierzig Unschlittlichtchen! und nirgends konnte man ein Fenster öffnen. Einerlei, wenn man auch nicht mehr im Zimmer atmen konnte, wenn es nur hell hinunterleuchtete! Und das tat es! Eine strahlende Helle war in allen Zimmern, und Anne nahm Hänschen mit hinunter, daß er es von der

Straße aus sehen konnte. »Darf ich ein wenig mit ihm fortrennen zum Feuerwerk?« rief sie herauf.

»Ja, ja, geht nur miteinander.«

Das kleine Mädelein war aus dem qualmenden Zimmer hinausgeflüchtet worden in die Küche; da schlief sie ganz sanft, während ihre Mutter unruhig im Haus herumging. Die ungewohnte Helle, die zunehmende Hitze hatte etwas Beunruhigendes. Sie ging hinauf in die Kammer. Droben wurde es so heiß, der weiße Lack an den Fenstern fing an zu riechen, alles fühlte sich warm an. Wenn nur kein Brand entstand! Sie lief wieder ins untere Stockwerk, waren doch alle Vorhänge fest zurückgesteckt? Es war fast nicht auszuhalten, die Hitze, der Qualm und dabei die Angst! Eine Kanne Wasser in der Hand ging sie unablässig von einem Zimmer ins andere, wohl eine halbe Stunde lang. Endlich hörte man drunten auf der Straße Wagengerassel. Sie eilte ans Fenster: der Prinz und die Prinzessin, die Herren ihrer Begleitung, darunter der Stadtschultheiß, fuhren am Haus vorüber in den Gasthof zurück; das Feuerwerk war aus, die schaulustige Menge strömte ins Städtchen zurück. Gott Lob und Dank, die Lichter durften ausgelöscht werden!

*   *

*

Es war neun Uhr abends, Ruhe herrschte im Haus, Frau Römer saß allein auf ihrem kleinen Sofa am Tisch und ruhte aus. Die Kinder und Anne schliefen schon. Ordnung war wiederhergestellt und frische Luft strömte durch die Fenster. Da näherte sich durch die stille Straße ein lauter, fester Tritt, ein Schlüssel wurde in die Haustüre gesteckt. »Mein Mann kann es nicht sein, aber doch ist er's!« sagte sich die junge Frau und eilte hinaus. Ja, er war es.

»Du kommst schon?« sagte sie erstaunt. »Ich hätte gedacht, heute wird es spät!«

»Ja,« sagte er, »die andern sitzen auch noch fest beisammen!«

»Und du?«

»Ich habe mich in aller Stille davongemacht. Ich wollte auch einmal wieder bei meiner Frau sein.« Dies Wort zerstreute alle Sorgen der jungen Frau, sie fühlte es: alles war schön und gut zwischen ihnen und nun wurde es gemütlich! Sie gingen miteinander ins Zimmer und setzten sich behaglich zusammen.

»Ist das schön, wenn so ein Tag vorbei ist!« sagte Römer.

»Ist alles gut gelungen?«

»So ziemlich,« sagte er. »Die Beleuchtung der Häuser war ja durch den Wind recht lückenhaft, nur unser Haus war glänzend. Schon von ferne fragte mich die Prinzessin, wem dies strahlende Häuschen gehöre. Ich war nicht wenig stolz, hätte fast gesagt: meiner Frau. Das Strahlen wenigstens kam von dir, wie hast du es denn gemacht? Überall sonst waren doch die meisten Lichter verlöscht.«

Sie erzählte all ihre Erlebnisse. »So, deshalb riecht es so merkwürdig im ganzen Haus? Also hast auch du Angst ausgestanden während des Feuerwerks, ich aber auch!«

»Wieso du?«

»Du hast doch heute morgen gehört, daß ein Pulverwagen hier durchkommen wollte. Nun, der Eilbote, der das hintertreiben sollte, der geistreiche Mann, hat den Fußweg eingeschlagen, auf dem er dem Pulverwagen natürlich nicht begegnete! Wie wir nun abends hinausfahren nach den Felsen, die beleuchtet wurden, und aussteigen, kommt der

Ratsdiener auf mich zu. Ich seh ihm gleich an, daß etwas nicht in Ordnung ist, ich nehme ihn beiseite. ›Sehen Sie dort hinüber, Herr Stadtschultheiß,‹ sagt er. ›Auf der alten Straße, an der andern Seite vom Fluß, fährt der Pulverwagen!‹ Ich sehe hinüber: langsam bewegt sich dort der große, schwarze Wagen, mit der vorgeschriebenen roten Laterne und dem roten Fähnchen, unheimlich anzusehen. Und dabei steigen schon zischend die Raketen auf und der Wind jagt die Funken nach allen Seiten hoch in die Luft. ›Was ist zu tun?‹ fragte mich der Ratsdiener. ›Es ist nicht mehr zu ändern,‹ sagte ich, ›lassen Sie sich nichts merken, daß kein Schrecken unter den Leuten entsteht. Gehen Sie hinüber, sorgen Sie, daß der Wagen ohne Aufenthalt weiterfährt, aber langsam und ruhig; wenn er nicht umwirft, kann nichts geschehen. Durch den eisernen Deckel dringt kein Funke.‹ Er ist ein wackerer Mann, der alte Ratsdiener, und hat sich heute wieder bewährt, du könntest ihm morgen eine Flasche Wein schicken. Wie er von mir weggeht, höre ich, wie ihn ein Mann anredet: ›Sagen Sie, ist denn das da drüben nicht ein Pulverwagen?‹ ›Das macht doch nichts,‹ sagt der Ratsdiener mit größter Seelenruhe; ›auf dem Wagen können Sie ein Feuerwerk abbrennen und es dringt kein Funke hinein.‹ ›So, so,‹ sagt der andere sofort beruhigt. Du kannst dir aber denken, wie es mir zumute war, während das Feuerwerk so in der Luft herumschwärmte. So oft es unbemerkt ging, mußte ich mich umwenden und hinübersehen nach dem kleinen roten Licht, das allmählich weiterrückte auf der Straße. Langsam kroch die Gefahr davon, bis sie endlich hinter dem Berg verschwand.«

»Und der Prinz hat nichts davon erfahren?«

»Nein, er war in fröhlicher Laune bis zuletzt und ebenso die Prinzessin, die mir noch an der Bahn einen Gruß an Hans auftrug. Er ruht jetzt wohl von seiner Plage?«

Ja, der Kleine ruhte und ebenso genoß der Vater den friedlichen Abend; in der Wohnung des Stadtschultheißen gab es jetzt keinen geplagten Mann!

———

Helf, wer helfen kann!

Am heißen Herd in der Küche schaltete mit eifrigen Händen und glühenden Wangen Frida, der liebliche Backfisch. Die Mutter war ausgegangen, um vor Tisch noch einen dringenden Besuch zu machen, und Frida hatte versprochen, ihre ungeteilte Aufmerksamkeit dem Braten zuzuwenden. Da ertönte die Klingel. »Es wird der Vater sein,« dachte Frida und öffnete. Es war aber nicht der Vater, sondern ein Freund desselben, der ihn auf der Durchreise ein paar Stunden besuchen wollte. Frida geleitete ihn in das Besuchszimmer und setzte sich zu dem Gast, der sich freundlich mit ihr unterhielt. Bald aber wurde sie unruhig und hörte nur noch mit halbem Ohr auf den Fremden. Sie dachte an den verlassenen Braten, an das Feuer, das bald ausgehen mußte, und überlegte, ob es nicht unhöflich wäre, wenn sie den Gast allein ließe. Inzwischen hatte der Herr weiter mit ihr gesprochen, Frida hatte aber in ihrer Zerstreutheit nicht viel davon gehört.

»Haben Sie auch Töchter?« fragte sie jetzt, um nur irgend etwas zu sagen. Er sah sie erstaunt an. »Das sind eben meine Töchter, von denen ich Ihnen erzählte.« Frida errötete.

Es fiel ihr ein, daß er von einer Marie und einer Elise gesprochen hatte. »Ja, ich meine nur, ob Sie viele Töchter haben?« sagte sie in ihrer Verwirrung.

Er lächelte. »Nicht sehr viele, bloß zwei.«

In diesem Augenblick hörte Frida mit wahrem Entzücken den wohlbekannten Tritt ihres Vaters. Mit großer Freude begrüßten sich die beiden Freunde und eine der ersten Fragen des Vaters an den Gast war: »Du bleibst doch bei uns zu Tisch?« Die Einladung wurde angenommen und Frida von ihrem Vater mit den Worten entlassen: »Nun geh du in die Küche und mach dein Meisterstück!«

Ja, ein schönes Meisterstück war es, das Frida vorfand, als sie hinauskam! Schwarz wie eine Kohle lag der Braten in der Pfanne und der Geruch des angebrannten Fleisches erfüllte die ganze Küche. Da war nichts mehr zu retten! Verzweifelt stand die junge Köchin und hatte nur den einen Gedanken: wenn doch die Mutter käme, die wüßte Rat!

Da klingelte es wieder. Eifrig sprang Frida zu öffnen. Aber es kam bloß ein Dienstmädchen mit einem Korb am Arm und einem Netz, in dem ein großer Fisch war. Sie kam offenbar vom Markt und hatte den Auftrag, Fridas Eltern auf den nächsten Abend einzuladen. Aber Frida hörte nur halb die Worte des Mädchens. Sie konnte ihre Blicke nicht von dem Fisch abwenden.

»Brauchen Sie diesen Fisch für heute mittag?« fragte Frida.

»O nein, erst für morgen abend,« antwortete das Mädchen.

»Ach, wenn Sie mir den Fisch abtreten möchten! Wir haben unerwartet einen Gast bekommen und ich weiß nicht, was ich ihm zu Mittag vorsetzen soll!«

»Recht gerne,« antwortete das Mädchen, »ich kann bis morgen schon noch einen Fisch bekommen.«

»Ist er tot?« fragte Frida.

»Ja wohl, aber ganz frisch, eben erst abgeschlagen.«

Das Mädchen nahm den Fisch heraus, legte ihn auf eine Platte in der Küche, Frida bezahlte, was das Mädchen verlangte, und gab noch ein schönes Trinkgeld. Als das

Mädchen fort war, wandte sich Frida eifrig ihrem Fisch zu, um ihn kunstgerecht zu bereiten. Aber, o Schrecken, der »tote« Fisch hatte sich von der Platte heruntergeschnellt und schlug mit dem Schwanz auf den Küchentisch. Nun war Frida ratlos. Einen halbtoten Fisch aufschneiden, das konnte sie nicht und noch viel weniger ihn töten.

»Und das heißt die dumme Person tot!« sagte sie in Verzweiflung, »wenn ich sie nur zurückrufen könnte.« Aber die war nicht mehr zu sehen. Da klingelte es wieder. Jetzt endlich mußte es doch die Mutter sein, die heiß ersehnte. Frida flog zur Türe. Aber diesmal war es nur ein Handwerksbursche und vollends einer, der etwas Warmes zu essen verlangte. »Ach, wir haben ja selbst gar nichts,« sagte Frida in so verzweifeltem Ton, daß ihr der junge Bursche aufs Wort glaubte und wieder davonging. Als er aber die halbe Treppe hinunter war, kam Frida ein Einfall. Sie rief ihm nach: »Hören Sie, können Sie einen Fisch töten?«

»Ob ich was kann?« rief der Bursche erstaunt.

»Ob Sie einen Fisch ganz tot machen können?«

»Warum denn nicht?« sagte er.

»O so kommen Sie doch gleich herauf,« bat Frida und der Bursche ließ sich's nicht zweimal sagen. Als er den Fisch in der Küche liegen sah, sagte er: »Der ist ja schon tot.« »O bewahre, der tut nur so und sowie er allein mit mir ist, bewegt er sich wieder; Sie müssen ihn ganz tot machen.«

Da ergriff der junge Mann den Fisch und schlug ihm den Kopf mit solcher Macht auf, daß dieser fast davonflog.

»Nun ist er gewiß ganz tot,« sagte der Bursche, »ich kann ihm aber auch noch den Bauch aufschlitzen, wenn Sie wollen.« Bereitwilligst reichte Frida ein Messer her. Sie gewann immer mehr Vertrauen zu ihrem Küchenjungen.

»Können Sie ihn vielleicht auch ausnehmen?«

»Ich habe es zwar noch nie getan, aber so fest wird's nicht sein, daß ich's nicht herausreißen kann. Wollen Sie nicht zusehen, ob ich's recht mache?«

»Ich sehe es gut aus der Ferne,« sagte vom Herd aus Frida, die ihr Grauen vor dem Fisch gar nicht mehr los werden konnte.

»Darf man alles herausreißen, was darinnen ist?«

»Nehmen Sie nur alles heraus, was gut ist, kann ich ja wieder hineintun.«

Der Bursche brauchte nicht einmal seine ganze Kraft, um den Fisch auszunehmen, und er machte seine Sache ganz geschickt.

Nun war Frida wieder in glücklicher Stimmung. Ihr Mißtrauen gegen den Tod des Tieres war verschwunden und eifrig machte sie sich daran, den Fisch kunstgerecht zuzubereiten.

»Kann ich dem Fräulein sonst noch etwas helfen?« fragte der Bursche. »O ja, bitte, wenn Sie mir noch helfen wollten, kleine Kartoffeln zu richten, wäre ich recht froh.«

Einträchtig machten sich die Beiden an dies Geschäft und Frida erzählte dabei ihr Mißgeschick mit dem Braten.

»Man wird ihn doch noch essen können,« tröstete der Handwerksbursche.

»Ach nein, sehen Sie nur her, wie schrecklich er aussieht!« Er fand es nicht so schrecklich, sondern behauptete, da wären noch manche Leute froh daran. »Wenn Sie ihn vielleicht mitnehmen wollten,« sagte Frida ganz schüchtern,

»dann müßte ich ihn doch nicht mehr sehen und ungesund ist es, glaube ich, nicht.«

»Durchaus nicht,« versicherte der Bursche. Der Braten wurde eingewickelt und verschwand in der Tasche des jungen Mannes, der sich nun dankbar entfernen wollte. Frida aber schenkte ihm für seine Hilfe noch ein Stück Geld und dankte ihm sehr. Vergnügt eilte der Handwerksbursche die Treppe hinunter, auf der ihm Fridas Mutter begegnete. Diese hatte sich bei ihrem Besuch verspätet und kam eiligst herauf. Als sie von Frida hörte, daß ein Gast angekommen sei, war ihre erste Frage:

»Ist auch der Braten gut geworden?«

»Ach nein, Mutter, der ist verbrannt, solange ich den Herrn unterhalten mußte. Aber wir haben einen prächtigen Fisch für heute mittag!«

»Einen Fisch? Woher?«

»Von der Köchin des Herrn Dr. N.; sie war da, um Euch – oder nein, ich glaube bloß den Vater, auf morgen – oder nein – ich glaube auf übermorgen einzuladen.«

»Aber Kind, wo hattest du denn deine Gedanken?«

»Ach, bei dem Fisch!«

»Nun laß nur den Braten sehen, wir schneiden noch die schönsten Stücke auf.«

»Es geht nicht, Mutter.«

»Er kann doch nicht ganz verbrannt sein?«

»Ich mochte ihn gar nicht mehr sehen und habe ihn dem Handwerksburschen mitgegeben, der mir den schrecklichen Fisch totschlug!«

»Kind, du wirst doch den dreipfündigen Rindsbraten nicht hergegeben haben?«

Alle weiteren Erörterungen wurden durch den Gast abgeschnitten, der, als er die Stimme der Hausfrau hörte, herauskam, sie lebhaft begrüßte und in Beschlag nahm. Als Frida bei Tisch den wohlgeratenen Fisch auftrug, erntete sie großes Lob, aber sie schlug beschämt die Augen nieder und dachte an den verbrannten Braten. Die Herren aber waren in heiterer Stimmung.

»Aha,« sprach der Gast, »da merkt man doch gleich, daß man in einer katholischen Stadt ist, ihr habt heute, am Freitag, Fisch. Ich finde es sehr hübsch, wenn man sich nach der Sitte des Ortes richtet.«

Als am Abend der Gast fort war und die Mutter alles erfahren hatte, berechnete sie im stillen: Ein feiner Fisch und ein Trinkgeld dem Mädchen, ein dreipfündiger Rindsbraten und ein Trinkgeld dem Handwerksburschen – und sie kam zu dem Schluß, auch den dringendsten Besuch nie mehr vor Tisch zu machen.

Der Handwerksbursche zehrte mittags und abends an dem Braten, von dem er nur die verbrannte Rinde abgelöst hatte, und er fragte sich, ob er es wohl noch einmal in seinem Leben zu so einem kräftigen Stück Fleisch bringen werde.

Frida aber tat um Mitternacht einen lauten Schrei, denn ihr träumte, der Fisch sei vom Tisch herunter und in ihren Schoß gesprungen!

———

Ein Wunderkind.

Wunderkinder gibt es aller Art. Solche, die wie Mozart mit drei Jahren Klavier spielen, andere, die im gleichen Alter mehrere Sprachen lesen können.

Von einem Wunderkind ganz eigener Art möchte ich erzählen. Mein Wunderkind heißt Fridolin und ist das älteste Kind von armen Arbeitersleuten. Es war sechs Jahre alt geworden, ohne daß jemand ahnte, was für ein besonderes Geschick in dem Kleinen steckte, bis eines Tages der Vater zu ihm sagte: »Nimm meinen Sonntagsrock und trag ihn zum Schneider, daß er den Riß am Ärmel flicke.« Fridolin trug den Rock zum Schneider und dieser versprach, den Schaden wieder gut zu machen. »Ich will darauf warten,« sagte Fridolin. »So schnell geht's nicht,« entgegnete der Schneider; »ich habe vorher noch anderes zu nähen.« »Ich kann ja warten,« wiederholte das kleine Bürschlein. »Da dürftest du lange warten,« meinte der Schneider, »geh du nur wieder heim.« »Ich kann auch lang warten,« versetzte der Kleine und rührte sich nicht von der Stelle. Zwei junge Burschen, ein Geselle und ein Lehrling, die auch an der Arbeit saßen, lachten über den Kleinen, der sich nicht vertreiben ließ; da lachte der Schneider auch, legte den Rock beiseite, setzte sich an die Arbeit und sagte zu seinem Gesellen: »Laß den Knirps nur stehen, er wird schon bald genug kriegen.« Aber Fridolin bekam nicht genug. Er stand hinter dem Gesellen und sah ihm zu, wie er Knopflöcher nähte. Acht Uhr war es wie er gekommen war, und um zehn Uhr stand er noch da. – Nun trat die Meisterin ins Zimmer mit Bier und Brot, und der Meister setzte sich mit dem Gesellen an den Tisch. Fridolin aber, ohne ein Wort zu sagen, nahm den Platz ein, an dem der Geselle gearbeitet hatte, und ergriff die Arbeit, die jener beiseite gelegt hatte. Der Schneider beobachtete den wunderlichen Kleinen aus der Ferne; als er aber merkte, daß er sich an des Gesellen Arbeit vergriff, trat er leise hinter ihn und sah ihm zu. Dann winkte er den Gesellen und alle drei sahen mit Staunen, wie die Kinderfingerchen die Nadel behend durch den dicken Stoff schoben, wie Stich an Stich kam, daß auch nicht fadenbreit dazwischen fehlte, und wie das Schneiderlein so in seine Arbeit vertieft war, daß es nicht einmal nach ihnen aufschaute. »Wer hat dich gelehrt, Knopflöcher machen?« fragte jetzt der Schneider. »Der da!« antwortete Fridolin und deutete auf den Gesellen, dem er vorher zugesehen hatte. Da staunte der Meister und fragte den Kleinen nach allerlei: ob er zu Hause auch schon genäht habe, woher er's könne usw., aber es war aus dem Büblein nicht viel herauszubringen. Nun tat's ihm der Schneider zulieb und machte sich an das Ausbessern des Rockes, den Fridolin gebracht hatte, und der Kleine stand dabei und verwandte kein Auge davon. Als die Arbeit fertig war und Fridolin mit dem Rock gehen wollte, sagte der Schneider zu ihm: »Dich freut unser Handwerk, das seh' ich, komm du nur ein andermal wieder, wenn du zusehen willst.«

Als am nächsten Morgen in aller Frühe die Meisterin aus der Türe trat, um droben in der Kammer den Lehrbuben zu wecken, saß der kleine Fridolin auf der Treppe und sagte: »Ich will nähen helfen.« Da ließ ihn die Meisterin ein und der Schneider gab ihm eine Arbeit, von der er dachte: Verdirbt er's, so ist nicht viel daran verloren. Aber Fridolin verdarb nichts und kam nun alle Tage.

Der Herbst zog ins Land und Fridolin mußte in die Schule. Er war der kleinste unter all seinen Kameraden und im Lernen nicht stark; aber er war brav, machte seine Sache, so gut er eben konnte, und der Lehrer konnte das stille Kind wohl leiden. Eines Tages aber saß Fridolin mit geschlossenen Augen auf seinem Platz in der Schule. »Schläfst du?« rief ihn der Lehrer an und berührte ihn mit dem Stock. Erschrocken fuhr Fridolin auf, aber nach ein paar Minuten drückte er schon wieder die Augen zu. »Was ist's heute mit dir?« rief ihm der Lehrer zu und schüttelte ihn: »Bist du faul oder krank?« »Nein,« antwortete der Kleine weinerlich, »aber die Naht ist ganz krumm, die kann ich nicht sehen!« und er deutete auf die Jacke des Knaben, der vor ihm saß. Alle Kinder lachten, aber der Lehrer sagte: »Redest du im Traum oder hast du den Verstand verloren?« »Nein, nein,« rief Fridolin, »die Naht muß so laufen,« und im Nu hatte er ein Stückchen Schneiderskreide aus seiner Tasche genommen und zeichnete damit eine schnurgerade Linie über den Rücken seines Kameraden herunter. Der Lehrer sah nun wohl, daß der Kleine recht hatte und daß die Naht etwas krumm lief. Er wußte nicht, sollte er lachen über den kleinen Sonderling oder staunen über seinen scharfen Blick. »Setze dich vor zu mir,« sagte er und führte Fridolin an einen andern Platz, wo er seine Augen offen halten konnte, ohne durch Jackennähte zerstreut zu werden. Nach der Schule sagte Fridolin zu seinem Kameraden: »Wenn du mir Zwirn mitbringst, mache ich dir die Naht an deiner Jacke zurecht.«

Und so geschah es. Von diesem Tag an wurde Fridolin der Flickschneider für seine ganze Klasse. Als die Ferien begannen, kam der Schneider zu Fridolins Eltern und bat, daß ihm der Kleine nähen helfen möchte. Der Vater war nicht wenig stolz auf seinen kleinen Sohn und fragte, was ihm der Schneider an Lohn geben wolle, denn jeder Arbeiter sei seines Lohnes wert. Die beiden Männer handelten hin und her, Fridolin stand dabei und sagte kein Wort. Endlich wurden sie miteinander eins, der Schneider verabschiedete sich und war schon unter der Türe, da sprach Fridolin: »Geld will ich nicht, ich will Tuch!« Der Schneider kam wieder zurück und der Vater sagte: »Hättest auch früher reden können, sei nur zufrieden, jetzt ist's schon ausgemacht.« Aber Fridolin war nicht zufrieden, er wiederholte ganz bestimmt: »Um Geld näh' ich nicht, ich will Tuch!« »Ja, wozu denn?« fragte der Schneider. »Zu einem Anzug für unseren Kleinen,« antwortete Fridolin und meinte damit seinen jüngsten Bruder, den er sehr lieb hatte. »Er ist schon so ein Sonderling, dem man seinen Kopf lassen muß,« sagte der Schneider, versprach ihm schönes Tuch zu liefern und ging.

Jeden Tag arbeitete nun Fridolin bei dem Meister; er lernte Maß nehmen und Zuschneiden, er sah beim Anprobieren auf den ersten Blick, wo es fehlte, und seine Fingerchen wurden immer geschickter und gingen so flink auf und ab wie eine kleine Nähmaschine, so daß es ganz wunderbar anzusehen war. Am liebsten aber arbeitete er für seine Geschwister daheim, und was er ihnen machte, das saß so nett und stand so fein, wie wenn es aus dem feinsten Herrenkleidergeschäft hervorgegangen wäre.

Die Jahre vergingen, Fridolin kam aus der Schule und man durfte sich nicht lange besinnen, was er werden sollte, er war ja schon etwas: Der geschickteste Schneider im Städtchen. Gewachsen war er nicht viel, und wenn er jemand das Maß nehmen sollte, so mußte er auf einen Schemel, ja manchmal auf den Stuhl steigen, um hinaufreichen zu können. Er lebte ganz still nur für seine Arbeit, wußte nicht, wie es in der Welt draußen zugeht, und hatte keine anderen Freunde als seine kleinen Geschwister.

Mit zwanzig Jahren sah er noch aus wie ein Kind. Um diese Zeit hörte der Vater, daß in der Hauptstadt ein tüchtiger Schneidermeister gestorben sei, der gute Kundschaft gehabt habe, und er dachte sich: »Das Geschäft könnte mein Fridolin übernehmen; alles, was er zum Handwerk braucht, ist dort, Gesellen und Lehrlinge sind da und wissen, wie es betrieben wird, da dürfte er sich nur hineinsetzen und könnte sein Glück machen!« Die Mutter hatte zwar ihre Bedenken und meinte, der Fridolin könne nicht ohne sie sein, er sei zu unpraktisch für so ein Geschäft. Aber der Vater sagte: »Wenn du ihn immer versorgst wie ein Kind, wird er nie ein Mann, er soll nur hinaus in die Welt, dann wird er schon klug werden.« Fridolin selbst redete nicht darein und ließ seine Eltern die Sache ausmachen.

Nach kurzer Zeit saß er als Schneidermeister in der Großstadt. Ein ganzes Stockwerk war für ihn und seine Gesellen eingerichtet. Unten im Hause wohnten ordentliche Leute, diesen hatte die Mutter ihren Sohn anempfohlen, und so hoffte sie, es werde sich alles gut machen. Die Gesellen und Lehrbuben lachten zuerst über das Meisterlein, aber bald bekamen sie Achtung vor seiner Kunst. Der erste Kunde, der sich einfand, war ein alter Herr. Er hatte hier kurz vorher einen Anzug machen lassen und nun betrat er in diesem das Geschäft, erklärte sich nicht ganz zufrieden mit der Arbeit und wollte etwas daran verändert haben. Den kleinen Meister Fridolin sah er wohl für den jüngsten Lehrjungen an und beachtete ihn nicht, sondern wandte sich mit seinem Anliegen an den ältesten Gesellen. Der prüfte den Anzug und behauptete, er stehe tadellos und sei nach der neuesten Mode. Da sprang unser Meisterlein auf, stellte flugs einen Schemel neben den Herrn, stieg hinauf und indem er mit seiner Kreide ein paar Striche über das Tuch zog, sagte er: »Hier sitzt der Fehler.« Der Geselle mußte zugeben, daß der Meister recht habe, und am nächsten Tag war unter des Schneiderleins geschickten Händen der Fehler schon verbessert. Der alte Herr freute sich über die gute Arbeit und empfahl das Meisterlein seinem Hausgenossen, einem jungen Baron, der viel auf seine Kleider hielt. Der bestellte sofort unsern Fridolin, daß dieser ihm das Maß nehme. Aber Fridolin schüttelte bloß den Kopf, sah von seiner Arbeit nicht auf und sagte ganz ruhig zu dem Bedienten: »Der Herr soll zu mir kommen.« Die Gesellen waren nicht wenig erstaunt über diese Antwort und der älteste flüsterte dem Meister zu, der vorige Meister sei auch immer zu den Herren ins Haus gegangen. Aber Fridolin sagte ganz ruhig: »Ich kann nicht, ich muß meinen Schemel haben und meinen Stuhl, ich bin zu klein,« und der Diener des Herrn Baron mußte mit dieser Antwort abziehen. Der Herr Baron war nun neugierig, das kleine Schneiderlein zu sehen, und bemühte sich selbst in die Werkstatt. Rührig sprang unser Fridolin vom Schemel auf den Stuhl und vom Stuhl auf den Schemel, um dem großen Herrn das Maß zu nehmen, und als er damit fertig war, setzte er sich sofort wieder an die Arbeit, ließ den hohen Herrn stehen und der Geselle mußte ihn zur Türe geleiten. Der Anzug wurde aber ein Meisterwerk, und bald bemühten sich die vornehmsten jungen Herren in das Geschäft des Schneiderleins, und sie taten es um so lieber, als unser guter Fridolin sie nicht mit der Rechnung bedrängte. »Meisterlein,« sagte eines Tages der älteste Geselle, der eine wahre Liebe zu ihm gefaßt hatte, »wie steht's mit den Rechnungen? Früher hat der Lehrbub sie ausgetragen, ich meine es wäre Zeit, die Herren sollten bezahlen.« Da machte Fridolin ein ängstliches Gesicht, denn die Rechnungen zu stellen, das hatte er nie recht lernen können. »Die Rechnungen?« sagte er, »die sind schwer zu machen.« Da lächelte der Geselle und sagte, er werde es wohl fertig bringen, und besorgte die Sache. Des Barons Diener war der erste, der kam, um die Rechnung zu bereinigen. Fridolin, der gerad am Zuschneiden war, nahm das Geld, zählte es aber nicht nach, schob es beiseite, daß es bald zwischen den verschiedenen Tuchresten lag, und merkte nicht, wie die jungen Gesellen darüber kicherten, auch wohl eines oder das andere Geldstück zu sich nahmen, nur damit es nicht unter die Lumpen fiele; und schließlich wäre wohl alles verschwunden, wenn nicht der älteste Geselle das Geld zusammengerafft und es seinem lieben Meisterlein in die Tasche geschoben hätte.

Ein Vierteljahr war verflossen, da schnürte der wackre Geselle, dessen Zeit nun abgelaufen war, sein Bündel. Er war schon viele Jahre in der Fremde gewesen und wollte zurückkehren in seine Heimat. Der treue Bursche brachte noch, ehe er abreiste, alles Geschäftliche möglichst in Ordnung; aber er war nicht lange weg, so ging alles nicht mehr in der Werkstatt, wie es sollte. Das Schneiderlein machte zwar seine Arbeit prächtig und war von früh bis spät so emsig, daß ein Meisterstück nach dem andern aus seinen Händen hervorging. Aber die Arbeiter trieben, was sie wollten, und hatten mehr Geld als ihr Meister. Fridolins Eltern wußten davon nichts. Sie hatten sich in der ersten Zeit einmal nach ihm umgesehen und seitdem hörten sie nichts mehr, denn das Schreiben war Fridolins Sache nicht. Da wurden sie eines Tages durch einen Brief aus der Stadt überrascht. Er war nicht von Fridolin, aber von seiner Hausfrau. Die schrieb, die Eltern sollten doch nach dem Sohn sehen; es sei gar nicht zu beschreiben, was für eine Unordnung in der Werkstatt herrsche und wie er von den Gesellen betrogen und bestohlen werde. Sie habe es ihm schon oftmals selbst gesagt, aber er könne wohl nicht anders, ihr Mann sage immer, bei dem habe sich der Verstand ganz auf eine Seite geschlagen. Die Mutter seufzte: »Ich hab's ja gleich gewußt, daß es nicht geht,« und der Vater wurde ganz nachdenklich und sprach vor sich hin: »Die Leute haben recht, der Verstand hat sich bei ihm ganz auf die eine Seite geschlagen.« Am nächsten Tag reiste die Mutter in die Hauptstadt. Das Schneiderlein sprang von der Arbeit auf, als es die Mutter so unverhofft vor sich sah, und aus seinen blauen Kinderaugen strahlte ihr die helle Freude entgegen. Aber was sie sonst sah und erfuhr, war schlimm genug. Obwohl Fridolin die feinste Kundschaft hatte und von früh bis spät arbeitete, war doch kein Geld da. Denn meistens vergaß er, für seine Arbeit eine Rechnung zu schicken, und wenn ehrliche Leute von selbst zahlten, so ließ er das Geld offen herumliegen, daß es nehmen konnte, wer da wollte.

»So kann's nicht fortgehen,« sagte die Mutter zum Sohn, als sie mit ihm allein war. »Nein, so kann's nicht fortgehen,« gab Fridolin zu. »Das muß man ändern,« erklärte die Mutter. »Ja, das muß man ändern,« wiederholte der Sohn. »Fridolin,« erklärte nun die Mutter bestimmt, »du mußt heiraten, daß du eine tüchtige Hausfrau bekommst.« Da sah das Schneiderlein sie ganz bestürzt an und schüttelte den Kopf. »Davon versteh ich nichts, Mutter,« sagte er, und so sehr ihn auch die Mutter überreden wollte, er gab nicht nach. So mußte sich denn die Mutter auf einen andern Ausweg besinnen. »Ist's dir recht, wenn wir zu dir ziehen, der Vater und ich und die Kinder alle?« Diesmal wurde ihr Vorschlag anders aufgenommen. Fridolin strahlte mit dem ganzen Gesicht. »Ja,« sagte er, »und bleib du nur gleich da, Mutter.« »So leicht geht das nicht, erst muß ich mit dem Vater reden und der Umzug kostet Geld! Wo soll das so schnell herkommen?« Jetzt tat es dem Fridolin zum erstenmal leid, daß er kein Geld hatte, und er fing an, seine Schubladen zu durchsuchen. »Mutter,« sagte er, »ich habe anfangs einen ehrlichen Gesellen gehabt, der hat immer das Geld eingenommen und manchmal hat er gesagt: ›Meisterlein, Ihr Geld verstecke ich vor den Buben, vielleicht brauchen Sie's einmal,‹ aber ich weiß nicht mehr, wohin er's versteckt hat.« Nun machte sich die Mutter auch daran, alles zu durchsuchen, und richtig entdeckte sie ganz unten im Kasten in einer alten Knopfschachtel mehrere

Goldstücke. Das war nun eine Freude, und die Mutter dankte im Geiste dem wackeren Gesellen, der so für ihren Sohn gesorgt hatte.

Nach einigen Wochen schon war die ganze Familie in die Stadt gezogen, und obwohl unser Schneiderlein nicht viel Worte machte, sah man ihm an, wie glücklich er sich fühlte. Nun kam auch Ordnung ins Haus. Gleich am ersten Tag blieben die Gesellen bis um 12 Uhr an der Arbeit, während sie sonst schon um 11 Uhr davongelaufen waren. Sie merkten, daß nun eine Meisterin da war, die ein strenges Regiment führte. Um 12 Uhr deckte die Mutter im Nebenzimmer den Tisch; der Vater kam zum Essen, die Kinder versammelten sich, die Mutter trug die Suppe auf, nur Fridolin fehlte noch. »Der merkt nicht, daß Essenszeit ist,« sagte der Vater und schickte den Kleinen in die Werkstatt, daß er Fridolin hole. Der war aber nicht da. Er war wie verschwunden. Nach einer halben Stunde kam er wieder, und nun stellte sich's heraus, daß er nach alter Gewohnheit in sein Kosthaus gegangen war und ganz vergessen hatte, daß nun daheim für ihn der Tisch gedeckt war. Aber Fridolin lachte mit dem ganzen Gesicht, als er andern Tags mit all seinen Geschwistern um den Tisch saß, und er legte den kleinen Brüdern einen Kloß nach dem andern auf den Teller, schaute ihnen vergnügt zu und fragte immer wieder: »Schmeckt's euch?« so daß die Mutter ihm wehrte und sagte: »Iß du lieber selbst.« Doch der Fridolin schien vom Zusehen satt zu werden, er aß nie so viel wie andere Leute.

Der Vater sah mit Stolz, wie die vornehmsten Herrn vor dem Haus anfuhren und sich von dem kleinen Schneiderlein das Maß nehmen ließen; wie sie ihm dann wohl ein Weilchen bei der Arbeit zusahen und staunten, wenn seine kleinen Hände mit der Schere so flink durch den Stoff fuhren, als wüßte die Schere von selbst ihren Weg. Mit der Zeit kamen statt der fremden Arbeiter die Brüder zur Hilfe, die auch nicht ungeschickt waren, und so gedieh das Geschäft immer besser. Die ganze Familie lebte in Glück und Frieden, die Kinder alle konnten etwas Tüchtiges lernen und fürs Alter wurde jedes Jahr etwas zurückgelegt.

Unser Schneiderlein war aber noch nicht vierzig Jahre alt, als es eines Tages von der Arbeit weg zur Mutter kam, die nebenan im Zimmer saß. Sie sah erstaunt auf, was wollte er wohl mitten am Nachmittag? »Mutter, mir ist so weh,« sagte Fridolin, setzte sich auf den Schemel neben sie und legte seinen Kopf in ihren Schoß wie ein Kind. Die Mutter erschrak. »Du bist krank, Fridolin,« sagte sie, »komm, wir schicken den Bruder zum Arzt.« Aber er hielt die Mutter zurück. »Laß nur, Mutter,« bat er, »einen Riß kann man schon flicken, aber wenn das ganze Tuch mürb ist, dann kann man nimmer helfen.« »O Herzenskind, was ist dir denn?« rief die Mutter, »komm, lege du dich ins Bett!« »Ich lieg schon drin, ich lieg so gut,« antwortete Fridolin mit matter Stimme und dann legte er seine feinen, weißen Hände zusammen und sagte ganz leise:

»Lieber Gott, mach mich fromm,
Daß ich zu dir in den Himmel komm!«

Dann fielen ihm die Augen zu – für immer. Die alten Eltern haben ihn nie verschmerzen können und die Geschwister alle haben ihm ein treues Andenken bewahrt und werden noch ihren Kindern und Enkeln erzählen von dem kleinen Schneiderlein, dem Wunderkind!

Mutter und Tochter.

Zwischen den stattlichen Bäumen des Schloßgartens wanderte Arm in Arm im Gespräch ein Paar, das die Vorübergehenden wohl für ein Ehepaar hielten, denn der Mann mochte ein Vierziger sein und sie in den Dreißigern stehen. Aber doch waren sie erst ein Brautpaar. Er, der Direktor Hänlein, ein Witwer, der nach zehnjähriger Ehe seine Frau verloren hatte; und sie die Witwe eines Missionars, der wenige Wochen nach der Verheiratung im fernen Indien gestorben war. Im gleichen Jahr war er Witwer und sie Witwe geworden. Sie kannten sich aus der Jugendzeit und hatten sich aus weiter Ferne Teilnahme ausgesprochen, aber nie hatten sie sich wieder gesehen in den fünf Jahren des Witwenstandes. Der Fabrikdirektor lebte mit seinem einzigen Töchterchen in München, und sie wirkte als Vorsteherin einer Töchterschule in Hannover.

In diesen Tagen nun führte eine Versammlung den Direktor für ein paar Tage nach Hannover. Dort trafen die beiden sich nach langen Jahren wieder, und heute hatten sie den Entschluß gefaßt, den ferneren Lebensweg gemeinsam zu gehen.

Vieles war schon besprochen worden zwischen ihnen und nun sagte die Frau: »Erzähle mir jetzt von deiner Tochter; ich möchte mir ein Bild von ihr machen. Vierzehn Jahre ist sie, nicht wahr, und wie sieht sie aus?«

»Nun, wie eben so Mädchen in diesem Alter auszusehen pflegen,« sagte er.

»Ist sie groß für ihr Alter?«

»Ob sie gerade unter ihren Altersgenossen zu den Großen gehört, weiß ich nicht, ich denke, sie ist mittlerer Größe.«

»Ist sie blond oder dunkel? Sieht sie dir ähnlich oder ihrer Mutter?«

»Besondere Ähnlichkeit mit ihrer Mutter ist mir nie aufgefallen.« Die Braut lächelte. »Du erkennst sie aber doch, wenn sie dir auf der Straße begegnet?« fragte sie.

Er ließ sich die Neckerei gefallen. »Ich habe keinen Blick für diese Dinge. Hätte ich geahnt, daß du ein so scharfes Verhör mit mir anstellst, hätte ich mir Berta noch genauer angesehen. Du wirst sie aber bald selbst sehen.«

»Aber über ihr Wesen möchte ich etwas von dir hören.« Da wußte der Vater besser Bescheid. »Sie ist gut,« sagte er, »du wirst keine schwere Aufgabe mit ihr haben; die Haushälterinnen, die wir in den letzten Jahren hatten, haben sich nie über sie beklagt. Ein wenig zurückhaltend ist sie, etwas scheu und verschlossen gegen Fremde. Von ihrem Konfirmandenunterricht war sie sehr ergriffen, und obwohl wir nie davon sprechen, fühle ich doch, daß das, was sie in diesem Unterricht gelernt hat, lebendig in ihr geworden ist.«

»O, das ist gut,« sagte die künftige Mutter, »dann finde ich schon den Anknüpfungspunkt mit ihr. Wie meinst du, daß sie die Nachricht von unserer baldigen Verheiratung aufnehmen wird?«

»Das weiß ich nicht. Über solche Dinge habe ich nie mit ihr gesprochen. Aber du weißt ja am besten, wie die Mädchen ihres Alters ungefähr sind.«

»Ich meine, sie sind sehr verschieden,« sagte die Frau, »und ich bitte dich, schreibe mir, wie sie deine Mitteilung aufgenommen hat.«

»Ja,« sagte der Direktor.

Aber seine Braut war mit der kurzen Antwort nicht zufrieden. »Ich fürchte, du schreibst mir doch nur: ›Sie hat es aufgenommen, wie es eben so Mädchen mit vierzehn Jahren aufzunehmen pflegen.‹ Ich möchte es aber genau hören, bitte, auch wenn sie sich unglücklich darüber aussprechen sollte; es kann mich nicht kränken, sie kennt mich ja noch nicht.«

Der Direktor versprach es. In glücklicher Stimmung verbrachte er diesen Abend mit seiner Braut, und ehe er sich von ihr trennte, wurde der Hochzeitstag festgesetzt.

Der Direktor hatte in den letzten Jahren kein schönes Familienleben genossen. Verschiedene Haushälterinnen hatten sich in seinem Hause abgelöst; die eine konnte nicht lange bleiben, die andere wollte er nicht behalten. Zuletzt hatte er gar keine mehr genommen, ein bewährtes Dienstmädchen hatte den Haushalt so notdürftig in Ordnung gehalten. Fröhlichen Herzens reiste er nun heim, endlich stand ihm wieder ein glückliches, behagliches Familienleben in Aussicht und seinem Kinde die richtige Leitung. Das Dienstmädchen wollte er vor der Hochzeit wechseln, es war zu sehr Herrin im Haus geworden, die zukünftige Hausfrau sollte nicht unter ihm zu leiden haben.

Allerlei Geschäfte erwarteten bei seiner Heimkehr den Direktor; erst nachmittags fand er eine günstige Viertelstunde, um mit seiner Tochter zu sprechen. Er pflegte sonst um diese Zeit allein bei einer Tasse Kaffee seine Zeitung zu lesen. Heute rief er Berta herbei. »Du kannst auch einmal eine Tasse Kaffee mit mir trinken, Berta,« sagte er, »dabei erzähle ich dir von meiner Reise und wir feiern ganz heimlich ein kleines Fest.«

Das Mädchen sah ihn groß an. »Der Kaffee reicht nur für

dich, Vater, und was sollen wir denn feiern?« Dabei setzte sie sich aber doch neben ihn und sah sehr begierig zu ihm auf.

»Meine Verlobung mit der Witwe Frau Missionar Gruner,« sagte er und fügte hinzu: »Sie läßt dich grüßen als ihre zukünftige Tochter; im nächsten Monat soll unsere Hochzeit sein.«

Berta nahm diese Nachricht sehr ruhig auf. »Das ist recht,« sagte sie, »das ist viel gescheiter als die Haushälterinnen, die immer wieder wechseln, die bleibt dann doch!«

»Ja, das ist zu hoffen,« sagte der Vater.

»Welcher ist sie ähnlich von allen, die wir schon gehabt haben?« fragte Berta.

»Keiner; du mußt sie dir nicht wie eine Haushälterin denken, sondern wie eine Frau, die dir Mutterliebe entgegenbringt, aber auch Liebe von dir verlangt.«

»O weh, Vater,« sagte Berta mit komischem Entsetzen, »Liebe habe ich gar keine. Weißt du noch die erste Haushälterin, die zärtliche Fräulein Schmidt, die immer wollte, ich sollte sie lieb haben wie ein Kind, und die mich immer küßte, weißt du die noch? Die war mir von allen die Schrecklichste!«

»Laß doch einmal die Haushälterinnen beiseite,« sagte der Vater ärgerlich, »vollends Fräulein Schmidt; deine künftige Mutter hat auch nicht die Spur von Ähnlichkeit mit ihr. Wenn du nicht ein ganz liebeleeres Herz hast, so wirst du der Frau mit Liebe entgegenkommen, die uns ersetzen will, was wir an deiner Mama verloren haben.« Berta schwieg. Sie besann sich über sich selbst und kam zu dem traurigen Schluß, daß sie wohl in der Tat ein ganz liebeleeres Herz habe, aber sie sprach es nicht aus. Und nun erzählte der Direktor seinem Kinde von den früheren Schicksalen der künftigen Mutter. Aber als er im besten Erzählen und sie im gespannten Zuhören war, wurden sie unterbrochen; denn Lisette, das Dienstmädchen, kam herein und meldete, daß Luise und Lore, zwei Freundinnen von Berta, gekommen seien, sie zu besuchen. Ärgerlich über die Störung sprach der Direktor: »Warum kommen die beiden schon wieder? Sie waren doch erst vor einigen Tagen da.«

»Mir ist's selbst nicht recht, daß sie fast täglich kommen und immer so lange bleiben; aber ich kann es doch nicht ändern,« erwiderte Berta und ging hinaus zu den beiden Schulfreundinnen, die ihr in diesem Augenblick sehr ungelegen kamen. »Das muß alles anders werden,« sprach der Vater vor sich hin, »es tut not, daß eine Hausfrau für Ordnung in all diesen Dingen sorgt und Bertas Verkehr überwacht.«

Die beiden Mädchen waren inzwischen ins Wohnzimmer geführt worden, wo sie unaufgefordert ihre Hüte ablegten, so daß Berta wohl merken konnte, sie würden so bald nicht wieder gehen. Sie hätte jetzt doch so gerne über das nachgedacht, was der Vater ihr mitgeteilt hatte, und hätte ihn noch vieles fragen mögen. Unmöglich konnte sie wie sonst lustig mit den Freundinnen plaudern.

»Was hast du denn?« fragte Luise endlich. »Du bist ja gar nicht wie sonst!«

»Ich habe es auch schon bemerkt, was hast du denn?« fragte Lorchen; und nun drängten sich die beiden Mädchen an Berta und fragten und plagten sie so lange, bis sie ihnen endlich mitteilte, was der Vater ihr anvertraut hatte. »Nun begreife ich's, daß du so ernsthaft aussiehst,« sagte Luise, »es wird alles ganz anders werden bei euch.«

»Du hast's auch gar so schön gehabt, wie eine kleine Hausfrau;« und Lorchen griff an den silbernen

Schlüsselhaken, den Berta an ihrer Schürze trug. Er war von ihrer Mama und nach deren Tode hatte ihn Berta sich ausgebeten und einige Schlüssel darangehängt. »Die Schlüssel wird sie hergeben müssen, glaubst du nicht?« sagte Lore zu Luise. »Natürlich, die wird ihr die Mutter abverlangen,« sagte Luise.

Berta war herzlich froh, als die beiden sich endlich verabschiedeten und sie allein war. Sie suchte nach dem Vater, er war inzwischen ausgegangen; sie ging zu Lisette in die Küche, fand diese mit verweinten Augen am Herd stehen und hörte, daß ihr gekündigt worden war. Berta war sehr bestürzt; Lisette hatte immer treulich zu ihr gehalten, sie hatten sich lieb gehabt, die beiden. Ja, die Freundinnen hatten recht, alles wurde nun anders. Berta schlich sich traurig ins Zimmer, schloß den Schreibtisch auf, in dem sie ihr Tagebuch verwahrte, und während sie sonst oft über kleine Erlebnisse ihr Herz darin ausgeschüttet hatte, schrieb sie heute nur die wenigen Worte hinein: »Lisette geht. Ich bekomme eine zweite Mutter.«

Die Braut erhielt an diesem Abend einen getreuen Bericht darüber, wie Berta die Mitteilung aufgenommen habe. Sie las ihn aufmerksam und sagte sich dann: »Wenn sich das Kind nur vor meiner Liebe fürchtet, werde ich leicht fertig werden mit ihm.«

In den nächsten Wochen war ein geschäftiges Leben und Treiben im Haus des Direktors. Maurer und Tapezierer, Handwerksleute aller Art trieben ihr Wesen, um die ganze Wohnung schön herzustellen; und als sie alle endlich ihr Werk vollendet hatten, begann Lisette das ihrige und reinigte und putzte, bis alles nur so glänzte vor Sauberkeit.

»Es soll mir niemand nachsagen, daß ich das Haus nicht ordentlich übergeben habe,« sagte sie und tat ihre Pflicht, obwohl sie wußte, daß sie nicht mehr da sein würde, um den Dank der neuen Hausfrau zu ernten. In einem besonderen Stübchen saß eine Kleidermacherin und fertigte für Berta ein weißes Kleid an, duftig und fein wie sie noch nie eines gehabt hatte. Eben hatte sie es zur Probe angezogen, da rief der Vater nach ihr. »Berta,« sagte er, als sie zu ihm kam, »ich finde den Schlüssel zum Schreibtisch nicht!«

»Zu meinem Schreibtisch?« fragte Berta und griff nach ihrem Schlüsselbund.

»Zu deinem? Nun, zu dem schönen Schreibtisch im Besuchszimmer, der gehört doch nicht dir! Gib einmal den Schlüssel!«

Berta reichte ihn dem Vater hin. Er öffnete eine Schublade. »Die Sachen sind wohl von dir, die müssen natürlich alle heraus.«

»Aber Vater, warum denn? Der Schreibtisch gehört doch mir, seit Mama tot ist, und ich habe auch alle die kleinen Fächer und Schubladen voll Andenken und wichtigen Sachen!«

»Die Sachen werden so wichtig nicht sein, du mußt sie jetzt anderswo unterbringen. Es versteht sich doch von selbst; wo hat ein Kind wie du solch einen Schreibtisch! Die Mutter wird ihn brauchen, nimm also diese Dinge heraus und sage Lisette, sie solle die Schubladen ausputzen!«

Der Vater ging, Berta aber stand ratlos da. Wo sollte sie alles hinräumen und warum mußte sie gerade den Schreibtisch hergeben, in dessen Besitz sie so glücklich und stolz gewesen war? Sie wollte es ja tun, nur sollte man nicht von ihr verlangen, daß sie mit Liebe der Frau entgegensehe, die ihr schon jetzt solche Opfer auferlegte. Mit bitterem Unmut nahm sie die Schätze heraus aus den kleinen Fächern und Schubladen, um den Platz frei zu machen für die Mutter;

171

und Lisette, die sie an dieser Arbeit traf, sagte teilnahmsvoll: »Mußt du weichen? Ja, ja, ich muß ja auch den Platz räumen.«

Der Hochzeitstag nahte, Berta sah mit klopfendem Herzen dem Augenblick entgegen, wo sie zum erstenmal die neue Mutter begrüßen sollte. »Wenn nur der Vater nicht dabei wäre,« dachte sie im stillen, »ich kann nicht so liebevoll sein wie er möchte, wenn ich mir auch alle Mühe gebe.« Vor der Abreise mußte sie von Lisette Abschied nehmen für immer. »Wenn du beim fröhlichen Hochzeitsmahle sitzst,« sagte Lisette, »so denke an mich; um zwei Uhr geht der Zug ab, der mich fortbringt von hier,« und Berta versprach unter Tränen, an sie zu denken.

Die Hochzeit sollte bei Verwandten, nicht weit von München gefeiert werden.

Der Direktor und seine Tochter sprachen nicht viel miteinander auf der Reise. Jedes war von seinen eigenen Gedanken hingenommen; aber in dem Augenblick, als sie in den Bahnhof einfuhren, sagte der Vater leise zu seiner Tochter: »Denke daran, daß dir Mutterliebe entgegengebracht wird, und erwidere sie um meinetwillen.« Sie nickte. Ja, gewiß wollte sie dem Vater heute zuliebe tun, was sie konnte, aber es kam ihr vor, als sei alles leer und kalt in ihrer Brust, keine Spur von Liebe konnte sie empfinden.

Verschiedene Hochzeitsgäste waren an der Bahn; sie gingen alle zusammen nach dem Haus, in dem die Braut wohnte, die künftige Mutter. Wie im Traum wandelte Berta durch die fremden Straßen, und nun ging es in ein Haus hinein, und der Vater faßte sie an der Hand und sie hörte seine Stimme: »Hier, Berta, ist deine Mutter.« Berta sah auf. Eine große, stattliche Erscheinung stand vor ihr, streckte ihr die Hand entgegen und begrüßte sie ruhig und mit wenigen, kühlen Worten. Kein Kuß, keine Umarmung, gar nichts, was an eine Mutter erinnerte. Berta war erstaunt. Sie hatte sich das so ganz anders gedacht. Eigentlich war es ihr aber eine Erleichterung. Sie selbst hatte ja auch keine zärtliche Empfindung, so konnte ihre eigene Zurückhaltung nicht so auffallen. Die neue Mutter stellte sie nun einigen Mädchen vor, die auch als Gäste geladen waren, und überließ sie diesen.

Erst in der Kirche sah Berta die Mutter wieder und sie mußte immer und immer wieder zu ihr hinüberblicken. Sie sah so ernst aus, nicht fröhlich und heiter, wie sich Berta eine Braut vorgestellt hatte. Einmal begegneten sich ihre Blicke. Schüchtern schlug Berta die Augen nieder vor dem ernsten, forschenden Blick, den sie noch lange auf sich gerichtet fühlte.

Nach der Trauung versammelte sich die ganze Gesellschaft beim Mahle, und unter der jungen Welt, die Berta umgab, ging es bald sehr heiter und lustig zu, so daß auch sie sich vergaß und mit den andern fröhlich war. Schöne Trinksprüche wurden gehalten, von Braut und Bräutigam wurde viel Gutes gerühmt; und alle schienen es ganz gewiß zu wissen, daß auch Mutter und Tochter sich schon von Herzen lieb gewonnen hätten. Berta hörte auch etwas von ihren schönen, kastanienbraunen Haaren erwähnen und sah, wie alle Blicke auf sie gerichtet waren, aber genau verstand sie die Worte nicht, denn eben in diesem Augenblick wurden ihre Gedanken abgelenkt. Dort, an der Saaltüre war eine große Uhr angebracht und die Zeiger dieser Uhr sagten ihr, daß es jetzt zwei Uhr sei und daß in dieser Stunde ihre Lisette abreise. Bertas Fröhlichkeit war mit einem Male dahin: der ganze Abschiedsschmerz erfüllte wieder ihre Seele und sie kam sich wie treulos vor, daß sie ihn ein paar Stunden hatte vergessen können. Da wurde sie von ihrem jungen Tischnachbarn angesprochen: »Fräulein, der Trinkspruch gilt ja Ihnen, auf Sie wird angestoßen!«

Da raffte sich Berta zusammen, ergriff ihr Glas, stieß mit allen an, die freundlich zu ihr herkamen, und suchte ein fröhliches Gesicht zu machen. Es gelang ihr wohl, die Fremden zu täuschen, auch der Vater schien nichts zu bemerken, als er mit ihr anstieß. Aber die Mutter, hatte sie wohl auch keine Ahnung von Bertas trauriger Stimmung? Ihr Blick ruhte beobachtend auf dem Mädchen, das sich ihr schüchtern näherte, und als sie nun zusammentrafen, beugte sie sich zu Berta herab und sagte leise, so daß es keines der Umstehenden hören konnte: »Nur getrost, der Tag wird bald überstanden sein!« Verwirrt schlug Berta die Augen nieder, sie fühlte, daß die Mutter sie durchschaut hatte.

Der Abend war gekommen; ein Dienstmädchen hatte Berta in das Gaststübchen geleitet, das für sie gerichtet war, und nun hatte sie sich zu Bett gelegt. Da ging die Türe auf und die Mutter trat ein. Bertas erster Gedanke war, sich schlafend zu stellen, denn sie scheute sich, mit der Mutter allein zu sein; sie hatte sich schon oft vergeblich besonnen, was sie antworten solle, wenn die Mutter sie fragte: »Hast du dich gefreut auf mich? Hast du mich lieb?« Und nun, wenn sie so allein beisammen waren, kamen sicherlich solche Fragen. Aber Berta war nicht gewöhnt, sich zu verstellen; und als die Mutter fragte: »Du wachst doch noch?« antwortete Berta »ja« und setzte sich in ihrem Bett auf.

»Ich komme nur wegen deines Haares,« sagte nun die Mutter, »es ist ja ganz offen und wäre morgen so verwirrt, daß dich das Mädchen wohl erbärmlich rupfen würde, wenn sie es dir machen sollte, ich will dir's noch flechten; rücke nur ein wenig näher her zu mir, so, jetzt wird es ganz gut gehen.« Sie nahm die Haarbürste und strich langsam und geduldig durch das lange, verwirrte Haar.

»Was hat der Onkel heute in seinem Trinkspruch über dein

Haar gesagt? War es nicht, man müßte dich schon lieb haben wegen deines schönen, kastanienbraunen Haares?«

»Ja, so ungefähr war es,« bestätigte Berta.

»Nun, das ist doch ein wenig zu viel verlangt; da müßte ich viele Mädchen gern haben, wenn ich alle die lieb hätte, die kastanienbraunes Haar haben!« Berta lachte. »Auch sonst,« fuhr die Mutter fort, »ist gar zu viel vom Liebhaben gesprochen worden. Wie sollen wir uns denn lieb haben, du und ich, wir kennen uns ja noch gar nicht. Aber es kann ja vielleicht einmal so kommen. Wenn wir beide Gottes Willen tun, wenn wir beide Gottes Wege gehen, dann können wir uns wohl begegnen. Zunächst aber ist es ja noch gar nicht möglich.«

Berta wurde es leichter ums Herz bei diesen Worten der Mutter; es kam ihr nun nicht mehr wie ein Unrecht vor, daß sie die Mutter nicht lieb hatte, diese erwartete es ja gar nicht und hatte auch sie nicht lieb. Eine Weile war es ganz still im Zimmer. »Wie ruhig ist es hier in dem Stübchen, es tut mir ganz wohl nach dem unruhigen Tag unter den vielen Leuten,« fing die Mutter wieder an. »Mir ist's heute schwerer ums Herz gewesen, als die lustigen Hochzeitsgäste geahnt haben. Und dir war es auch nicht leicht, ich habe es wohl bemerkt, als der Onkel den Trinkspruch auf dich ausbrachte. Nicht wahr, da hattest du traurige Gedanken?«

»Ja,« sagte Berta, »da mußte ich an unsere Lisette denken, an unser Mädchen. Sie hat zu mir gesagt: denke an mich um zwei Uhr, da reise ich ab. Es war aber gerade zwei Uhr auf der Uhr im Saal.«

»Und da hast du an unsere Lisette gedacht, mitten in der Festfreude? Sieh, das gefällt mir jetzt von dir. Hast du sie lieb gehabt, war sie ein gutes Mädchen?«

»O ja,« rief Berta und fing an, ihre Lisette zu rühmen.

175

»Und was waren denn ihre schlechten Eigenschaften?«
fragte jetzt die Mutter.

»Sie hat gar keine gehabt!«

»So, und ein solch tadelloses Mädchen hat dein Vater gehen
lassen? Warum ist sie denn nicht geblieben?«

»Weil – weil eben –«

»Weil sie eben gegangen ist, nicht wahr,« sagte die Mutter,
die den Grund wohl erraten mochte. »Aber höre, wie
machen wir denn das, können wir sie nicht wieder
bekommen?«

»Sie ist bloß zu ihren Eltern gegangen, aber Papa will eine
andere.«

»Ja, ja und diese ist auch schon gedungen. Für das nächste
Vierteljahr können wir also nichts machen; aber dann – wie
meinst du, wenn....«

In diesem Augenblick klopfte jemand an die Türe. Die junge
Frau wurde gerufen, sie möchte doch kommen, man warte
schon lange auf sie.

»Schon gut, ich komme gleich, ich habe nur vorher noch
häusliche Angelegenheiten mit meiner Tochter zu
besprechen.«

Das Haar war längst geflochten, die Mutter saß auf dem
Rand des Bettes. »Wie meinst du, wenn wir beide an
Weihnachten auf unseren Wunschzettel setzen, daß wir
Lisette wieder möchten? Da wird sie uns dein Vater
bescheren, meinst du nicht? Das wollen wir uns
vornehmen.«

»O ja,« sagte Berta, ganz beglückt über diese Aussicht, »das
ist ein schöner Plan!«

»Nun will ich aber hinübergehen,« sagte die Mutter und stand auf; »morgen werden wir uns nicht mehr lang sehen, dein Vater und ich reisen ja frühzeitig ab. Vierzehn Tage soll die Hochzeitsreise dauern und am Tag nach uns sollst auch du heim kommen. Du hast es gut, du kommst heim, ich aber komme in ein ganz fremdes Haus und soll mich dort daheim fühlen. Ich habe Angst davor und so oft heute die Rede von der glücklichen Braut war, dachte ich, wenn Ihr nur wüßtet, wie es ihr zumute ist! Wenn ich als Erzieherin in eine neue Stelle kam, war mir auch oft ein wenig bange, aber ich sagte mir, wenn dir's nicht gefällt, gehst du wieder. Jetzt aber muß ich bleiben. Wenn ich mit deinem Vater heim komme, ist kein Mensch in der Wohnung, der uns empfängt, als das neue Dienstmädchen; in allen Zimmern die dumpfe Luft, die verschlossenen Fensterladen; alles kalt und fremd. Hätte ich nicht deinen Vater so lieb, hätte ich mich nie dazu entschlossen. Jetzt gute Nacht, Kind; ich gebe dir keinen Gutenachtkuß, ich kann das Küssen nicht leiden bei Menschen, die sich nicht lieb haben.«

»Gute Nacht, Mutter, ich danke dir für das Flechten,« sagte Berta und reichte der Mutter die Hand.

Nun war Berta allein.

Wie ganz anders hatte die Mutter mit ihr geredet, als sie es erwartet hatte! Alles sagte sie sich in Gedanken noch einmal vor. Daß es auch der Mutter bange vor der Zukunft sein könnte, daran hatte Berta vorher nie gedacht, deshalb hatte die Mutter wohl auch bei der Trauung so ernst ausgesehen. Zum erstenmal besann sie sich nicht mehr darüber, ob ihr wohl die Mutter gefiele, sondern ob es der Mutter in der neuen Heimat gefallen würde, und nun war es ihr recht, daß zu Hause alles so schön gerichtet und geputzt worden war. Aber bei der Ankunft die dumpfe Luft in den Zimmern und all das, was die Mutter fürchtete; wenn sie nur das ändern könnte! Wenn sie ihr nur einen recht freundlichen Empfang bereiten könnte! Warum lag ihr denn so viel daran, daß es der Mutter gefiele? Berta mußte sich selber darüber wundern; noch vor einer Stunde hatte sie gar nichts für sie empfunden, jetzt aber fühlte sie es deutlich: sie hatte die Mutter lieb gewonnen; und als sie so bei ihr am Bett gesessen war, wie es niemand mehr seit ihrer Mama Tod getan hatte, keine von all den Haushälterinnen, war eine heiße Sehnsucht in ihr erwacht, wieder an einem treuen Mutterherzen zu ruhen, wie in ihren früheren, seligen Kinderjahren. Aber sie hatte nicht gewagt, die Hand zu erfassen und die Mutter zu umschlingen, zweimal hatte sie ja deutlich gesagt, daß sie sich nicht lieb hätten. Aber eines hatte die Mutter gesagt: sie wollten beide auf Gottes Wegen gehen, dann würden sie sich vielleicht begegnen. Das war der Weg, den sie sich seit ihrer Konfirmation vorgezeichnet hatte; ja, den war wohl die Mutter schon lange gewandelt, sie hatte so etwas Sicheres, Vertrauen erweckendes, mit ihr wollte sie gehen!

*　　　*

*

Nicht ohne große Mühe hatte Berta von den Verwandten, bei denen sie die nächsten vierzehn Tage zubrachte, die Erlaubnis erbeten, daß sie einen Tag früher heimreisen und auch dem neuen Dienstmädchen schreiben dürfe, daß es gleichzeitig mit ihr eintreffe. Viel Überredungskunst hatte sie anwenden müssen, bis man ihr die Schlüssel der Wohnung anvertraut hatte. Endlich hatte sie ihr Ziel erreicht und stand nun mit dem neuen Dienstmädchen in der Wohnung. Die Läden waren alle geschlossen, und sofort wurde es Berta klar, was die Mutter mit der dumpfen Luft gemeint hatte. »Christine,« sagte sie zu dem Mädchen, »wir wollen alle Fenster weit aufmachen und die Türen offen stehen lassen, daß die dumpfe Luft hinausgeht.«

Christine war gern bereit. Sie zeigte sich willig und eifrig, alles zu tun, was Berta zum Empfang der Herrschaft vorschlug. Am Abend erst wurde diese erwartet. Mittags machte sich Berta mit Christine auf den Weg, um Blumen zu holen, und sie brachten so große Büsche mit heim, daß sie alle Gläser füllen konnten, die im Hause waren. Bekannte des Vaters schickten eine Torte und nun wurde der Teetisch gedeckt und die Torte, mit Blumen umgeben, aufgestellt. Es sah nun sehr festlich aus, und von der dumpfen Luft war nichts mehr zu bemerken.

Am Abend zündeten sie alles an, was sie an Lampen und Lichtern in dem Haushalt vorfanden. Als zur bestimmten Stunde Bertas Eltern ankamen, bemerkten sie schon auf der Straße, daß alle Fenster ihres Stockwerks hell erleuchtet waren. »Ich weiß nicht, wie ich mir das erklären soll,« sprach der Direktor zu seiner jungen Frau. »Sicherlich haben uns die Bekannten eine Überraschung bereitet und sich in unserer Wohnung versammelt; offen gestanden ist mir solch ein feierlicher Empfang nicht angenehm.«

»Ich bin auch von der Reise etwas müde, und wäre lieber ohne Fremde daheim gewesen an diesem ersten Abend,« sagte seine Frau, »aber wir müssen gute Miene zum bösen Spiel machen!«

Als sie die Treppe heraufkamen, sahen sie Berta unter der Glastüre stehen. »Du bist auch hier?« riefen sie wie aus einem Munde.

»Ja, ich wollte euch gerne empfangen.«

»Und wer ist außer dir noch da?«

»Niemand als das neue Mädchen.«

»So, das ist ja herrlich, ah! und wie gemütlich sieht es hier aus!« rief die Mutter, als sie ins Zimmer trat. »Wer hat denn alles so schön mit Blumen geschmückt?«

»Ich habe es mit Christine getan.«

»Das ist schön von dir,« sprach der Vater sichtlich erfreut.

»Ja,« sagte die Mutter, »sie ist schon eine brauchbare Haustochter und sie hat ihren Vater lieb.« Berta hatte freilich bei all dem mehr an die Mutter gedacht, als an den Vater; aber sie hatte nicht den Mut, davon etwas zu sagen; sie begnügte sich damit, zu sehen, daß es der Mutter gut gefiel in ihrem neuen Heim, in dem sie bald darauf um den Teetisch saßen.

Als sich Berta an diesem Abend in ihr Zimmerchen zurückzog, war sie sehr gespannt, ob wohl die Mutter heute abend wieder zu ihr ans Bett kommen würde. Aber sie kam nicht, so sehr Berta auch im stillen darauf hoffte, so lange sie sich auch abmühte, sich den Schlaf ferne zu halten.

Am nächsten Morgen war es Berta ganz merkwürdig zumute, als sie die Mutter als Hausfrau schalten und walten und mit ihrer Hilfe den Kaffeetisch ordnen sah. Wie gemütlich war dann auch das Frühstück! Sonst war es bei den Mahlzeiten immer sehr still zugegangen, jetzt aber war der Herr des Hauses heiter und fröhlich dabei, und die Mutter voll Freundlichkeit. Sie wußte auch so vielerlei zu erzählen, es war ein ganz anderes Leben als sonst!

Berta konnte es niemandem aussprechen, wie gut ihr die Mutter gefiel, aber ihrem Tagebuch wollte sie es anvertrauen. Als Vater und Mutter mit dem Auspacken ihres Reisegepäcks beschäftigt waren, nahm sie das Buch zur Hand und schrieb: »Die Mutter ist jetzt hier, man kann sie mit gar keiner Haushälterin vergleichen; ich habe sie sehr lieb, wenn sie mich nur auch lieb hätte, aber ich glaube es gar nicht bis jetzt.«

»Was schreibst du denn?« fragte in diesem Augenblick die Mutter und trat dicht heran. Hastig klappte Berta das Buch zu und errötete über und über.

»Aber Berta, wie unpassend!« rief der Vater, der dies bemerkt hatte.

»Darf ich's denn nicht sehen?« fragte die Mutter. »Es ist mein Tagebuch,« antwortete Berta.

»Laß doch die Mutter sehen, was du geschrieben hast!« sagte der Vater.

»Nein, ich will nicht verlangen, daß sie mich ihr Tagebuch lesen läßt, wenn sie es nicht gerne tut,« sprach die Mutter und fügte freundlich hinzu: »Aber es ist gewiß nichts Schlimmes darin, was du mich nicht lesen lassen möchtest?«

Fragend und fast bittend sah die Mutter auf das Mädchen, das in größter Verlegenheit die Augen zu Boden schlug und sich nicht entschließen konnte, das Buch zu öffnen.

»Das sind Dummheiten,« sagte der Vater ärgerlich, »ich kann solche Tagebücher nicht leiden, was wird da für übertriebenes Zeug hineingeschrieben! Nimm es weg, Berta!«

Sie gehorchte, aber sie konnte lange nicht mehr vergnügt werden. Sie sagte sich, daß die Mutter notwendig meinen müsse, in dem Tagebuch stehe eine unfreundliche Bemerkung über sie; aber so leid ihr das tat, konnte sie doch die Schüchternheit nicht überwinden, die sie abhielt, der Mutter das Tagebuch zu zeigen.

Am Nachmittag sollte Berta zum erstenmal wieder in ihre Schule gehen. Sie packte ihre Bücher zusammen, zog ihre Jacke an, nahm den Hut und verabschiedete sich. »Was hast du denn da für ein Jäckchen an?« fragte die Mutter. »Die Ärmel gehen dir ja kaum mehr über die Ellenbogen herunter und so eng ist es, daß es jeden Augenblick zu platzen droht!«

»Freilich,« sagte Berta, »meine Freundinnen haben mir es auch alle schon gesagt; aber an Weihnachten und an meinem Geburtstag haben wir immer nicht an die Frühjahrsjacke gedacht, und zwischen der Zeit bekomme ich keine Kleider.«

»Darüber will ich doch selbst den Vater fragen,« sagte die Frau Direktor und suchte ihren Mann auf.

»Wie ist es denn mit Bertas Kleidern?« fragte sie, »sie sagt, du werdest ihr durchaus keine Jacke kaufen. Ich hätte gar nicht gedacht, daß du dich so eingehend um ihre Kleider kümmerst.«

»Das werde ich dir auch ganz überlassen; aber bisher mußte ich schon Einhalt tun, Lisette hätte nie genug bekommen für Berta. Weil ich nun von Mädchenkleidern nichts verstehe, habe ich es ein für alle Male so gehalten, daß ich an Weihnachten und an ihrem Geburtstag all ihre Wünsche erfüllt habe und damit Punktum fürs ganze Jahr.«

»Dann mag es freilich im Frühjahr und Sommer manchmal knapp ausgesehen haben. Ich meine, wir müssen ihr dringend eine Jacke kaufen.«

»Die Zeiten sind gottlob vorbei, in denen ich mich darum kümmern mußte,« sagte der Direktor. »Du weißt, was nötig ist. Sieh zu, daß Berta so einfach wird wie du und wie auch ihre Mutter war.«

Berta wunderte sich sehr, als die Mutter schon nach ein paar Minuten wieder ins Zimmer kam und sagte: »Ich will dich nach der Schule abholen, und dann kaufen wir zusammen eine Jacke.« Nie war so etwas bei ihrem Vater vorgekommen.

Als Berta um vier Uhr aus ihrem Klassenzimmer kam, stand die Mutter in eifrigem Gespräch bei der Vorsteherin, die nun, als Berta herzutrat, freundlich zu ihr sagte: »Ich glaube, du wirst nun bald wieder einen bessern Platz erobern, als du im letzten Jahre inne hattest; solch gute Nachhilfe, wie du sie jetzt bekommen wirst, macht sich immer fühlbar!«

Sehr höflich geleitete die Vorsteherin die Frau Direktor bis unter die Haustüre, und allmählich zerstreuten sich auch die Mitschülerinnen, die neugierig auf die neue Mutter gesehen hatten. »Berta,« sprach jetzt die Mutter, »die Vorsteherin hat mir gesagt, du seist in den letzten zwei Jahren ziemlich zurückgekommen. Sie meinte, du seist leichtsinnig geworden. Ich habe dich aber verteidigt und gesagt, du seist nicht leichtsinnig, aber es habe dir an der Nachhilfe und Aufsicht der Mutter gefehlt, die andern Kindern zuteil wird. Sie freute sich, als sie hörte, daß ich viel im Ausland war und Kinder gelehrt habe, und meinte, im Französischen fehle es dir am meisten. Französisch und Englisch ist mir so geläufig wie Deutsch, und wenn du willst, kann ich dir versprechen, daß du in einem Jahr auch Französisch sprechen kannst. Ich habe sehr nette französische Jugendschriften und Spiele; wenn wir diese eifrig benützen und jede Woche zwei Tage ausmachen, an welchen wir nur Französisch reden, so ist dir's in einem Jahr geläufig. Aber nur wenn du selbst willst!«

»Freilich, freilich will ich,« rief Berta voll Eifer.

»Aber du solltest noch eine Freundin dabei haben, es ist viel netter bei den Spielen; weißt du nicht ein liebes, fleißiges Mädchen? Es darf aber weder Luise noch Lore sein!«

»Kennst du denn diese schon?« fragte Berta ganz erstaunt.

»O ja, die kenne ich ganz genau, obwohl mir nur der Vater

und die Vorsteherin ein paar Worte über sie gesagt haben. Das sind zudringliche Mädchen, die viel öfter kommen als man sie will und mit denen du gemeinsam gearbeitet hast; oder offen gestanden, die dich abschreiben ließen. Die hast du gewiß nicht wirklich lieb.«

»Nicht so lieb wie Helene Flink, die kam oft mit ihrer Mama, als meine Mama noch lebte, und Papa hat sie auch gern.«

»Gut, deren Mutter werde ich besuchen und dann machen wir ein französisches Kränzchen aus, willst du?« Wie gerne wollte Berta! Solche Geselligkeit war ihr etwas ganz neues.

Inzwischen waren sie an dem Laden angekommen, in dem die Jacke gekauft werden sollte. Da gab es eine große Auswahl, von den einfachsten bis zu den feinsten.

»Diese würde dir passen, gefällt sie dir?« fragte die Mutter.

»Ja, sehr gut.«

»Aber hier haben wir etwas ganz Elegantes, das würde dem Fräulein noch viel besser stehen,« sagte der Ladendiener und zeigte ein reich verziertes Jäckchen.

»Ja, das ist die schönste von allen,« sagte ruhig die Mutter und leise fügte sie hinzu: »Hat deine Mama immer das Schönste gewählt oder war sie für das Einfache?«

»Für das Einfache,« sagte Berta und legte die schöne Jacke beiseite. »Aber das wäre doch etwas viel Vornehmeres,« drängte der Verkäufer. »Ich will sie nicht, ich will die andere,« entschied Berta bestimmt, und mehr als die schönste Jacke freute es sie, daß die Mutter ihr offenbar befriedigt zunickte.

An diesem Abend hatten die Eltern noch vielerlei zu ordnen und Berta half dabei. »Hier sind die Schlüssel zum Schreibtisch,« sprach nun der Vater, »dieser kleine schließt die kleinen Fächer auf.« Berta erinnerte sich, in welchem Unmut sie damals den Schreibtisch geleert hatte; gut, daß die Mutter dies nicht wußte. Inzwischen hatte der Vater das oberste Fächlein aufgeschlossen und siehe, es war voll von Kleinigkeiten, die Berta gehörten. »Was ist das, Berta,« rief der Vater, und eine böse Falte zog sich auf seiner Stirne zusammen, »sind diese Sachen von dir?«

»Ja,« antwortete Berta, »ich habe ganz vergessen, sie herauszunehmen.«

»Vergessen? das ist nicht wahr!«

»Doch, Vater, ich habe es gewiß nur vergessen!«

»Das kann doch wohl sein,« warf die Mutter begütigend dazwischen.

»Nein, das kann nicht sein, denn ich habe ihr damals bestimmt den Auftrag gegeben, sofort auszuräumen, und was dabei gesprochen wurde, haben wir beide auch nicht vergessen.«

Berta errötete tief. Hastig griff sie nach den Dingen, die in der kleinen Schublade waren, um sie herauszunehmen. Der Vater zog die große Schublade auf – sie war leer; ebenso waren die andern alle ausgeräumt, nur die einzige war vergessen, an die der Vater unglücklicherweise gerade zuerst gekommen war.

»Ach so,« sagte der Direktor, »das ist etwas anderes, da habe ich dir Unrecht getan, ich war der Meinung, du hättest gar nichts ausgeräumt;« und als er sah, wie Berta mit den Tränen kämpfte, fügte er freundlich hinzu: »Es war ja nur ein Mißverständnis.« Aber für Berta war es mehr; die Mutter hatte sicher erraten, daß sie widerwillig den Platz für sie geräumt hatte, und es war Berta, als wären nun all die lieblosen Gedanken aufgedeckt, die sie früher gehegt hatte.

Sie fing so bitterlich zu weinen an, daß die Eltern wohl merkten, es müsse seinen besonderen Grund haben.

»Ich kann mir denken, warum es dir so schwer ums Herz ist,« sagte die Mutter, »es tut dir weh, alle deine Sachen ausräumen zu müssen. Es war wohl dein Lieblingsplätzchen?«

»Ja,« sagte der Vater, »seit ihrer Mutter Tod hat sie sich den Schreibtisch angeeignet und diese Schlüssel zu sich genommen; aber es versteht sich von selbst, daß sie dies alles nun abgibt; nicht wahr, Berta, du möchtest es nicht anders haben?«

»Nein, nein,« rief sie, aber sie war so erregt, daß sie ihr Schluchzen nicht unterdrücken konnte. »Ich sehe, wie schwer es ihr wird,« sprach die Mutter, »und ich will ihr gern den Schreibtisch abtreten. Lege deine Sachen nur wieder herein und nimm den Schlüssel zu dir.« Der Vater wollte Einsprache erheben, aber die Mutter ließ sich nicht überreden. »Ich will nur, was man mir freiwillig und gerne gibt, es ist mir viel lieber so. Hier Berta, nimm deine Schlüssel.« Ungerne folgte Berta, so machte ihr der Besitz des Schreibtisches keine Freude mehr.

Beim Abendessen war keine so heitere Stimmung wie am Morgen beim Frühstück. Der Vater war ärgerlich über den Verdruß, den es wegen des Tagebuchs und wegen des Schreibtisches gegeben hatte; die Mutter sah, daß Berta nicht wieder fröhlich war wie vorher, und konnte es sich nicht erklären. Sie wußte ja nicht, daß Berta mit sich selbst kämpfte, ihre Schüchternheit zu überwinden und der Mutter alles zu gestehen, was ihr auf dem Herzen lag.

»Käme die Mutter nur wieder zu mir ans Bett, dann könnte ich alles sagen,« dachte Berta, »aber sie kommt nicht; sie ist auch am Hochzeitsabend nur gekommen, weil mein Haar offen war.« Unwillkürlich griff Berta nach ihrem Zopf: er war fest geflochten. »Ich mache ihn auf, dann kommt sie vielleicht, um ihn wieder zu flechten,« und sie löste das Zopfband; sie hoffte, daß es im Lauf des Abends von selbst aufgehen würde, wie oft war das schon geschehen, wenn sie es n i c h t gewollt hatte! Der Zopf wollte sich aber heute gar nicht lösen und als es bald Zeit für sie war, zu Bett zu gehen, mußte sie noch einmal heimlich nachhelfen, um ihre Haare zu lockern. »Dein Haar ist ja ganz offen,« sagte nun die Mutter, »wie kommt das nur, der Zopf war doch heute abend noch ganz schön?«

Berta wußte nichts weiter zu sagen: »Ja, es ist wahr, die Haare sind ganz offen.«

»Ich will sie dir drüben noch einmal flechten,« sagte die Mutter.

»Das kann Berta längst selbst,« meinte der Vater.

»Aber nicht so schön, wie die Mutter,« fiel Berta eifrig ein.

»Für die Nacht doch wohl schön genug,« entgegnete der Vater.

»Aber nicht so fest,« behauptete nun Berta. Der Mutter fiel diese Beharrlichkeit auf. Ihr Blick haftete fragend auf Berta. »Ich will ihr gerne das Haar flechten,« versicherte sie und rasch, ehe der Vater noch einmal etwas einwenden konnte, sprach Berta: »Dann sage ich dir gleich gute Nacht, Vater« und sie verließ das Zimmer.

Auf das Tischchen an ihrem Bett legte sie ihr Tagebuch offen hin, daneben die Schlüssel zum Schreibtisch und dann schlüpfte sie so schnell wie möglich ins Bett; sie wollte schon darin sein, ehe die Mutter kam, gerade wie am Hochzeitstag. Mit Herzklopfen wartete sie nun auf die Mutter. »Schon im Bett?« fragte diese ganz erstaunt, als sie nach wenigen Minuten ins Zimmer kam. »Eigentlich hätte ich dein Haar besser machen können, wenn du dich nicht vorher gelegt hättest.«

»Mutter,« sagte jetzt Berta in großer Bewegung, »das Haar kann ich wohl selbst machen; ich möchte dich nur bitten, daß du liest, was ich heute in mein Tagebuch geschrieben habe, sieh, da liegt das Buch.« Und die Mutter las den Satz: »Die Mutter ist jetzt hier, man kann sie mit gar keiner Haushälterin vergleichen; ich habe sie sehr lieb, wenn sie mich nur auch lieb hätte, aber ich glaube es gar nicht bis jetzt.«

»Und das hast du vor mir verbergen wollen, dies Geständnis, das mich so glücklich macht?« rief die Mutter, beugte sich über Berta, zog sie an ihr Herz und küßte sie so innig und warm, wie es Berta nie mehr erlebt hatte seit ihrer Mama Tod.

»Muß ich dir jetzt noch sagen, daß ich dich auch lieb habe, mein Kind, oder fühlst du es?« fragte die Mutter und sah mit einem Blick voll Liebe auf Berta.

»Ich fühle es, Mutter,« sagte Berta, »aber ich habe noch eine

Bitte: nimm jetzt die Schlüssel zu dem Schreibtisch und lege deine Sachen hinein, damit ich ganz gewiß weiß, daß du mir glaubst, wie gerne ich dir alles geben möchte, was ich nur habe!«

»Ja, mein Kind, jetzt nehme ich sie gern, weiß ich doch, daß es einem guten Herzen eine Lust ist, denen, die es liebt, ein Opfer zu bringen.«

»Ich möchte dich auch noch etwas fragen, Mutter,« sagte Berta, und errötend flüsterte sie: »Gingest du jetzt nicht mehr von uns fort, wenn es eine Stelle wäre, die man verlassen kann, wenn man will, wie du am Hochzeitsabend zu mir gesagt hast?«

»O, du törichtes Kind, wie kannst du nur so etwas denken! Habe ich nicht Liebe gefunden und kann es etwas Besseres geben auf Erden?«

Noch manch inniges Wort wurde zwischen Mutter und Kind gewechselt, da ließ sich plötzlich draußen des Vaters Stimme vernehmen: »Ist das Haar noch nicht geflochten?«

»Das Haar, ach ja, das Haar!« riefen die beiden und lachten, denn das Haar war ganz und gar vergessen worden. »Nein, wir kommen gar nicht zurecht mit dem Haar,« rief die Mutter, »komm nur herein und hilf uns!«

»Ich soll helfen?« fragte der Vater, aber beim Eintreten sagte ihm der erste Blick, daß es sich nicht in Wahrheit um den Zopf handle. Er sah, daß auf einmal alles anders geworden war zwischen Mutter und Tochter, die sich bis jetzt, zu seinem Kummer, so kühl und zurückhaltend gegenüber gestanden waren. Die Mutter, die gerade noch so fröhlich gelacht hatte, ergriff des Vaters Hand und sagte in sichtlicher Bewegung:

»Daß Berta und ich uns einmal in Liebe begegnen würden,

habe ich sicher geglaubt; aber daß wir uns so schnell finden könnten, hätte ich noch heute abend nicht zu hoffen gewagt!«

»Gott sei Dank,« sagte der Vater; und die drei, die da beisammen im stillen Schlafkämmerchen waren, sahen viel glücklicher aus, als damals im strahlenden Hochzeitssaal.

Die Mutter aber richtete sich nun auf und sprach: »Mein Kind muß jetzt schlafen,« und schnell ergriff sie die Haarbürste und begann ihr Werk. »Morgen wollen wir es besser flechten, daß es sicher nicht mehr aufgeht.«

»Ist nicht nötig, Mutter,« sagte Berta und lachte die Mutter dabei so schelmisch an, daß dieser auf einmal klar wurde, welche Bewandtnis es mit dem Haar gehabt hatte.

»Von jetzt an sollst du solche kleine List nicht mehr nötig haben, ich komme von selbst an dein Bett.«

»Und du, Mutter, sollst nicht nötig haben, die Lisette auf den Wunschzettel zu setzen; ich will nicht, daß du meinetwegen die Christine fortschickst, die dich so gern hat!«

»So, solche Pläne sind da geschmiedet worden?« sagte der Vater. »Du wolltest wohl Lisette wieder ins Haus bringen? Das wäre euch aber nicht gelungen, sie heiratet!«

»Ist es dir leid?« fragte die Mutter.

»O nein,« antwortete Berta, »jetzt kann ich sie entbehren, jetzt, Mutter, wo du da bist!«

———

Die Feuerschau.

Die schönste Straße im Städtchen ist die Ringstraße, das schönste Haus in der Ringstraße ist das Eckhaus mit der Altane; und das schönste Stockwerk im Eckhaus ist der erste Stock. In diesem ist alles neu hergerichtet, frisch tapeziert und gestrichen, alle Möbel in den Zimmern sind nagelneu, alles Geschirr in der Küche blinkt und glänzt. Auch die junge Frau, die an dem feinen Nähtischchen sitzt und strickt, ist noch ein Neuling. Seit acht Tagen erst ist sie Hausfrau, eine recht jugendliche Hausfrau; und noch ein paar Jahre jünger als sie ist das Evchen, das kleine Dienstmädchen, das in frischer, weißer Schürze am Herd steht, ein Liedchen singt und zusieht, wie das Fleisch kocht, das sie und ihre junge Frau miteinander zugesetzt haben.

Die kleine Magd am Herd wurde mitten in ihrem Gesang unterbrochen. Sie hörte ihren Namen rufen durch das offene Küchenfenster. Vom Hof herauf kam der Ruf. Sie sprang ans Fenster. Unten stand das Dienstmädchen der Hausfrau.

»Was gibt's?« fragte das Evchen hinunter.

»Die Feuerschau ist bei uns, sie kommt gleich zu euch hinauf, du sollst es deiner Frau ansagen.«

Das Evchen ging eiligst zu ihrer jungen Frau, den wichtigen Auftrag auszurichten. »Frau Assessor, die Feuerschau wird gleich zu uns kommen.«

»Die Feuerschau? Was will die wohl?«

Das Evchen wußte es nicht, denn in Weilerdinkelbach, wo

sie her war, gab es keine Feuerschau. Die Frau Assessor hatte auch noch nie damit zu tun gehabt; aber es zeigte sich doch, daß sie drei Jahre älter war als ihr Dienstmädchen, denn sie sagte: »Ich kann mir schon denken, warum die Feuerschau kommt, sie wird den neuen Ofen im Besuchzimmer ansehen wollen, oder vielleicht muß sie alle Öfen nachsehen.«

Es währte auch gar nicht lange, da klingelte es draußen und als das Evchen öffnete, standen zwei Herren vor ihr. Die Feuerschau war es nun freilich nicht, sondern zwei Freunde des Herrn Assessor, die ihn besuchen und seine junge Frau kennen lernen wollten. Das konnte aber das Evchen nicht wissen; sie dachte, sie habe die Feuerschau vor sich. »Der Herr Assessor ist nicht zu Hause,« sagte sie auf die Frage des Herrn, »aber kommen Sie nur in das Besuchzimmer.« Nachdem sie die beiden Herren hineingeführt hatte, eilte sie zu ihrer jungen Frau und meldete: »Die Feuerschau ist schon im Besuchzimmer.«

Als die Frau Assessor eintrat, standen zwei fremde Herren vor ihr, und stellten sich vor: der eine nannte sich Ingenieur Maier, von dem andern, dem Archivar Rau, verstand sie nur etwas wie Wau wau; es war ihr auch nicht so wichtig, wie die Herren von der vermeintlichen Feuerschau hießen. Diese aber freuten sich, das hübsche junge Frauchen ihres Freundes kennen zu lernen, sprachen es auch aus und fragten, ob sie sich schon ein wenig heimisch fühle im Städtchen? Die Frau Assessor antwortete darauf sehr freundlich. Sie fand es nett und auch ganz natürlich, daß sogar die Feuerschau teilnahm an ihrem jungen Eheglück, und es wurden einige verbindliche Worte gewechselt. Freilich, zum Sitzen wurden die Herren nicht aufgefordert, dagegen sagte die Frau Assessor: »Wollen Sie vielleicht unsern neuen Ofen betrachten?« und mit einer Handbewegung machte sie auf den hohen weißen

Kachelofen aufmerksam. Gehorsam wandten sich die Herrn diesem zu. »Es ist ein sehr hübscher Ofen,« sagte der Ingenieur. »In der Tat sehr schön,« wiederholte der Archivar.

»Aber er ist so unbequem einzuheizen,« sagte die Hausfrau. Das bedauerten die zwei Fremden von Herzen. »Vielleicht könnte man es ändern?« fragte die junge Frau. »Das ließe sich schwer machen,« antwortete der Ingenieur. Da die Hausfrau keine Miene machte, sich von dem Ofen zu entfernen, konnten die Herren auch nicht davon wegkommen. Sie wollten doch artig sein, so mußten sie den Ofen eben noch weiter bewundern. »Die Kacheln sind sehr schön,« sagte der Ingenieur. Der Archivar setzte seinen Zwicker auf und besichtigte die Kacheln, aber er fand trotz des Zwickers nichts Besonderes an ihnen.

Als die Unterhaltung stockte, entfernte sich die Hausfrau von dem Ofen, machte die Türe zum Eßzimmer auf und sagte: »Wollen Sie nicht den eisernen Ofen ansehen, den habe ich viel lieber,« und ohne die Antwort abzuwarten, ging sie voran. Die beiden Freunde warfen sich heimlich verwunderte Blicke zu, sie mußten aber wohl oder übel zu dem eisernen Ofen folgen. Da standen sie nun wieder alle drei wie gebannt um den Ofen herum. Der Ingenieur war noch gut daran, er verstand wenigstens etwas davon und sprach nun ganz eingehend über die Bauart des Ofens. Der Archivar hingegen konnte nicht recht mittun. Unser Frauchen fing an im stillen über die Feuerschau zu zürnen; sie fand es wunderlich, daß die Herren gar nicht voran machten, der Archivar besonders blieb immer in ehrerbietiger Entfernung vom Ofen stehen, wie wenn er sich davor fürchtete.

Ebenso fingen die Besucher an, im stillen über die junge Frau zu zürnen. Sie war doch noch recht ungeschickt, daß sie ihnen nicht einmal einen Platz anbot! Die Frau Assessor dachte bei sich: »Ich muß ihnen weiter helfen,« und indem sie die Türe zum Nebenzimmer aufmachte, sagte sie: »Wollen Sie nicht auch den kleinen Ofen im Schlafzimmer ansehen? Es ist ein tönerner.« Jetzt wurden ihre Besucher widerspenstig. »Ich danke,« sagte der Ingenieur, »wir wollen doch nicht überall eindringen.«

»Bitte, das stört gar nicht,« sagte die Hausfrau und ging voran.

»Mir geht wirklich das Verständnis für Öfen gänzlich ab,« sagte der Archivar.

»Das ist aber sehr traurig für Sie,« entgegnete die junge Hausfrau, denn sie dachte: »Der Mann hat offenbar seinen Beruf verfehlt.«

Inzwischen hatten die Herren doch nicht anders gekonnt, als der Hausfrau in das Schlafzimmer folgen, und nun standen sie vor einem kleinen, alten, unscheinbaren Tonofen, der ihnen so gar nichts sagte.

»Raucht der Ofen?« fragte nun der Archivar und war nicht wenig stolz, daß ihm noch eine so passende Frage einfiel.

»Nein, er raucht nicht, wir haben ihn auch noch gar nie angezündet.«

»Rauch soll nämlich sehr ungesund sein.«

»Ja, für die Lunge, nicht wahr?«

Diese geistreiche Unterhaltung wurde unterbrochen, es klingelte und Evchen machte die Türe auf. Diesmal kam die wirkliche Feuerschau, ein älterer Mann in Begleitung eines jüngeren.

»Wir sind die Feuerschau,« sagte der ältere und ohne sich

um das verblüfft darein sehende Mädchen zu kümmern, klopfte er an der nächsten Türe an. Das war eben die, die in das Schlafzimmer führte, in dem nun schon drei Leute um den Ofen standen.

»Entschuldigen Sie,« sagte der ältere der beiden Männer, »wir wollen nicht lange stören, wir sind die Feuerschau.«

»Noch eine Feuerschau!« dachte die kleine Hausfrau mit Entsetzen. Ohne Umstände gingen die Männer auf den Ofen zu. »Da ist auch noch so eine verbotene Ofenklappe,« sagte der ältere zu dem jüngeren, »schreiben Sie es auf.« Darauf empfahlen sich die Beiden und gingen weiter.

Sie waren kaum eine Minute geblieben, aber doch lange genug, daß die junge Frau erkannte: das war die richtige Feuerschau. Die andere war offenbar keine. Sie kannte sich gar nicht mehr aus in dieser Welt, und sah ihre beiden Besucher ganz ratlos an, wer waren sie denn? »Sie sind gar nicht die Feuerschau,« sagte sie nun vorwurfsvoll, »Sie haben sich bloß so gestellt.«

Aber auch den Herren war jetzt die Ahnung gekommen, daß hier eine Verwechslung vorlag. »Nein, die Feuerschau sind wir nicht,« sagte der Ingenieur, »aber bitte, gnädige Frau, wir haben uns doch nicht so gestellt.«

»Sie haben doch die ganze Zeit nur die Öfen angesehen!«

»Leider ja,« sagte der Archivar, »wir wollten das eigentlich gar nicht, aber wir konnten nicht anders, wir mußten Ihnen doch folgen.«

»Nun dürfen wir uns vielleicht noch einmal vorstellen als Freunde des Herrn Assessors: Ingenieur Maier.«

»Archivar Rau.«

»Nein,« sagte die Frau Assessor halb lächelnd, halb

beschämt, »was müssen Sie von mir gedacht haben, und was wird mein Mann sagen, wenn er hört, wie ich seine Freunde empfangen habe! Jetzt höre ich ihn kommen, o bitte, wollen wir doch wieder hinüber in das Besuchzimmer.« Sie waren kaum darin, so erschien der Herr des Hauses und freute sich, seine Freunde zu treffen.

Diese waren viel zu artig, um die kleine Frau zu verraten, und nahmen gerne Platz, wie wenn nichts gewesen wäre, sie waren ja lange genug herumgestanden. Nur sahen sie so ungewöhnlich heiter aus, sie hatten Mühe, ihr Lachen zu verbergen. »Eine hübsche Wohnung, nicht wahr?« sagte der Hausherr.

»Ja, und wie es scheint, gute Öfen,« bemerkte der Ingenieur. Da war die Verstellungskunst der jungen Frau schon zu Ende. Sie mußte lachen und die Herren lachten mit. Der Hausherr machte ein sehr erstauntes Gesicht, bis ihm seine Frau alles selbst erzählte. Ein wenig ängstlich sah sie trotz ihrer Heiterkeit auf ihren Mann; wie er ihr Ungeschick wohl aufnehmen, ob er sie tadeln würde vor den Herren. Bewahre, das tat er nicht. Auch er lachte und sagte zu den Freunden: »So habt ihr der kleinen Frau überall hin folgen müssen? Was wollt ihr, mir geht es ja auch nicht besser!«

———

In der Adlerapotheke.

Auf dem stattlichen Bauerngut, das dem reichen Landwirt Hollwanger gehörte, gab es nun schon zum dritten Male in Jahresfrist einen Abschied. Der älteste Sohn war zum Militär einberufen worden; den zweiten hatte der Vater auf die landwirtschaftliche Schule geschickt, und der dritte, Hermann, der jüngste, aber doch schon hoch aufgeschossen, war nun auch im Begriff, das Elternhaus zu verlassen. Er wollte Apotheker werden, und so hatte er heute, am Donnerstag nach Ostern, in der Adlerapotheke in Neustadt als Lehrling einzutreten.

Vor dem Hause stand die Kutsche, in der der Vater den Sohn nach der Stadt fahren wollte. Der Koffer war hinten aufgepackt, Mutter, Schwester, Knecht und Magd standen vor dem Haus in dieser Abschiedsstunde. Die Trennung war keine von den schwersten; denn das Städtchen lag so nahe, daß man die Glocken von dort läuten hörte, wenn der richtige Wind wehte. Hermann hatte dort die Lateinschule besucht und täglich den Weg vom Elternhaus nach Neustadt zu Fuß gemacht. Dieser Weg hatte ihn immer an der Adlerapotheke vorbei, manchmal auch hineingeführt, und schon seit Jahren hatte er den Wunsch ausgesprochen, Apotheker zu werden. Sein Vater hatte nichts dagegen, er war ein reicher Mann und konnte seinem Sohne wohl einmal eine Apotheke kaufen.

So kam es, daß Hermann mit fröhlichen Augen der Mutter Lebewohl sagte und erst ein ernstes Gesicht machte, als er entdeckte, daß seine Schwester, seine treue Jugendgespielin, Helene, mit Tränen in den Augen dastand. Sie war zwei

Jahre jünger als er und hing mit ganzem Herzen an diesem Bruder. »Weine doch nicht, Helene,« sagte er, »ich komme ja alle vierzehn Tage heim und so oft du nach Neustadt kommst, besuchst du mich in der Apotheke.«

Einen Abschiedskuß noch der Mutter, die ihr Töchterchen freundlich tröstend an der Hand nahm, ein Händeschütteln mit dem Knecht, der Magd, und fort ging es mit dem Vater, der flott dem Städtchen zukutschierte. Und Hermann konnte es nicht ändern, so herzlos es ihm vorkam, er freute sich über die Maßen.

Als das kleine Gefährt über den Marktplatz von Neustadt fuhr und vor der Adlerapotheke anhielt, wurde die Ladentüre der Apotheke geöffnet, und der Apotheker ging Vater und Sohn entgegen. Die beiden Männer mochten ungefähr in demselben Alter sein; aber der Landwirt hatte die kräftigere Gestalt, und sein sonngebräuntes Gesicht war ein Bild der Gesundheit, was man von den etwas blassen aber feinen Zügen des Apothekers nicht sagen konnte. Er begrüßte die Ankömmlinge und reichte Hermann die Hand; der schlug unbefangen ein und sah voll Vertrauen zu dem Manne auf, der ihm kein Fremder war, und den er, ohne daß dieser es wußte, schon seit Jahren als seinen künftigen Lehrherrn betrachtet hatte.

Durch den Laden hindurch, in dem jener den Apotheken eigentümliche Geruch herrschte, der für Hermann immer etwas geheimnisvoll Anziehendes hatte, führte Apotheker Mohr seine Gäste an die Treppe nach dem oberen Stock und in seine Wohnung. Hier wurden sie freundlich empfangen von der kleinen rundlichen Apothekerin, die gleich geschäftig den Kaffeetisch deckte und sich entschuldigte, daß der Kaffee noch nicht bereit sei. »Ich wußte nicht genau,« sagte sie, »um wieviel Uhr Sie kommen, und lieber möchte ich meine Gäste einen Augenblick warten lassen, als ihnen einen abgestandenen Kaffee vorsetzen.«

Während sich die Gäste setzten, bat sie um die Erlaubnis, daß sie und ihr Mann zu Hermann »du« sagen dürften, es sei doch traulicher für Leute, die an einem Tisch sitzen. Dies schien Hermann sichtlich zu freuen.

Kaum eine Viertelstunde saß die kleine Gesellschaft gemütlich beim Kaffee beisammen, da ertönte die Ladenglocke der Apotheke, und Mohr mußte hinunter; nach einem weiteren Viertelstündchen gab es eine zweite Störung dadurch, daß Hermann seine Kaffeetasse umstieß. Es war seinem Vater und ihm selbst peinlich, daß er sich bei der ersten Mahlzeit so einführte, doch versicherte Frau Mohr, der Flecken in der Kaffeedecke sei nicht schlimm, aber sie bat doch, sie sogleich wegnehmen zu dürfen. Diese Gelegenheit benützte Hollwanger, um sich zu verabschieden. Bis an die Kutsche begleitet vom Apotheker und von Hermann stieg er ein. Die beiden Männer tauschten noch freundliche Worte, Hermann aber wußte nichts mehr zu sagen; seine Grüße an Mutter und Schwester hatte er schon aufgetragen, fast ungeduldig wartete er, daß sein Vater abfahre, er wollte doch Apotheker werden, endlich sollte es losgehen. Jetzt kam der letzte Gruß, das Pferd folgte dem leisen Anruf seines Herrn, der Wagen rasselte über den Marktplatz.

Der Apotheker wandte sich Hermann zu, der nicht dem Wagen nachsah, sondern aufmerksam nach dem großen schwarzen Adler aufblickte, der dräuend über dem Eingang der Adlerapotheke wachte. Mohr klopfte ihm auf die Schulter und sagte in ernsthaftem Tone: »So, nun gehörst du in die Adlerapotheke.« »Ja,« erwiderte Hermann ebenso, und indem er fröhlich die wenigen Stufen vorauseilte und die Ladentüre aufmachte, fragte er: »und wie geht's jetzt an?«

»Wie's angeht?« wiederholte der Apotheker und sah lächelnd auf seinen eifrigen Gehilfen. »Wie's angeht, wenn man Apotheker werden will, meinst du? Ich denke, man schaut sich zuerst einmal die Apotheke an. Komm mit!« Er schloß die Ladentüre. »Es sollte freilich nicht sein, daß mitten am Tag kein Kunde in Sicht ist,« sagte er, »es war auch früher nicht so, erst seit Herbst, wo sich die neue Apotheke hier aufgetan hat, erst seitdem ist's stiller bei mir. Es ist unrecht, daß man hier eine zweite gegründet hat; ich habe auch vorher gesprochen mit dem jungen Apotheker, aber er hat es nicht einsehen wollen, und nun ist bei ihm kein rechter Geschäftsgang und bei mir ist es auch nicht mehr wie früher.«

Inzwischen hatte der Apotheker den Neuling in das Laboratorium geführt, da standen wunderliche Kolben und Kochgeschirre aus Glas und gläserne Trichter und Röhren. Wißbegierig sah Hermann dies alles an. »Da wird so mancherlei bereitet,« sagte Mohr, »heutzutage gibt es zwar viele Apotheker, die beziehen alles von auswärts, aber ich mache noch vieles selbst.« »Machen wir heute auch etwas?« fragte Hermann. »Diese Woche nicht mehr, aber nächste Woche will ich Höllenstein machen, der wird aus Silber bereitet. Da gibt meine Frau alte Kaffeelöffel dazu.«

»Das wird fein,« sagte Hermann vergnügt. »In meiner Familie,« sagte Mohr, »ist diese Liebhaberei von alters her, die Mohrs sind eine altberühmte Chemiker- und Apotheker-Familie aus Koblenz.«

Nun erklang die Apothekenglocke. »Jetzt kommt doch jemand,« rief Hermann so erfreut, wie wenn der Kunde schon sein Kunde wäre und lief eiligst, die Türe zu öffnen. Ein Dienstmädchen brachte ein Rezept, in einer halben Stunde wollte sie wiederkommen, die Arznei abzuholen und dann sollte sie auch sechs Blutegel mitnehmen.

»Bei der Gelegenheit kannst du gleich den Keller kennen lernen,« sagte der Apotheker, »in dem sind gar mancherlei Vorräte, nicht nur Blutegel.« Sie stiegen miteinander hinunter in die großen Kellerräume. In verschiedenen Abteilungen waren wohlgeordnet Fässer, Flaschen, Kolben aller Art. Der schöne Steinboden war tadellos rein gehalten; in jedem Raum hing ein Lämpchen, von denen der Apotheker eines anzündete. »Hier sind die Blutegel; es muß von Zeit zu Zeit nachgesehen werden, ob alle lebend sind, und sie müssen mit frischem Wasser versorgt werden. Futter brauchen sie nicht; sie bleiben ein und zwei Jahre lang ohne Nahrung, inzwischen kommen wieder frische.« Der Apotheker hatte einen großen, mit Leinwand zugebundenen Glaskolben hervorgezogen, in dem schwammen die schwarzen Würmer. Er nahm einige heraus in ein kleines Glas.

»Das nächste Mal mußt du sie selbst holen, jetzt aber binde fest den Kolben zu und lösche das Lämpchen sorgfältig; ich muß hinauf, ich höre die Ladenglocke.«

In den Abendstunden kamen mehrere Kunden, Arzneien waren einzufüllen, Pulver waren zu richten und in die weißen zugeschnittenen Papierchen einzuwickeln. »Sieh zu und mach's nach,« sagte der Apotheker zu Hermann und deutete auf die Pülverchen, die auf die einzelnen Papierchen verteilt waren. Während Hermann mit ungeschickten Fingern eines der Pülverchen einwickeln wollte, schob er mit dem Ärmel die vier anderen kleinen Portionen zum Tisch hinunter. Ein ärgerlicher Ausruf entfuhr dem Apotheker; der Arbeiter, der dastand und auf die Pulver wartete, sagte lachend: »Der ist scheint's nicht der geschickteste.« »Er ist neu eingetreten,« sagte Mohr entschuldigend und wog neue Pülverchen ab, aber Hermann wurde nicht mehr aufgefordert, sie einzuwickeln.

Nach einer Weile schob der Apotheker ihm ein paar Gläschen hin, die er eben mit Arznei gefüllt hatte. »Binde die Fläschchen zu, so wie dieses,« sagte er, indem er ein farbiges Papierchen über den Stöpsel faltete und mit einem Bindfaden fest knüpfte. Es sah so einfach aus und ging wie von selbst und doch, als Hermann es versuchte, wollte das Papier nicht stramm aufliegen, das Schnürchen nicht halten. Eines der Gläser rutschte aus und zerbrach auf der Marmorplatte des Ladentisches. »So geht das nicht,« sagte Mohr und sah seinen Lehrling groß an, »so ungeschickt hat sich noch keiner angestellt. Passe auf, daß das nicht noch einmal vorkommt!«

Als gegen acht Uhr abends der letzte Kunde befriedigt war und Hermann mit dem Apotheker und seiner Frau beim Abendessen saß, kam es ihm vor, als sei er nicht in der Gunst seines Lehrherrn gestiegen, denn dieser war sehr einsilbig bei der Mahlzeit. Nach dem Essen fragte Herr Mohr seinen Lehrling, ob er Sinn für Botanik habe, die jeder Lehrling studieren müsse, und er führte ihn an einen Bücherschrank, der viele naturwissenschaftliche Werke enthielt. Zu seiner Verwunderung bemerkte der Prinzipal, daß Hermann in Botanik und auch in anderen Zweigen der Naturwissenschaft schon prächtig Bescheid wußte.

»Wie kommst du dazu?« fragte er. »In der Lateinschule hast du das nicht gelernt.«

»Nein, bloß für mich; ich habe mir nie etwas anderes gewünscht und gekauft als naturwissenschaftliche Bücher, schon seit Jahren weiß ich mir nichts Schöneres.« Vor seinen Büchern stehend, sprach der Apotheker über die verschiedenen Werke und stellte, ohne daß es Hermann nur recht bemerkte, eine Prüfung mit ihm an, über deren Ergebnis er staunen mußte. Hermann saß an diesem Abend in ein Lehrbuch vertieft, bis der Apotheker ihn entschieden zum Bettgehen ermahnte und die Frau Apotheker ihn in das Stübchen führte, das zwischen der Kräuterkammer und der Vorratskammer oben im Dachraum ausgebaut war.

Hermann schlief schon längst, als noch zwei Paare beisammen saßen und über ihn sprachen: daheim die Eltern und hier der Apotheker und seine Frau. »Hast du dem Apotheker nicht gesagt, wie viel unser Hermann schon studiert hat auf seinen Beruf?« fragte Frau Hollwanger ihren Mann.

»Nein, ich kann doch nicht mein eigen Kind anpreisen.«

»Anpreisen freilich nicht, aber du hättest doch so zufällig die Rede darauf bringen sollen, daß er schon so gelehrt ist.«

»Der Apotheker wird's bald selbst herausfinden.«

»Hast aber doch wenigstens das gesagt, daß unser Hermann gar keinen größeren Wunsch hat, als einmal ein Apotheker zu werden, und daß ihm die Apothekerbücher lieber waren als alle Spiele und Kameradschaft? So etwas muß man doch seinem Kinde zuliebe sagen!«

»Alles Nötige ist beredet worden, Frau, darüber kannst du ganz ruhig sein, und der Hermann ist ja auch keiner von den ängstlichen, er hat ganz zutraulich getan mit dem Apotheker.«

»So? das sieht ihm gleich. Er wird auch bald der Liebling sein in der Apotheke, wie er es in der Schule auch war. Alle haben ihn gern.«

»Das ist wahr. Wegen Hermann dürfen wir ruhig sein, der geht seinen Weg leichter als seine Brüder, gottlob! Man hat sonst genug Sorgen.«

Während die Eltern so über Hermann sprachen, sagte die Frau Apotheker zu ihrem Mann: »Nun, wie kommt er dir vor? es ist ein lieber Mensch, scheint mir.«

»Ja, und gescheit, aber –« und bedenklich schüttelte Mohr den Kopf.

»Aber ungeschickt, gelt? Gleich hat er die Kaffeetasse umgestoßen.«

»Und kann kein Gläschen zubinden und kein Pulver einwickeln, ich will nur sehen, wie das geht.«

»Anfangs ist's allen schwer.«

»Aber nicht so. Sieh ihm nur zu, wenn er etwas mit der Hand tut, wie er den Daumen so steif hinausstreckt; er weiß gar nicht, wie man die Finger biegt, wie einer, der in seinem Leben nie etwas mit den Händen geschafft hat, nur hinter den Büchern gesessen ist.«

»Und so einer kommt vom Land!«

»Ja, vom Land, aus dem reichen Bauernhof, wo so ein Bürschlein alles nur auf Knecht und Magd abladen darf und angestaunt wird, weil er lateinisch kann.«

»Aber er wird sich doch machen, es wäre mir leid um ihn.«

»Mir auch, aber besser wäre es, sie würden einen Lehrer oder gar einen Professor aus ihm machen; Verstand ist da, Geld ist da – an was sollte es fehlen!«

Frisch und fröhlich saß am nächsten Morgen Hermann am Frühstückstisch. »Wird der Mann wohl heute wieder in die Apotheke kommen, der gestern die Schlafpulver geholt hat?« fragte er den Apotheker.

»Kann wohl sein. Was willst du von ihm?«

»Ich bin nur begierig, ob die Pulver wirklich geholfen haben.«

»Warum sollten sie nicht?«

»Er hat doch erzählt, daß die Kranke fünf Nächte vor Schmerzen nicht geschlafen habe.«

»Ja, und?«

»Und da wäre es doch großartig, wenn sie wirklich heute Nacht gut geschlafen hätte.«

»Sicher hat sie geschlafen, diese Pulver wirken immer.«

»Das ist doch ganz herrlich, wenn man solche Mittel aus seiner Apotheke geben kann!« sagte Hermann.

»Ja, ja,« erwiderte Mohr; aber er war seit etwa fünfundzwanzig Jahren daran gewöhnt und deshalb schon etwas abgestumpft gegen die Herrlichkeit seiner Mittel.

»Und wie müssen erst die glücklich sein, die so ein Mittel entdecken!« fuhr Hermann fort.

Sie wurden unterbrochen durch ein ängstliches, lautes Rufen, das von dem Mädchen draußen zu kommen schien. »Was hat doch die Mine,« rief Frau Mohr lebhaft aufspringend, »es ist gerade, wie wenn sie mich zu Hilfe riefe,« und rasch sprang sie vom Kaffeetisch auf, hinaus zum Mädchen. Einen Augenblick nachher kam sie wieder unter die Türe und rief ihrem Mann zu: »Ach, komm nur schnell, die Mine hat eben den Keller gekehrt, nun hat sie einen Blutegel am Fuß und sie sagt, überall im Keller kriechen die Blutegel umher.«

»Er läßt nicht los,« rief das Mädchen, »was soll ich denn tun? Ich bring ihn nicht weg.«

»Nicht wegreißen!« rief der Apotheker. »Salz oder Asche her.« Im Nu brachte Frau Mohr die Salzbüchse. Eine Hand voll wurde auf den Blutegel gestreut, da fiel er weg und lag harmlos auf dem Boden.

Jetzt aber wandte sich der Apotheker mit ernstlich bösem Gesicht zu Hermann: »Hast du den Kolben mit den Blutegeln gestern abend offen gelassen?«

»Nein, nein, ich weiß gewiß, ich habe ihn zugebunden.«

»Aber wie! Komm mit in den Keller.« Drunten klärte es sich bald auf. Zugebunden war der Kolben, aber so lose, daß die ganze Bewohnerschaft zwischen dem Tuch und dem Glas durchgekrochen war, und da und dort im Keller war das Gewürm zu sehen. Zu Vorwürfen war keine Zeit mehr, denn die Glocke an der Apotheke erklang, aber die Strafe ergab sich von selbst: etwa ein halb hundert Blutegel aufsuchen und einfangen.

Hätte die gute kleine Frau sich nicht des ungeschickten Lehrlings erbarmt, er hätte wohl den ganzen Vormittag in diesem Keller zubringen müssen. Aber sie wußte, wie die Tiere zu fassen waren, und hatte zehn im Glas, bis Hermann einen herein brachte.

Als er endlich wieder in der Apotheke erschien, sah ihn sein Herr sehr ungnädig an. Aber Hermann kam ihm reumütig entgegen, so daß er nicht viel mehr sagte als: »Über der Sache ist das Abstauben versäumt worden, das sollte immer geschehen sein, ehe Kunden kommen. Jeden Morgen muß auf allen Fächern und Ständern abgestaubt werden. Dort ist die Leiter, aber das bitte ich mir aus: nichts herunterwerfen!« Glas an Glas, Büchse an Büchse standen an den langen Wänden. Jedes mußte abgestaubt werden. Mit einer Vorsicht und Gewissenhaftigkeit ging Hermann daran, daß in der Tat nichts fallen konnte; aber freilich, auf diese Art wäre er an einem Tag schwerlich fertig geworden. Lange konnte der Apotheker das nicht mit ansehen.

»Geh einmal herunter, Hermann, und lasse mich hinauf, ich

will dir zeigen, wie man das macht. So mit einem flotten Griff über das Fach, siehst du? Hast du denn nie in deinem Leben etwas abgeputzt?« In diesem Augenblick steckte die Frau Apotheker den Kopf herein. »Lieber Mann, kannst du Hermann einen Augenblick entbehren?« »Ja.« »Dann, Hermann, komme doch einmal mit mir hinauf in dein Zimmerchen.« Oben angekommen sagte Frau Mohr: »Nun sieh einmal, mein Junge,« und sie deutete ins Zimmer. Hermann schaute – aber er sah nichts Besonderes. Nachdem er rund herum geblickt, sah er die Gestrenge fragend an.

»Was meinen Sie?«

»Aber sieh doch nur, es ist ja nicht aufgeräumt, so darf es doch nie aussehen, am wenigsten in einer Apotheke. Bedenke nur, wenn unverhofft die Inspektion käme, die sieht in alle Räume des Hauses und überall muß tadellose Ordnung herrschen. Es ist schon vorgekommen, sagt man, daß ein Inspektor mit der Hand über das Treppengeländer gefahren ist und dann seine Hand besehen hat; und weil Staub daran war, hat man dem Apotheker die Apothekerberechtigung entzogen. Ja, so streng wird das genommen. Nun sieh nur, wie überall deine Kleider zerstreut sind, wie der Staub auf den Möbeln liegt! Den Fußboden reinigt das Mädchen, aber alles andere geht dich an. Neben der Kommode in der Ecke hängt das Körbchen mit dem Staubtuch. Reiche mir das einmal her. Ach, nun hast du das Körbchen mitsamt dem Nagel aus der Wand gerissen; er hält schwer, ich weiß es. Das muß gleich wieder gut gemacht werden. Siehst du, so mußt du jeden Tag abstauben. Du wirst nicht wollen, daß dein Lehrherr deinetwegen bei der Inspektion getadelt wird.«

»Nein, nein,« versicherte Hermann eifrig, »ich habe nur davon gar keine Ahnung gehabt.« »Nun komm mit herunter, ich zeige dir, wo der Hammer ist und die

Nagelkiste, dann klopfst du den Nagel wieder ein für das Staubtuchkörbchen.«

Hermann folgte und kam bald wieder herauf mit dem Werkzeug. Der erste Nagel verbog sich in der Wand, auch der zweite wollte nicht halten. Frau Mohr hatte recht gehabt, daß er schwer in der Wand halte. Dann war es wohl besser, ihn in die Seitenwand der Kommode zu klopfen, im Holz hielt er wohl leichter. Hermann wählte einen kräftigen Kloben, der sich nicht so leicht umbiegen konnte, hämmerte ihn fest in das Holz der Kommode hinein und hing dann ganz befriedigt das Staubtuchkörbchen daran. Das war nun in Ordnung. Hammer und Nägel vergaß er freilich mit herunter zu nehmen, ehe er wieder in die Apotheke zurückging; daheim hatten sechzehn Jahre lang andere für ihn aufgeräumt – in einem Tage lernt sich die Ordnung nicht!

Der nächste Tag war ein Samstag. Früher als sonst war Hermann geweckt worden, denn nie ging es so lebhaft zu in der Adlerapotheke wie am Samstag, dem Markttag. Hermann wußte es, und freute sich darauf. Noch war es dämmerig, als er durch die großen Fensterscheiben der Apotheke auf den Markt sah. Der große Platz war leer und still, nur das Wasser im Marktbrunnen plätscherte und auf dem Kirchturm gegenüber schlug es fünf Uhr. In der Apotheke wurde der Boden aufgewaschen. Im Laboratorium wurde im Vorrat allerlei gekocht und gebraut und in der Stoßkammer nebenan mußte im großen Mörser fein zu Pulver zermalmt werden, was in harten Brocken hineinkam. Und nun mußten gebrauchte Arzneifläschchen in dem Kessel des Laboratoriums gereinigt werden.

»So wird es gemacht,« sagte der Prinzipal und zeigte den Kunstgriff. Hermann machte sich daran, als er aber die gesäuberten Fläschchen in die Apotheke brachte, in der schon die ersten Kunden standen, und der Apotheker einen Blick auf ihn warf, sagte er leise aber sehr kurz und unfreundlich: »Geh' hinaus!« Warum? Draußen stand Hermann und besann sich und konnte das unfreundliche »hinaus« nicht verstehen. Eine Weile verging, da kam Mohr herein, aber nur auf einen Augenblick. »Wie siehst du aus! Du vertreibst mir die Kunden aus der Apotheke. Kleide dich um, schnell!«

Er war allerdings über und über naß und verschmiert, an den Hemdkragen sogar waren braune Spritzer gekommen, natürlich vom Putzen. Er hatte nie gedacht, daß sein eigenes Aussehen nicht ganz gleichgültig sei. Höchst verwunderlich kamen ihm diese Anforderungen an Reinlichkeit und Ordnung vor; aber er eilte in seine Kammer hinauf, richtete sich frisch her, warf all das nasse Zeug auf das Bett, um nur möglichst schnell wieder herunter in die Apotheke zu kommen, denn hier ging es nun lebhaft zu. Bauern und Bäuerinnen, Köchinnen mit dem Marktkorb am Arm drängten sich. Rezepte brachten sie, Dinge verlangten sie, die Hermann nicht einmal dem Namen nach kannte, aber jeder Wunsch konnte befriedigt werden, nirgends versagte die Adlerapotheke. Und der Apotheker hätte in dieser Stunde freilich einen besseren Gehilfen haben sollen, als Hermann war. Nichts, gar nichts konnte er ihm anvertrauen!

Draußen, auf dem Marktplatz, herrschte lautes Leben, Bauernwagen fuhren an mit Körben voll junger Schweinchen, die ein Geschrei verführten, als ginge es ihnen ans Leben. Auch seines Vaters Leiterwagen erkannte Hermann von ferne, Hollwangers Knecht brachte Frucht zu Markte. In langen Reihen saßen und standen die Verkäuferinnen mit Tauben und Hühnern, Butter, Eiern, Gemüse und Obst. Goldgelb schimmerten die Apfelsinen über den ganzen Platz, auf dem die Frauen mit ihren

Markttaschen, die Dienstmädchen mit großen Körben und Netzen sich drängten und schoben.

»Hermann, hier!« rief der Apotheker, »einfüllen die Fläschchen, bis sie voll sind.« Flink war Hermann bei der Hand. Eine Kanne mit kräftig nach Wein duftender Arznei hatte ihm der Apotheker in die Hand gegeben, einen Trichter, dazu zwei leere Fläschchen. Hermann steckte den Trichter in das erste Fläschchen und goß rasch hinein. »Es läuft über, junger Herr, es läuft über,« rief eine Frau, die wartend dastand und ihm zugesehen hatte. Rasch stellte Hermann die Kanne ab, nahm den Trichter weg, ringsum floß der schöne Wein. Die gefällige Frau machte Miene, zu Hilfe zu kommen.

»Bitte, bemühen Sie sich nicht,« sagte der Apotheker, besorgte selbst das Geschäft und Hermann flüsterte er zu: »Nimm deine nasse Manschette ab.« Die weiße Manschette hatte einen dunkelroten Flecken; wieder sprang Hermann in sein Zimmerchen hinauf, warf die Manschette zu den übrigen verunglückten Kleidungsstücken und erschien in der Apotheke wieder mit frischen.

Gegen Mittag leerte sich die Apotheke; draußen auf dem Markt waren nicht mehr die Köchinnen in den weißen Schürzen zu sehen, sie standen wohl alle in ihren Küchen und bereiteten zu, was sie eingekauft hatten. Die Marktweiber saßen ruhig in ihren Ständen und verzehrten das Essen, das ihnen in irdenen Töpfen gebracht worden war; manche Wagen waren schon abgefahren, andere standen vor den Wirtschaften, in denen ihre Besitzer am Mittagstisch saßen.

Um 1 Uhr war die Apotheke leer. Jetzt durfte auch droben im Eßzimmer die Frau Apotheker ihr Essen auftragen, um diese Zeit war es am ruhigsten in der Apotheke.

»Schließe die Türe und wische den Tisch ab, Hermann, und dann komme nach zum Essen,« sagte Mohr und ging voraus. Droben nahm er seine Frau beiseite. »Laß die Suppe noch draußen,« sagte er, »ich muß erst noch etwas mit dir reden. Ich meine, es ist am besten, ich schicke den Jungen gleich heute wieder fort, denn brauchen kann ich ihn doch nicht.«

»War er wieder so ungeschickt?«

»Freilich, die Kunden wollten ihm zu Hilfe kommen, er kann kein Fläschchen füllen, er kann kein Pulver einwickeln, er verschmiert seine Kleider – –«

»Ja, das brauchst du mir gar nicht zu erzählen,« sagte Frau Mohr, »sein nasses Zeug habe ich wohl gesehen, auf den frischen, weißen Bettüberwurf hat er es hingeworfen, obwohl ich ihm gerade die Ordnung ans Herz gelegt hatte. Und was ich dir nicht sagen wollte, um dich beim Essen nicht aufzuregen, jetzt muß ich dir's doch sagen: einen eisernen Kloben hat er in die polierte Kommode geschlagen, du weißt doch, die alte Kommode mit den Messingknöpfen? Einen dicken eisernen Kloben und daran hat er das Staubtuchkörbchen gehängt!«

»Das ist stark!«

»Das ist einfach barbarisch! Die Kommode – –«

»Nun lasse nur die Kommode, wir wollen rasch das Notwendige besprechen. Es ist nämlich drüben auf dem Markt des Hollwangers Knecht mit dem Wagen, der könnte gleich Hermanns Koffer aufladen und Hermann selbst könnte mit heimfahren.«

»Hast du es dem Jungen schon gesagt?«

»Nein,« sagte Mohr, »er tut mir leid und es wird mir schwer, es ihm zu sagen; aber zum Apotheker ist er entschieden unbrauchbar, könnte mir die größten Unannehmlichkeiten machen. Darum ist's am besten, man schickt ihn gleich fort, daß er keine Zeit verliert, andere Schritte zu tun.«

»Aber den Eltern müßtest du schreiben, daß er keinen schlechten Streich gemacht hat.«

»Freilich, ich kann ihm ja das beste Lob geben, ich werde schreiben, daß er gescheit ist; sie sollen ihn einen Professor werden lassen; auch sein eifriges und freundliches Wesen, das alles kann ich ihm bezeugen, nur gerade zu dem Beruf ist er zu ungeschickt.«

In diesem Augenblick kam Hermann eiligst herauf. »Es ist ein Mädchen da, wollte ein Stück Glycerinseife um zehn Pfennige. Ich hätte es ihr gern gegeben, aber weil Sie mir gesagt haben, ich solle gar nichts abgeben, so fragte ich sie, ob sie ein wenig warten könne. Da sagte sie, sie könne die Kleinigkeit auch in der neuen Apotheke mitnehmen; aber das wollte ich doch nicht, sie soll nur der Adlerapotheke treu bleiben. Darf ich ihr von der Glycerinseife geben, die vorn liegt im Glaskasten?«

»Ja, das kannst du hergeben.« Wie der Wind war Hermann verschwunden.

Der Apotheker und seine Frau sahen sich an.

»Er ist so liebenswürdig in seinem Eifer,« sagte die Frau, »er tut mir zu leid.«

»Ja, ein prächtiger Mensch, und wie klug, daß er gleich an die Kundschaft denkt; aber fort muß er doch, er ist keine Hilfe für mich, im Gegenteil!«

»Ich gehe hinaus, wenn du es ihm sagst, ich mag gar nicht dabei sein,« sagte Frau Mohr. Kurz darauf kam Hermann wieder, die Suppe wurde aufgetragen, aber kein harmloses Tischgespräch würzte die Mahlzeit.

Hermann allein war unbefangen. »Das werde ich mir merken,« sagte er, »daß ein Stück Glycerinseife das erste war, das ich verkauft habe.«

Bei sich selbst fügte der Apotheker hinzu »und das letzte«.

»Neulich habe ich gelesen,« plauderte Hermann weiter, »daß man das Glycerin zu Dynamit und zu andern Sprengstoffen verwendet. Da wundert man sich ganz, wenn man's auch zu einem so unschuldigen Stückchen Seife gebraucht. Das Glycerin muß ein feiner Stoff sein, nicht wahr?«

»Ja,« sagte Herr Mohr einsilbig, ihm tat es jetzt nur weh, die Berufsfreudigkeit seines Lehrlings zu sehen, der nach dem Essen aufhören sollte, Lehrling zu sein.

Kaum hatte Hermann den letzten Bissen zu sich genommen, so sprang er auf, wieder in das Geschäft zu gehen.

»Komm ein wenig mit mir herein, Hermann,« sagte Mohr, ging voraus in den kleinen, neben dem Eßzimmer liegenden Empfangsraum und machte die Türe zu. »Ich wollte dir sagen, Hermann, daß ich es doch besser für dich finde, wenn du nicht Apotheker wirst, sondern Naturwissenschaften studierst, auf die Universität gehst und Chemiker und vielleicht Professor wirst, was ja eine viel angesehenere Stellung ist, als die des Apothekers.«

»Nein, nein,« sagte Hermann ganz ahnungslos, was damit gemeint war; »ich will viel lieber Apotheker werden. Ich weiß wohl, daß es höhere Stellungen gibt, aber mir ist eine Apotheke das liebste.«

»Das mag sein,« entgegnete Herr Mohr, »aber jeder Mensch muß sich den Beruf wählen, zu dem er geschickt ist, und an der Geschicklichkeit zum Apotheker fehlt es dir. Hast du das nicht selbst schon gemerkt?«

»Freilich, aber ich bin doch erst ein paar Tage Lehrling und muß es drei Jahre bleiben, in so langer Zeit werde ich das schon lernen.«

»Hermann, es tut mir leid, daß ich es dir sagen muß – ich kann dich nicht als Lehrling behalten, denn ich brauche einen geschickten Jungen, der mir von der ersten Woche an helfen kann. Um's kurz zu machen, kehre du heute abend nach Hause zurück und besprich es mit deinem Vater, daß ich dir dringend zu einem andern Berufe rate. Euer Knecht ist wohl noch nicht heimgefahren, er kann den Koffer mitnehmen. Es ist mir leid, Hermann, ich hätte dich sehr gern behalten, ich habe dich lieb gewonnen.«

Hermann war blaß geworden vor Schrecken bei diesen Worten. Ganz starr sah er auf den Mann, der so zu ihm redete. Als er aber deutlich wahrnahm, daß dem Apotheker die Sache selbst zu Herzen ging, da faßte er Mut und sagte: »Wollen Sie nicht wenigstens einen Monat zusehen? Ich will mir alle Mühe geben.«

»Wenn ich noch einen weiteren Gehilfen hätte, ginge es vielleicht; aber ich bin auf meinen Lehrling angewiesen, und wenn in einer Apotheke so viel ungeschickte Sachen gemacht werden, so spricht sich das herum im Städtchen und die Leute verlieren das Vertrauen. Das schadet der Apotheke.«

»Ja dann,« sagte Hermann, »dann muß ich freilich gehen, schaden möchte ich nicht.«

Als Hermann ganz verstört aus dem Zimmer trat, redete ihn die Frau Apotheker an: »Sei nur getrost, mein Junge, du kannst es noch viel weiter bringen als zum Apotheker. Das ist kein so schöner Beruf wie du meinst. Ich sage dir: der

215

Apotheker steht immer mit einem Fuß im Zuchthaus. Ein Versehen von ihm oder von seinem Gehilfen, es kommt Gift in die Arznei, es kostet ein Menschenleben und der Apotheker muß es im Kerker büßen. Ich habe dich sehr gern, Hermann, ich will es dir gar nicht nachtragen, daß du mir einen Kloben in die polierte Kommode meiner Urgroßmutter geschlagen hast, obwohl es mir leid ist um das schöne Möbel; auch der weiße Bettüberwurf hat einen Flecken, aber er geht wieder heraus, der Kaffeeflecken ist auch wieder herausgegangen aus der Tischdecke und du wirst auch wieder fröhlich werden, nimm es nur nicht so schwer, lieber Junge!«

Hermann ging langsam die Treppe hinauf in sein Zimmer und packte den Koffer. Er war wie im Traum. Mit dem Fuhrwerk seines Vaters wollte er nicht heimfahren, er wollte allein und zu Fuß gehen, den Koffer konnte der Knecht später holen.

Kaum eine Stunde nach dem Gespräch verließ er unter den freundlichsten Wünschen von Herrn und Frau Mohr die Apotheke. Er hob den Kopf nicht nach dem schwarzen Adler der Apotheke, zu dem er vor ein paar Tagen so hoffnungsvoll aufgeblickt hatte; mit gesenktem Haupt ging er über den Markt durch die Straßen der Altstadt hinaus auf die einsame Landstraße, seinem Dorfe zu. Und als er niemand mehr sah und ganz allein in Gottes freier Natur war, da verlor er die Fassung und weinte bittere Tränen der schmerzlichsten Enttäuschung. Zum erstenmal in seinem Leben hatte er eine bittere Erfahrung gemacht. Bisher war er als ein guter Sohn liebevoller Eltern, als ein eifriger Schüler freundlicher Lehrer ohne jegliche Anfechtung seinen Weg gegangen. Heute hatte ihm das Leben den ersten Schmerz gebracht.

Als Hermann am heimatlichen Hof ankam, sah er von ferne

seine Eltern auf den Stall zugehen. Jetzt kam ihm die Erinnerung, daß ein Kälblein an dem Tag zur Welt gekommen war, wo er mit seinem Vater in die Stadt gefahren war. Er konnte es kaum glauben, daß das erst drei Tage her war, und doch mußte es so sein. Er ging nach dem Stall, sie standen beide bei dem Kälbchen, Vater und Mutter; und nun, als helles Licht durch die Stalltüre hereinfiel, sahen sie auf, und wie aus einem Mund riefen sie: »Hermann, du kommst?« und nach einem weiteren Blick auf ihren Sohn fügte die Mutter hinzu: »Gelt, du bist krank?«

»Nein,« sagte Hermann und versuchte zu lächeln, aber es war ein schmerzliches Lächeln, »nein, krank bin ich nicht, aber es ist aus mit der Apotheke, Herr Mohr meint, ich solle lieber etwas anderes werden.«

»Was hat's gegeben, Hermann?« fragte der Vater und sah ihn scharf an.

»Gar nichts Besonderes, nur so allerlei Ungeschicktes ist mir begegnet, und deshalb sagte der Prinzipal, ich passe nicht zum Apotheker, und das ist auch wahr, nichts kann ich, gar nichts; alles, was ich nur anrühre, fällt um, und was ich machen will, taugt nichts, meine dummen, dummen Hände, abhauen hätte ich sie mir mögen!« rief er und mit aller Gewalt schlug er sie an die hölzerne Krippe, daß ihm der Schmerz das Gesicht verzog und das Kälblein erschreckt zusammenfuhr.

»Geh, sei doch vernünftig, Hermann, komm ins Haus und erzähle genau wie alles gewesen ist,« sagte der Vater. »Haben sie dich einfach fortgeschickt, aus dem Haus gejagt?«

»So kann man nicht sagen, freundlich waren sie. Aber was hilft mich das, ich kann eben kein Apotheker werden.«

Droben im Zimmer berichtete er mit aller Offenheit, und kurz darauf brachte der Knecht zugleich mit dem Koffer einen Brief vom Apotheker, der sich in aufrichtigen und freundlichen Worten über Hermann aussprach und den dringenden Rat gab, ihn auf die Universität zu schicken, er habe die nötigen Gaben, um eine Zierde der Wissenschaft zu werden.

Diese »Zierde der Wissenschaft« eröffnete eine schöne Aussicht und versöhnte einigermaßen die gekränkten Eltern. »Es ist ja wahr,« sagte Hollwanger, »diese Laufbahn ist noch viel ehrenvoller, ein Apotheker ist nicht das Höchste, aber nun hat man gemeint, mit dem Hermann sei alles im schönsten Fahrwasser; statt dessen steht er da und ich darf anfangen zu schreiben und zu laufen, daß ich ihn unterbringe, und das gerade im Frühjahr, wo ich jede Stunde draußen sein sollte!«

»Mutter,« sagte abends Hermann, »ist denn das so etwas Arges, wenn man in eine Kommode einen Kloben schlägt? Wäre dir das nicht ganz einerlei?«

»Nein, Hermann, das ist etwas Arges; wie du darauf gekommen bist, kann ich nicht begreifen. Aber wer weiß, wenn du einen schönen Schinken mitgebracht hättest, so wär's vielleicht doch anders gekommen, die Frau Apotheker hätte dann eins ins andere gerechnet und ein gutes Wort für dich bei ihrem Mann eingelegt. Das sage ich dir, Hermann, wenn du auf die Universität kommst, ohne Schinken für den Professor lasse ich dich nicht fort!«

In den nächsten Tagen wurde manchmal über Hermanns Zukunft gesprochen, was er studieren könnte und ob man ihn zunächst auf das Obergymnasium schicken sollte. Hermann sprach nicht mit, und wenn er gefragt wurde, so war ein freudloses: »Wie ihr wollt« seine Antwort. »Der Bub' ist ganz verwettert,« sagte der Vater, »es ist nicht recht gewesen vom Apotheker, er hätte erst ein paar Wochen Geduld haben sollen.«

»Ja, das meine ich wahrhaftig auch,« sagte die Mutter, und sie grollten dem Manne. Am meisten war die Schwester über die Behandlung des Bruders gekränkt, denn für sie war er der Inbegriff des Guten und Gelehrten. Und sie allein ließ sich auch nicht trösten durch die Aussicht, daß es ihr Bruder auf der Universität noch viel weiter bringen könnte. »Er hat sich doch aber eine Apotheke gewünscht und nichts anderes,« war ihre Entgegnung.

So war fast eine Woche vergangen, den nächsten Sonntag wollte Hollwanger benützen, um wegen seines Sohnes einen Brief zu schreiben. Da erschien am Samstag morgen Hermann wieder mit seinem früheren fröhlichen Gesicht; und als der Vater in früher Stunde sich auf den Weg machte, nach den Arbeiten draußen zu sehen, ging er mit ihm. »Hast's jetzt verwunden?« fragte ihn freundlich der Vater, »gelt, wenn auch einmal Sturm und Regen die Frucht niederschlagen, sie steht doch wieder auf. Morgen schreiben wir.«

»Vater, ich möchte dich nur um eins bitten, schicke mich den Sommer noch nicht fort, laß mich noch bis Herbst daheim!«

»Daheim? wie kommst du mir vor, willst mit zur Feldarbeit? Dann wüßt' ich nicht, wozu du dein Latein gelernt hast?«

»Nein, aufs Feld wollt' ich nicht, bloß daheim bleiben.«

»Faulenzen? Oder was? Red' deutsch, Hermann.«

»Ich weiß halt schon vorher, daß dir's gar nicht recht sein wird, Vater, aber einmal muß ich's ja doch sagen: Für mich allein arbeiten möcht ich, mich den Sommer über einüben, damit ich im Herbst Apotheker werden kann.«

»Apotheker? Ein hartnäckiger, starrköpfiger Mensch bist du, Hermann. Ein zäher, einrissiger Kerl mit deiner verwünschten Apotheke! Hast doch gehört, daß du nicht taugst dazu, hast's ja selbst gesagt!«

»Freilich, aber jetzt weiß ich so genau, woran es mir fehlt, Vater, und sieh,« sagte Hermann, und wurde immer wärmer, während er sein Zukunftsbild entwickelte, »sieh, ich könnte mir in meinem Zimmer alles einrichten wie in einer Apotheke; daß ich mit Fläschchen und Pülverchen, mit Wage und Glastrichter und all den zerbrechlichen Dingen umgehen lerne und alles so sauber halte wie in der Apotheke, kein Stäubchen dürft' mir im ganzen Zimmer sein. Von früh bis Nacht wollt' ich mich einüben, ob nicht doch vielleicht meine Hände geschickt würden. Nur bis Herbst, Vater, und wenn mir's dann nicht gelingt, will ich selbst nicht mehr.«

»Also versuch's,« sagte der Vater, »wenn du dich schon ganz vernarrt und verbohrt hast in den Gedanken, daß du Apotheker wirst, so will ich dir das halbe Jahr wohl gönnen; in irgend einer Apotheke in der Hauptstadt werden sie dich dann schon nehmen, es sind nicht alle so ungeduldig wie der Mohr in Neustadt, und ein gutes Lehrgeld kann ich zahlen.«

»Und die Mutter legt einen Schinken dazu,« setzte Hermann fröhlich lachend hinzu und der Vater lachte auch und sagte: »Daß du dir's nicht einfallen läßt, deine Mutter zu verhöhnen!«

»Bewahre,« sagte Hermann, »das war ja nur Spaß,« und er schlug den Heimweg ein.

»Wenn er nur wieder spaßen kann, der lange Schlingel,« sagte Hollwanger vor sich hin und sah nach dem Sohn zurück, der mit langen Schritten, von neuer Hoffnung belebt, dem Haus zueilte.

Am liebsten hätte Hermann in aller Stille sein Wesen getrieben und niemand ins Vertrauen gezogen, aber das ließ sich nicht durchführen; denn es erregte allgemeines Aufsehen im Haus, als der Sohn, der junge studierte Herr, in der Küche erschien und sich einen Putzeimer und Wischtücher ausbat, die er für immer in seinem Zimmer behalten dürfe; als er den Knecht nach einer kleinen Leiter fragte und diese die Treppe hinauftrug in sein Zimmer. Bald drang zur Hausfrau das Gerücht, der junge Herr sei heute ganz wunderlich, offenbar habe er sich die Sache mit der Apotheke zu sehr zu Herzen genommen; schwermütig sei er ja schon all die Tage gewesen, durch so etwas sei schon mancher um den Verstand gekommen. Frau Hollwanger war mit ihren dienstbaren Geistern in der Waschküche beschäftigt, als dies Gerede zu ihren Ohren kam und sie gewaltig erschreckte. Augenblicklich verließ sie die Waschküche und eilte hinauf in das »Bubenzimmer«, wie es im Hause genannt wurde.

Als sie die Türe aufmachte, da sah sie ihren Hermann auf der Leiter stehen, vor dem hohen Kleiderschrank, Wassereimer und Putztuch neben sich. So hatte sie ihn freilich nie früher gesehen, aber als er ihr jetzt bei ihrem Eintritt das Gesicht zuwandte, sah er so gar nicht verstört und verwirrt aus, blickte sie im Gegenteil hell und freundlich an und lachte über ihr verblüfftes Gesicht, daß ihr alle Sorge verging und nur die Neugierde blieb. Die mußte er nun freilich befriedigen und ihr seinen Plan und seine Hoffnung mitteilen, wie er es dem Vater gegenüber getan hatte. »Zuerst muß mein Zimmer so sauber werden wie die Apotheke,« sagte er dann, »du glaubst nicht, Mutter, wie dort alles blitzblank ist, kein Stäubchen wird im Haus geduldet, vom Keller bis zur Bodenkammer, alles rein.«

»Dann will ich dir heute abend die Grete heraufschicken, daß sie dir das macht, laß du das nur bleiben, Hermann, du kannst es doch nicht und machst bloß deine Kleider schmutzig.« Aber da geriet Hermann in Eifer. »Nein, nein,

221

Mutter, die Grete will ich eben gerade gar nicht, alles will ich selbst tun, sonst bleibe ich ja immer so ungeschickt. Das muß ein Apotheker alles können und wegen meiner Kleider sorge dich nur nicht; die müssen auch immer rein gehalten sein, ich nehme mich schon in acht und Flecken mache ich selbst heraus. Aber einiges muß ich mir anschaffen, Mutter, eine Wage brauche ich, wie man sie in den Apotheken hat; und ein paar Kolben und Glastrichter und einen Mörser, gelt, das darf ich mir kaufen? Und meinen Bücherständer darf ich ableeren, damit ich Platz bekomme für Gläser und dergl., Bücher brauche ich nicht, die packe ich alle zusammen in eine Kiste in der Bodenkammer.«

Die Mutter ließ ihren Sohn gewähren. Sie hatte jetzt, im Frühjahr, Arbeit in Fülle, da war es nur bequem, daß für Hermann nichts getan werden mußte. So durfte er unbehelligt in seiner Stube sein Wesen treiben. Helene war die einzige nähere Vertraute bei Hermanns Arbeit; sobald sie nur aus der Schule kam, war sie bei dem Bruder und nicht nur als müßige Zuschauerin. Sie hatte bald das Ideal der Reinlichkeit erfaßt, das Hermann anstrebte. »Du mußt denken, du seiest der Inspektor, der die Apotheke besichtigt,« sagte der Bruder zur Schwester, du mußt überall mit den Fingern prüfen, ob du irgendwo Staub findest.«

Anfangs fand sie keinen, aber allmählich wurde ihr Auge schärfer. »Hermann, an der Türleiste ist Staub, sieh her,« sagte sie und zeigte die grauen Spuren am Finger. Das war ein ernster Fall. Die Türe wurde von da an aufgenommen unter die abzustaubenden Gegenstände.

Wenn die Ordnung tadellos erschien, dann machte sich Hermann an die Arbeit. Da saß er an seinem Tisch und wickelte Pülverchen ein – Sandkörnchen waren es – die in die vorschriftsmäßigen Pulverpapierchen gepackt wurden. »Das muß ich auch versuchen,« sagte die Schwester, und gleich das erstemal brachte sie es glücklicher zustande als der Bruder. Er war bekümmert darüber.

»Das kommt bloß davon, daß du den Daumen so dumm hinausstreckst, sieh, so kann ich's auch nicht machen,« und sie ahmte seine Handbewegung nach. Hermann war im Winter auf die Hand gefallen, der Daumen war eine zeitlang geschindelt gewesen, seitdem streckte er ihn steif hinaus. »Ich weiß nicht, warum er so steif ist,« sagte Hermann.

»Wir wollen den Merz fragen,« schlug Helene vor, »er weiß, was man da machen muß.« Der Merz war der Tierarzt, er war gerade im Stall. Die Geschwister kamen zur Beratung. Der Tierarzt riet, den Daumen recht viel zu bewegen, er sei nicht steif; es sei nur so eine dumme Gewohnheit, so ein Glied immer noch so zu halten als wäre es krank, die Hunde machten es auch oft so. Mit den Hunden wollte sich Hermann nicht gleichstellen lassen, er fing an, seinen Daumen zu bewegen, sogar wenn er bei Tisch saß, konnte man bemerken, wie er den Finger einübte; bald hatte das Glied seine frühere Beweglichkeit wieder erlangt.

Trotzdem ging die Arbeit nicht gut von statten und oft legte sich Hermann unglücklich und mutlos zu Bett am Schlusse eines Tages, den er ganz der Übung jener Handgriffe gewidmet hatte, die seine Schwester mit Leichtigkeit ausführte. Helene war es auch, die ihm Gläser und Arzneifläschchen herbeischaffte, von denen er gar nicht genug bekommen konnte. Sie durften alt und fleckig sein, denn Hermann wollte sie selbst reinigen. Und dann wurden sie durch den Glastrichter mit Salzwasser gefüllt, kein Tropfen sollte daneben gehen. Dann kam das Zubinden. War das schön gelungen, so wurden sie auf den Bücherständer gestellt; waren sie nicht tadellos, so wurden sie wieder und wieder aufgebunden. Allmählich ging das doch besser, eine schöne Reihe von Fläschchen stand schon auf dem Fachwerk. Oben auf den hohen Schrank hatte er große, schwere Glaskolben mit Wasser gestellt und wenn seine Finger müde waren vom Einwickeln der Pülverchen, dann kam zur Erholung die Übung, die Leiter hinauf und hinunter zu steigen, mit den schweren Kolben in der Hand.

So verbrachte er mit Ordnen und Reinigen, mit Abwiegen und Einfüllen, mit Pulvereinwickeln und Zubinden einen Tag um den andern; und endlich, im dritten Monat, kam Helene, wenn sie um die Wette arbeiteten, ihm in der Geschwindigkeit nicht mehr nach; er fing an zu hoffen, daß sein Streben von Erfolg sein werde, und wurde immer eifriger.

In einer Nacht hörte der Vater, der unter ihm schlief, um ein Uhr Schritte in Hermanns Zimmer. Schon seit längerer Zeit hatte er sich nicht mehr um seines Sohnes Treiben gekümmert, nun, in der schwarzen Stimmung, die uns nachts leicht überkommt, wurde er unruhig. Was mochte Hermann im Schlaf stören? Was trieb ihn, hin und her zu gehen? Leise erhob er sich, der Sache mußte er auf die Spur kommen. Wie er vorsichtig die Treppe hinaufstieg, war dem großen Mann ganz ängstlich zu Mute, was würde er wohl finden, wenn er nun die Türe aufmachte? In der Ordnung war nur, Schlafen zwischen ein und zwei Uhr nachts. Nun stand er vor dem »Bubenzimmer«. Er klinkte die Türe auf, verschlossen war sie nicht. Hermann stand, leicht angekleidet, an seinem Tisch und füllte ein Arzneigläschen ein. »Vater, du bist's?« sagte er. »Ich bin ganz erschrocken, wie so unverhofft meine Tür aufgegangen ist.«

»Was machst du, Hermann? Bist du ein Nachtwandler, oder bist du nicht recht bei Trost? Weißt du, wieviel Uhr es ist?«

»Ja, da ist mein Wecker, ein Uhr ist's vorbei. Ich bin ganz wach, Vater, und lege mich gleich wieder, sowie die Arznei fertig ist. Ich muß aber hie und da auch nachts etwas machen, weil das öfter vorkommt in der Apotheke; und das will auch gelernt sein, hat Herr Mohr gesagt, aber sieh, ich bin gleich fertig.« Und Hermann füllte sein Fläschchen, band es mit großer Ruhe zu und sagte: »Heute war ich schon nicht mehr so schlaftrunken wie die ersten Male.«

»Hermann, alles was recht ist, aber bei Nacht muß Ruhe sein, so etwas kann ich nicht haben.«

»Nur hie und da, Vater, wenn ich recht leise bin, daß niemand aufwacht,« sagte Hermann bittend, »sieh jetzt bin ich schon fertig, muß nur wieder aufräumen.« Das Kölbchen kam zu der stattlichen Reihe, die schon das zweite Fach des Gestells füllte. Alles in dem kleinen Reich sah wunderlich, aber tadellos geordnet aus. Ein paar Minuten später lag Hermann schon wieder im Bett.

Getroster als er heraufgekommen war, ging Hollwanger die Treppe hinunter. »Dem ist's ernst,« sagte er vor sich hin, »dem ist's bitter ernst, der wird Apotheker.«

Der Frühling war vergangen, der Sommer kam mit all der Arbeit, die er auf dem großen Bauernhof bringt. Kaum etwas davon drang in Hermanns Zimmer. Rastlos gewissenhaft und unermüdlich verbrachte er einen Tag wie den andern und mühte sich ab, um die Geschicklichkeit zu erwerben, die manchem andern schon in die Wiege gelegt wird. Er arbeitete jetzt nach der Uhr, die vor ihm hing. Hatte er im ersten Monat in der Viertelstunde zwei Pulver abgewogen oder eingewickelt, zwei Fläschchen gefüllt und zugebunden, so waren es im zweiten Monat schon vier und im dritten und vierten noch mehr und jetzt im fünften und letzten Monat ging es ihm von der Hand, daß es ein Spaß war zuzusehen. Und sie lagen alle säuberlich in Dutzenden zusammengebunden, die weißen Päckchen, ein großer Kasten voll und sie standen in ungezählten Mengen nebeneinander, die kleinen Fläschchen. Warum er sie aufhob, das verstand niemand; der Sand im Pulverpapier, das Wasser im Arzneiglas hatten doch keinen Wert?

»Ein klein wenig Verrücktheit ist doch dabei,« dachte im stillen sorglich die Mutter.

Der September neigte seinem Ende zu. Die strengste Arbeit auf den Feldern war getan. Der Landwirt konnte befriedigt zurückblicken auf die Arbeit des Sommers. Ein stiller Sonntagnachmittag, an dem der Regen gleichmäßig herunterrieselte, bannte die Familie ins Zimmer. Hollwanger saß mit den Seinigen um den Tisch, er hatte den Kalender vor sich liegen.

»Nun, Hermann, wie steht's jetzt eigentlich mit dir? Der Sommer wäre vorbei. Länger kann's bei dir so nicht weiter gehen, höchste Zeit, daß etwas geschieht.«

»Auf ersten Oktober, Vater, habe ich gedacht, wäre ich so weit, daß ich mich als Lehrling antragen könnte.«

»Ja, und darum will ich heute noch an den Onkel schreiben in der Hauptstadt.«

Hermann schwieg; man konnte ihm leicht anmerken, daß ihm der Vorschlag nicht recht war. »Nun, was gibt's? Paßt dir's wieder nicht? Du wirst nach und nach ein wunderlicher Kauz, was ist denn wieder nicht recht?«

Da kam es zögernd heraus: »Ich möchte wieder in die Adlerapotheke.«

»Aber hör!« rief die Mutter ganz vorwurfsvoll, »zu dem Mann, der dich so schnöd aus dem Haus gejagt hat!«

»Nein!« sagte der Vater, »zu dem gehe ich nicht.« Helene sah ängstlich zum Bruder auf, wie würde das weiter gehen? Sie hatte ja schon lange gesagt: »Die Eltern sind bös auf den Apotheker Mohr und werden's nicht erlauben.« Aber auch Hermann hatte wohl gewußt, daß die Eltern immer noch dem Manne grollten, der ihm das Leid angetan hatte, und er hatte diese Schwierigkeiten kommen sehen. Jetzt galt es, einzutreten für seinen Mann!

»Vater,« sagte er, »fortgejagt hat er mich nicht, freundlich war er bis zuletzt; in aller Liebe hat er mir's gesagt, daß er mich nicht brauchen könne, und er hat mich auch wirklich nicht brauchen können, ich war zu ungeschickt. Ihr glaubt gar nicht, wie das in einer Apotheke jede Stunde zutage kommt. Ihm danke ich's, daß mir die Augen darüber aufgegangen sind, was mir fehlt, und jetzt könnt' er mich brauchen. Und die Adlerapotheke, Vater, das ist eine Apotheke, wie es gewiß nicht viele gibt und musterhaft gehalten; und der Adlerapotheker stammt vom Mohr ab, von einem berühmten Chemiker, und er macht vieles selbst, was andere Apotheker heutzutage nicht mehr machen. Er ist ein feiner, gelehrter Mann, bei dem könnt' ich etwas lernen!«

Immer wärmer und eifriger hatte Hermann gesprochen, jetzt hielt er inne und sah gespannt auf die Eltern, die beide schwiegen. Die Schwester fand, daß der Bruder den besten Grund, der für die Adlerapotheke sprach, gar nicht vorgebracht hatte, und so wagte sie auch ein Wort: »Neustadt ist näher als die Hauptstadt.«

Über diese Weisheit mußten die Eltern lachen. »Ja, Neustadt ist näher,« sagte der Vater, »dagegen läßt sich nicht viel einwenden.«

»Hermann, glaub' mir's,« sprach Frau Hollwanger, »sie nehmen dich dort nicht an, Frau Mohr wird zu ihrem Mann sagen: da kommt wieder der, der in die polierten Möbel Nägel klopft, daß du mir den nicht herein läßt.«

»Überhaupt,« sagte Hollwanger, »werden sie schon einen Lehrling haben, zwei können sie nicht brauchen.«

»Nein, nein, sie haben keinen, einen Provisor haben sie zur

Aushilfe, der geht aber bald.«

»Du weißt's ja sehr genau, woher denn?«

»Helene hat ja eine Freundin in der Stadt, die hat ihr immer erzählen müssen, wie es in der Apotheke steht.«

»Damit ist noch lange nicht gesagt, daß sie dich nehmen. Hermann, dort frage ich nicht an.«

»Ich kann allein hingehen und mit dem Herrn reden; will er mich nicht, so gehe ich gleich wieder heim und wende mich, wohin du willst.«

»Wenn du die Sache ganz allein machen willst, dann in Gottes Namen!«

»Aber diesmal will ich dir etwas mitgeben, Hermann, daß die Frau Apotheker gut gestimmt wird, Butter oder Eier oder Rauchfleisch, was meinst du?«

»Ich glaube, das macht's nicht aus, Mutter, und ich kann auch gar nichts tragen. Ich will all meine Pulver mitnehmen und all meine Fläschchen, die müssen meine Empfehlung sein.«

»Die Papierchen voll Sand und all die Arzneigläser voll Wasser? Die willst du mitnehmen? O Bub, da wirst du ausgelacht!« sagte die Mutter.

Hermann stand betroffen. »Deshalb habe ich sie doch gesammelt all die Monate. Wenn ich die nicht zeige, weiß ich nicht, warum er mich annehmen sollte, darauf habe ich meine ganze Hoffnung gesetzt.«

»So laß ihn's mitnehmen,« sagte Hollwanger zu seiner Frau. »Jeder hat seine eigene Art. Du würdest's mit Butter und Rauchfleisch probieren, er meint's mit Pulvern und Gläsern durchzusetzen, er soll's versuchen, gleich morgen.«

Mit viel Kopfschütteln und Achselzucken sah Frau Hollwanger am nächsten Tag ihren Sohn »den ganzen Plunder«, wie sie es nannte, in den größten Handkoffer packen, der aufzutreiben war, und ihr Mißtrauen machte Hermann kleinmütig. Gestern war er voll guten Muts gewesen, da hatte er die Eltern überredet, heute hätte er das nicht vermocht. Aber jetzt gab es kein »zurück«.

»Hermann,« sagte Hollwanger, »wenn's nun fehl schlägt, so nimm's nicht schwer; bitten und betteln darfst du den Apotheker nicht, du bist eines reichen Landwirts Sohn, hast etwas gelernt, kommst überall an.« Er ging und die er daheim ließ, sahen ihm nach: wie wird er wiederkommen?

Der Himmel war grau, die Straße aufgeweicht vom gestrigen Regen, ein kalter Wind blies. »Ungut Wetter heut zum Wandern!« sagte ein Wegmacher, der den Schmutz von der Straße zusammenscharrte; und er sah Hermann nach, der mit seinem Koffer einsam dem Städtchen zuwanderte, zwischen Furcht und Hoffnung schwankend.

An der Adlerapotheke war er nie mehr vorbeigekommen, seit er sie im Frühjahr verlassen, er hatte den Ort gemieden, jetzt sah er sie zum erstenmal wieder und blickte nach dem schwarzen Adler. »Bist mir diesmal hold, du finsterer Geselle?« fragte er und trat mit Herzklopfen näher.

Unter der halb offenen Ladentüre stand ein junger Herr, das mochte der Provisor sein; mit dem wollte Hermann nichts zu schaffen haben, so ging er nicht die Steinstufen zum Laden hinauf, sondern durch den Seiteneingang ins Haus. Auf der Treppe begegnete ihm das Dienstmädchen und erkannte ihn gleich. »Die Frau Apotheker ist oben,« sagte sie, führte ihn hinauf in das kleine Besuchzimmer, suchte die Frau Apotheker auf und kündigte ihn an: »Der junge Herr ist da, der einmal ein paar Tage in der Apotheke war, wissen Sie der, der die Blutegel auf mich losgelassen hat!«

»Was, der läßt sich auch einmal sehen? Das ist recht,« sagte Frau Mohr, während sie ihre Küchenschürze ablegte, und dann kam sie mit freundlichem Gruß zu Hermann. »Endlich sieht man Sie einmal,« sagte sie, »immer wollten wir schon wissen, was aus Ihnen geworden ist. Sie sind wohl schon im Obergymnasium und reisen nun wieder weg, wie ich am Koffer sehe?«

Sie wartete die Antwort auf ihre Fragen nicht ab. »Das müssen Sie alles auch meinem Mann erzählen, ich will gleich hinunter und sehen, ob er sich losmachen kann, setzen Sie sich, bitte,« und fort war sie, Hermann allein lassend. Dieser nutzte den Augenblick, aber nicht zum Sitzen. Jetzt mußte sein »Plunder« wirken. Mit raschen, geschickten Bewegungen, wie er sie vor einem halben Jahr noch nicht zur Verfügung gehabt hätte, nahm er vom Tisch den feinen Plüschteppich, faltete ihn, legte ihn sorgsam auf das Sofa, nahm aus seinem Koffer das Kistchen, das gedrückt voll Pülverchen in weißem Papier war, und stürzte sie – es waren wohl viele Hunderte – über den Tisch aus, daß ein hoher Haufe in der Mitte lag; dann behend alle die Massen kleiner verkorkter, mit Papierchen umbundener Arzneifläschchen rings herum, es sah ganz eigenartig aus. Den Koffer schnell beiseite. Aber was lag denn da noch auf dem Grund? Richtig, doch ein Ballen Butter! Nein, er konnte sich nicht entschließen, ihn heraus zu nehmen, er hörte auch schon den Apotheker mit seiner Frau heraufkommen. Hermann ging ihm an die Tür entgegen, und als er wieder in das feine Gesicht des Mannes blickte, der ihn vertrieben hatte, und zu dem es ihn doch unwiderstehlich hinzog, überkam ihn eine große Bewegung, so daß er nicht gleich Worte fand, um des Apothekers herzlichen Gruß zu erwidern. Es wurde aber nicht bemerkt, denn mit lauter Verwunderung rief die Frau aus: »Ei du meine Güte, was haben Sie uns denn da

231

mitgebracht, was liegt denn da?« und sie ging auf den Tisch zu. Der Apotheker folgte, und nun fühlte Hermann, daß die Erklärung kommen mußte. »Es ist nur Plunder,« sagte er bescheiden, »es ist nur Sand und Wasser. Ich habe das alles und noch mehr gemacht im letzten Halbjahr zur Übung, damit Sie mich als Lehrling brauchen können!«

Die Frau Apotheker lachte und sah belustigt auf die Bescherung; aber er, der Apotheker lachte nicht; er sah genau, prüfend und ernsthaft auf das, was vor ihm lag, strich mit der Hand durch den großen Haufen der Pülverchen, nahm ein Fläschchen, band es auf, reichte es Hermann hin und sagte: »Wie haben Sie es gemacht? Ich möchte es sehen.« Nun galt es, das Zittern der Aufregung zu überwinden; wenn er jetzt auf dem kleinen freien Raum des glatt polierten Tisches ein Gläslein umwarf oder nicht gleich mit dem Schnürchen zurecht kam? Aber nein, er hatte ja nicht vergeblich gearbeitet; es gelang ihm im Nu; der Apotheker hatte gerade nur Zeit zu beobachten, daß auch der Daumen seine Schuldigkeit tat. Ebenso schnell machte er unaufgefordert ein Pulver zusammen. Jetzt legte der Apotheker dem jungen Mann die Hand auf die Schulter, und mit einem Ton, bei dem es Hermann warm ums Herz wurde, sagte er: »Hermann, jetzt gehörst du wirklich in die Adlerapotheke!« Da hatte der junge Mann gerade nur zu tun, daß ihm nicht ganz unmännliche Freudentränen in die Augen traten. Aber die Rührung wich bald einem solchen Glücksgefühl und einer so übermütigen Fröhlichkeit, daß dem würdigen Herrn und seiner Frau das Herz aufging und sie alle Drei in ungewohnter Heiterkeit beisammen saßen. Und wenn Hermann erzählte, wie er hundertmal des Tages die Leiter in seinem Zimmer hinaufgesprungen sei und von dem Schrank seine Wasserkolben heruntergeholt oder abgestaubt habe, wie er nach der Uhr Fläschchen gefüllt habe und auch nachts allwöchentlich seine Übungen vorgenommen habe, da machte sich die kleine Frau lustig über ihn und nannte ihn einen närrischen Kauz und sie lachten miteinander darüber.

»Was sagen denn deine Eltern dazu?« fragte der Apotheker.

»Ja, sind sie nicht bös auf uns gewesen?« setzte Frau Mohr hinzu. Da fiel Hermann der Butterballen ein; jetzt, ja jetzt konnte der seine Dienste leisten; rasch holte er ihn, überreichte ihn der Frau Apotheker und sagte: »Das ist ein Gruß von meiner Mutter.«

»Ah,« sagte diese, »sieh, das freut mich ganz besonders, ich hatte immer das Gefühl, sie sei gekränkt.«

Draußen hatte es wieder angefangen zu regnen, der Wind schlug die Tropfen gegen die Fensterscheiben. Hermann sah nach dem Fenster. »Jetzt gehe ich heim.«

»Jetzt gerade?« fragten sie ihn.

»Dem Sturm, dem Regen, dem Wind entgegen,« antwortete Hermann, »da draußen ist's lustig jetzt.«

War's draußen oder war's drinnen im Herzen so lustig? »Auf Wiedersehen am ersten Oktober,« sagten sie zueinander.

Als sie allein waren, kehrte die Frau Apotheker an den Tisch zurück, an dem ihr Mann sinnend stand und mit Wohlgefallen in den Pülverchen wühlte. »Recht geschickt ist er geworden in der kurzen Zeit,« sagte sie.

»Geschickt? ja,« antwortete der Apotheker. »Geschickt sind manche. Aber solchen festen Willen und solche Beharrlichkeit, hast du die schon getroffen, Frau? Damit richtet man Großes aus in der Welt!«

»So hätte er doch studieren sollen.«

»Laß ihn nur in aller Stille und Bescheidenheit heranreifen in der Apotheke; wenn Gott einen großen Geist in ihn gelegt hat, so bricht der sich Bahn, und ich will ihm helfen und ihn fördern, so gut ich kann.«

Fröhlich eilte Hermann seiner Heimat zu. Keinem Menschen begegnete er in dem Unwetter, auch der Wegmacher hatte sich geflüchtet. Jetzt hatte er sein Dorf, sein Haus erreicht. Rascher und lauter als sonst ertönte sein Tritt im Flur des elterlichen Hauses. Sie erkannten seinen Schritt nicht. »Das ist nicht Hermann, wer kann's sein? Wer kommt?« fragte die Mutter, als er schon die Zimmertüre öffnete und triumphierend ausrief: »Der Lehrling von der Adlerapotheke!«

Bei der Patin.

»Heinrich, schläfst du schon?« fragte leise eine Stimme.

»Nein, ich kann nicht einschlafen,« antwortete ebenso leise
eine zweite. In dem Schlafzimmer, in das nur durch die
Straßenlaterne ein schwacher Lichtschimmer fiel, standen
zwei Betten. Aus jedem tauchte jetzt ein Knabenkopf auf.
»Komm zu mir, aber leise,« sprach die erste Stimme wieder
und sofort huschte eine kleine Gestalt durchs Zimmer und
Heinrich schlupfte zu seinem Bruder Konrad ins Bett. Sonst
schliefen die beiden, sie waren zwölf und dreizehn Jahre alt,
wohl fest um diese Zeit; aber heute, wo man ihre Mutter
begraben hatte, die Mutter, die ihnen alles gewesen war seit
des Vaters Tod, heute ließ der Jammer sie nicht einschlafen.
Und zum Jammer kamen auch noch die ersten Sorgen.

»Mir ist's gar nicht recht, daß der Vormund uns zu Bett
geschickt hat,« sagte Heinrich.

»Mir auch nicht, ich hätte so gern gehört, ob er mit der
Tante und mit Fräulein Stahlhammer über unsere Zukunft
spricht. Mir ist alles recht, wenn sie uns nur beisammen
lassen,« sagte Konrad.

»Das müssen sie doch! Sie können uns doch nicht aus dem
Haus vertreiben!«

»Ich glaube nicht, daß wir dableiben dürfen, wer soll denn
die Haushaltung führen?«

»Ach, das kann doch die Rike; wir zwei sind fast immer in

der Schule und das Klärchen macht nicht viele Mühe.« Klärchen war das einzige Schwesterchen, fünf Jahre alt.

»Ich glaube nicht, daß sie uns hier lassen. Sie werden sagen: es geht nicht,« meinte Konrad. »Ja,« sagte Heinrich ärgerlich, »immer heißt es gleich: es geht nicht, wenn einmal etwas anders ist als gewöhnlich. Wo meinst du denn, daß sie uns hintun wollen?«

»Zu irgend welchen Verwandten.«

»Da bleibe ich noch am liebsten hier, bei Onkel und Tante Kuhn.«

»Ich auch.«

»Ich wollte, der Onkel wäre unser Vormund, ihn habe ich tausendmal lieber als den Herrn Rat Stahlhammer als Vormund, warum haben wir doch den und nicht Onkel Kuhn?«

»Der Onkel war ja doch nicht hier, wie der Vater starb, und Herr Rat Stahlhammer war hier und war ein Freund des Vaters, darum hat ihn nach des Vaters Tod die Mutter gebeten, unser Vormund zu sein. Seine Schwester ist ja auch die Patin von Klärchen.«

»Die Patin ist gerade so steif und unheimlich groß wie der Herr Rat selbst; wie sie heute zur Beerdigung hereingekommen ist, hat sich Klärchen ordentlich vor ihr gefürchtet. Da ist doch die Tante ganz anders, die erinnert mich so an die Mutter!«

»Ja, bei ihr wäre gewiß auch Klärchen am liebsten.«

»Also, wenn über uns beschlossen wird, sagen wir: Am liebsten bleiben wir, wo wir sind, und wenn das nicht geht, möchten wir zu Onkel und Tante Kuhn hinaus in die Vorstadt; jedenfalls aber wollen wir drei beisammen bleiben.«

»Ja,« sagte Heinrich, »und das müssen sie uns erlauben.«

Es schlug zwölf Uhr.

»So spät schon,« sagte Konrad.

»Ich gehe,« sagte Heinrich; mit einem Satz war er wieder in seinem Bereich und nach kurzer Zeit wurde es still im Schlafzimmer, beide Brüder schliefen.

Während die Brüder im Schlafzimmer Beratung hielten, wurde ohne daß sie es wußten, in ihres verstorbenen Vaters Zimmer schon über ihr Schicksal entschieden. Drei Personen saßen da zur Beratung beisammen: der Vormund, Rat Stahlhammer; seine Schwester, Fräulein Stahlhammer, und Frau Professor Kuhn, die Schwester der eben verstorbenen Mutter. Diese hatte sich, auch im Namen ihres Mannes, bereit erklärt, die beiden Knaben zu sich zu nehmen und mit ihren eigenen Kindern und Kostgängern zu erziehen. Gerne hätte sie auch die kleine Schwester dazu genommen, doch war es neben der großen Knabenschar nicht möglich.

Der Vormund hatte mit verbindlichem Dank das Anerbieten für die zwei Knaben angenommen und die Überzeugung ausgesprochen, daß seine Schwester, Fräulein Stahlhammer, die in dem nahen Städtchen Waldeck ein Häuschen besaß und die Patin der Kleinen war, diese mit Vergnügen aufnehmen würde. Aber Fräulein Stahlhammer, eine große, stattliche Gestalt von ernstem Aussehen, erklärte zu des Bruders Erstaunen, daß sie seinen Wunsch nicht erfüllen könne. Das kam dem Vormund sehr unbequem. »Ich kann nicht begreifen,« sprach er zu seiner Schwester, »warum du dich weigerst, dein Patenkind zu dir zu nehmen. Du lebst ganz allein mit deinem Dienstmädchen, du kannst frei über deine Zeit verfügen, du hast Platz im Hause; Ausgaben würde das Kind dir nicht machen, denn seine Eltern haben ja genug hinterlassen ...«

»Ach wegen des Geldes wäre es mir ja nicht,« antwortete Fräulein Stahlhammer.

»Weswegen willst du das Kind dann nicht zu dir nehmen?« sagte Herr Stahlhammer etwas ungeduldig. »Jedermann kann es von dir erwarten.«

»Es ist ein herzig liebes Ding,« warf die Tante dazwischen.

»Bei allen möglichen Vereinen und wohltätigen Anstalten bist du, da tust du Gutes, und hier, wo du die Nächste dazu wärst, willst du nicht. Was ist der Grund?«

»Bruder, du weißt es doch. Ich habe schon einmal eine traurige Erfahrung gemacht mit zwei Waisenkindern, die ich bei mir hatte; ich habe genug darunter gelitten und will nicht noch einmal solch bittere Enttäuschung erleben.«

»Das ist nun viele Jahre her, inzwischen bist du erfahrener geworden und wirst die Sache geschickter anstellen als damals,« sagte der Rat. Aber seine Schwester wollte nicht nachgeben. »Nicht jedermann versteht es mit Kindern,« sagte sie, »ich habe sie lieb, aber sie schließen sich nicht an mich an.«

»Unsinn, darauf kommt's nicht an; du hattest damals solch törichte Gedanken, daß du vor allem ihre Liebe gewinnen wolltest und dergleichen. Hättest du sie mit gehöriger Strenge von Anfang an behandelt, so wären sie nicht so nichtsnutzig geworden. Übrigens werde ich als Vormund meine Pflicht nicht versäumen. Ich werde so oft als möglich zu dir hinausfahren, nachsehen und der kleinen Person den Kopf zurechtsetzen, und es wäre doch lächerlich, wenn wir zwei Leute, die größten weit und breit, mit dem kleinen Ding nicht zurecht kämen. Und sage selbst, wer soll denn das Kind nehmen? Du kannst es doch mir, dem einsamen

238

Junggesellen, nicht zumuten?«

Eine lange Pause entstand. Fräulein Stahlhammer schien wankend zu werden. »Wenn du sie mir auf Probe geben willst,« sagte sie endlich, »dann will ich mich dazu verstehen, sie auf ein halbes Jahr zu mir zu nehmen, für mehr verpflichte ich mich nicht.«

»Freilich, freilich, wenn du sie nur zunächst einmal nimmst, dann kann man ja später weiter sehen,« rief Herr Stahlhammer sichtlich erleichtert. Noch hatte er einen kleinen Kampf zu bestehen, denn die Schwester erklärte, daß sie am nächsten Morgen mit dem ersten Zug heimreisen müsse; nach einigen Tagen wollte sie wiederkommen, um das Kind abzuholen. Diesem Vorschlag stimmte auch die Tante der Kinder bei, aber der Vormund war der Meinung, daß das Kind gleich am nächsten Tag zu seiner Patin reisen sollte.

Schließlich fügte sich die Schwester auch in diesem Punkt und so wurde beschlossen, daß der Vormund am nächsten Morgen das Kind abholen und es ihr an die Bahn bringen sollte. Er gab selbst noch dem Dienstmädchen die nötigen Aufträge und dann verließen alle drei das Trauerhaus.

Herr Stahlhammer und seine Schwester, die heute sein Gast war, verabschiedeten sich von Frau Professor Kuhn. Diese sah den großen Gestalten, die sich ernst und schweigend miteinander entfernten, nach, und leise sprach sie vor sich hin: »Armes Klärchen, könnte ich dich doch bei uns aufnehmen!«

Der Vormund war sehr befriedigt von den Besprechungen des Abends, die Sorge für seine drei Mündel war ihm nun abgenommen. Und seine Schwester?

Während sie schweigend in nächtlicher Stunde neben dem Bruder durch die Straßen schritt, dachte sie zurück an eine bittere Stunde ihres Lebens, wo der Waisenhausvater gekommen war, ihre zwei Waisenkinder wieder abzuholen, weil sie auf schlimme Wege geraten waren, und sie hörte wieder die Worte, die er ihr gesagt: »Nicht jedermann versteht es mit Kindern!«

II.

»Wach' auf, Klärchen, Herzchen, hörst du mich nicht? Wach' auf, wach' auf, ich sage dir etwas.«

Mit diesen Worten bemühte sich am nächsten Morgen in aller Frühe Rike, das Dienstmädchen, Klärchen zu wecken. Das Kind schlug endlich die Augen auf und sah erstaunt auf Rike, die neben ihrem Bett stand und ihr schon die Strümpfe herreichte. Klärchen ging noch nicht in die Schule und so hatte sie bisher ausschlafen dürfen, und es war für sie etwas ganz Ungewohntes, geweckt zu werden. Sie war noch recht kindlich für ihr Alter, ein herziges Mädchen, der Liebling von allen im Haus und selbst voll Liebe für alle, die sie umgaben. »Warum weckst du mich, Rike?« fragte die Kleine ganz neugierig.

»Steh' nur geschwind auf, ich sag' dir's schon, Herzenskind. Aber wir müssen schnell machen,« und nun half Rike dem Kind, das bald ganz munter war, beim Waschen und Ankleiden.

»Aber jetzt sag' mir doch, Rike, was es gibt?« fragte Klärchen.

»Gestern abend hat der Herr Vormund gesagt, ich soll dich wecken, du sollst mit seiner Schwester abreisen.«

»Mit meiner Patin?«

»Ja.«

»Warum denn?«

»Weil die Mama gestorben ist.«

»Wie lange soll ich bei der Patin bleiben?«

Hatte Rike die Frage überhört? Sie gab keine Antwort darauf, sie knüpfte eifrig Klärchens Stiefelchen zu und beugte sich so darüber, daß Klärchen ihr Gesicht nicht sehen konnte. Plötzlich aber fiel ein Tropfen herunter auf die Stiefel und Rike wischte die Augen. Da blickte Klärchen sie teilnehmend an, strich ihr schmeichelnd mit ihren runden Kinderhändchen über die Backen und sagte: »Gelt, Rike, du bist traurig wegen der Mama.«

Rike konnte nur nicken, griff nach Klärchens schwarzem Kleid, ließ sie hineinschlupfen und sagte dann: »Komm nur schnell, ich habe dir schon dein Frühstück gerichtet, du hast gar nicht mehr lange Zeit.«

»Wo ist der Konrad und der Heinrich?«

»Die schlafen noch.«

»Gehen sie denn nicht mit mir?«

Rike konnte wieder nur mit dem Kopfe schütteln.

In diesem Augenblick klingelte es unten an der Haustüre. Rike sah hinunter. »Wahrhaftig, das ist schon der Herr Vormund. Du sollst herunter kommen, es sei höchste Zeit. Schnell deinen Mantel, so, und deinen Hut!«

»Aber ich soll doch mit der Patin?«

»Die wird am Bahnhof auf dich warten.«

Jetzt war Klärchen fertig und Rike wollte mit ihr hinunter.

»Ich muß aber doch Konrad und Heinrich lebwohl sagen.«

»Du hast keine Zeit mehr, mein Herzchen.«

»O nur einen Augenblick,« rief die Kleine und sprang hinüber in das Schlafzimmer, wo die beiden Brüder, die nachts so spät eingeschlafen waren, noch schliefen. »Lebwohl, Konrad, lebwohl, Heinrich, ich muß zur Patin,« rief sie, aber noch ehe die Brüder recht wach waren, tönte die Hausglocke noch einmal so heftig und laut, daß die Kleine erschreckt hinaussprang und schnell mit Rike die Treppe hinunter eilte.

Der Herr Rat schien sehr ungeduldig, zeigte ein böses Gesicht, und als Rike vollends das Kind noch an sich drückte und ihm unter lautem Schluchzen lebwohl sagte, rief er: »Sie alberne Gans, muß sie dem Kind das Herz noch schwer machen?« Ungeduldig zog er das Kind von ihr weg und führte es in großen, eiligen Schritten nach der Bahn.

Als Rike wieder hinaufkam, wurde sie von Konrad und Heinrich mit Fragen bestürmt. »Wo ist Klärchen hingekommen? Mit wem ist sie gegangen? Warum hat man uns das nicht vorher gesagt? Warum hast du uns nicht früher geweckt?«

Da sie nun hörten, daß der Vormund ausdrücklich befohlen habe, sie nicht zu wecken, geriet Heinrich in eine wahre Wut, wollte der kleinen Schwester nacheilen und sie mit Gewalt zurückholen. Nur mit Mühe konnten Rike und Konrad ihn überzeugen, daß das vergeblich wäre. Wie ein Balsam war es für die aufgeregten Gemüter, als ganz unerwartet in aller Frühe die Tante, Frau Professor Kuhn, eintrat. Sie war die Schwester der verstorbenen Mutter und ihr sehr nahe gestanden. Sie sah sogleich, wie es stand: daß Konrad kaum seinen tiefen Schmerz bemeistern konnte, und Heinrich sich ganz dem Zorn hingab. »Ich habe mir's gedacht, wie es euch ums Herz sein wird, liebe Kinder, darum bin ich so frühe schon zu euch gekommen. Ich hätte so gerne gestern abend den Vormund bestimmt, daß er die Sache anders einrichte, aber er hielt es so fürs Beste und da konnte ich nichts machen.«

»Das ist einfach grausam und abscheulich vom Vormund,« fuhr Heinrich auf, »uns heimlich so die Schwester wegzunehmen ohne Abschied!«

»Der Kleinen ist's vielleicht wirklich so am leichtesten geworden,« begütigte die Tante, »sie war gewiß nicht so traurig, als wenn sie euren Schmerz gesehen hätte.«

»Ja, das ist wahr,« sagte Rike, »gar nicht geweint hat sie und so gutwillig hat sie sich fortführen lassen wie ein Lämmlein zur Schlachtbank.«

»Der Vergleich paßt nun doch gottlob nicht,« sagte lächelnd die Tante, »mit der Schlachtbank wollen wir das Haus der Patin nicht vergleichen.« Dabei legte sie den Hut ab, setzte sich zu den Kindern, trank ein Täßchen Kaffee mit ihnen und war so liebreich, daß die Brüder sich allmählich beruhigten.

»Was ist wegen uns beiden beschlossen worden, Tante?« fragte Konrad; »können wir im Haus bleiben?«

»Nein, das nicht, ihr würdet gar bald selbst einsehen, daß ihr in einer Haushaltung ohne Vater und Mutter nicht versorgt wäret. Wenn ihr aber gern zu uns kommt, so nehmen wir euch ganz als Kinder auf, der Onkel und ich. Am liebsten hätten wir freilich euch alle drei mitgenommen, aber wir können es mit dem besten Willen nicht machen. Es wird schon jetzt das Haus fast zu eng sein, aber wir wollen uns gerne behelfen, und meine drei Buben und auch die vier Kostgänger freuen sich auf euch.«

Konrad stand auf, küßte die Tante tief bewegt und dankte ihr für ihre Güte und auch Heinrich war wieder getrost, ohne die Mutter und Klärchen wäre es doch nicht mehr schön gewesen im Haus. Die Tante hatte aber noch einen Trost. »Die Patin wohnt ja in Waldeck, das wißt ihr; es ist nur ein halbes Stündchen mit der Bahn oder ein paar Stunden zu Fuß; da könnt ihr Sonntags Klärchen besuchen.«

»Das ist fein, Tante,« sagte Heinrich. »Wenn nur die Patin so wäre wie du oder die Mutter, dann wäre ich ganz getrost wegen Klärchen. Aber sie ist so ganz anders, ich glaube, Klärchen wird sich fürchten vor ihr.«

»Es soll aber ein vortreffliches Fräulein sein, die Patin; sie tut sehr viel für Arme und Vereine, da muß sie doch ein gutes Herz haben, und Klärchen wird das schon herausfühlen.«

»Wann dürfen wir zu euch übersiedeln, Tante?«

»Sowie ich daheim alles für euch gerüstet habe und hier die Haushaltung aufgelöst ist, holt euch der Onkel. Bis dahin haltet euch still und lieb bei eurer Rike.«

Die Tante ging und die Knaben blieben in dem Haus zurück, das ihnen ganz verändert schien. Seit dem Tod der Mutter und der Abreise des Schwesterchens war jeder Sonnenschein daraus gewichen und sie mußten sich selbst sagen: Es wäre nicht schön, so fortzuleben.

III.

Am Nachmittag stand Mine, das Dienstmädchen von Fräulein Stahlhammer, unter der Haustüre und plauderte mit dem Mädchen des Nachbarhauses. »Ist's wahr, daß dein Fräulein heute ein Waisenkind mit heimgebracht hat, das ganz bei euch bleiben soll?«

»Es ist schon so, wenigstens für ein halbes Jahr auf Probe; ein kleines nettes Dingchen ist es, das einen ganz treuherzig anblickt. In seinem schwarzen Trauerkleidchen sieht es ganz ernsthaft aus und tut einem leid, so früh verwaist.«

»Nun, es wird's gut bekommen bei euch, und bald wieder lustig sein.« Aber Mine schüttelte den Kopf. »Ich kann's nicht brauchen, es muß mir wieder fort aus dem Haus.«

»Wie du redest! Das wird dein Ernst nicht sein!«

»Freilich ist's mein Ernst. Kann ich ein Kind brauchen? Kann ich wie bisher abends ausgehen, wenn das Fräulein im Verein oder in der Ausschußsitzung ist und das Kind daheim läßt? Kann ich Sonntags hin, wo ich will, wenn das Fräulein im Mägdehaus zum Vorlesen ist und mir das Kind übergibt?«

»Es ist wahr, so gut hast du's dann nimmer wie bisher, aber du wirst's nicht ändern können.« – »Das wollen wir erst sehen! Es waren schon einmal zwei Waisenkinder da, aber nicht lange, dafür habe ich gesorgt!«

»Du wirst doch dem unschuldigen Kind nichts tun?«

»Behüt' mich Gott, da würde ich mich der Sünde fürchten! Im Gegenteil, ich tue ja dem armen Würmchen nur Gutes, wenn ich sorge, daß es anderswohin kommt, wo es lustiger zugeht. Das wird ganz schlau gemacht, du wirst sehen, es bleibt kein halbes Jahr. Aber ich muß hinauf, mein Fräulein hat schon zweimal gerufen; sonst braucht sie nie etwas um diese Zeit, so ist's eben, wenn ein Kind da ist, fort muß es!«

Oben in dem großen Wohnzimmer saß Fräulein Stahlhammer und ihr gegenüber das Kind. Ihm kam es so unheimlich vor in dem fremden Raum bei der Patin, die sie kaum kannte. Noch nie war die Kleine von zu Hause fort gewesen, und nun überkam sie ein schmerzliches Heimweh, und anstatt die Milch zu trinken, die vor ihr stand, fing sie ganz bitterlich an zu schluchzen. »So war es damals auch,«

dachte Fräulein Stahlhammer, »als die zwei Waisenkinder den ersten Tag bei mir zubrachten; es ist Kindern unheimlich bei mir, und wenn die größeren sich nicht bei mir eingewöhnten, wie sollte es das kleine Geschöpfchen fertig bringen?« Ihr Herz trieb sie, Klärchen zu trösten, aber sie wollte dieses Kind nicht auch mit Liebe verwöhnen, sie hielt sich zurück und sagte: »Du wirst wohl müde sein, weil du früh aufgestanden bist; ich will Mine rufen, daß sie dein Bett richtet, dann schläfst du ein Stündchen.« Als das Bett gerichtet war und Fräulein Stahlhammer das weinende Kind ins Schlafzimmer führen wollte, ergriff Mine rasch die kleine Gestalt, hob sie auf den Arm und sagte: »Es wird besser sein, wenn ich sie das erstemal lege, sie fürchtet sich wohl noch vor der großen Patin,« und Fräulein Stahlhammer ließ es zu. Beim Auskleiden sagte Mine zu der Kleinen: »Weinen darfst du nicht, sonst wird die Patin böse, darfst auch nicht merken lassen, daß du nach deiner Mama Heimweh hast. Wenn du Heimweh hast, dann sag' du's nur immer mir, vor der Patin sei ganz still.«

Bald hatte Klärchen sich in den Schlaf geweint und Mine verließ das Zimmer. »Ich will schon für das Kind sorgen, wenn es aufwacht, solange Sie in Ihrem Verein sind,« sagte Mine zu Fräulein Stahlhammer und diese dachte: »Wie froh bin ich, daß Mine die Kinder gern hat und besser versteht als ich.« Ehe sie aber in den Verein ging, schlich sie leise in das Schlafzimmer, saß lange an dem Kinderbett, sah auf das liebliche, unschuldige Gesichtchen und flüsterte endlich: »O, wie müßte es so köstlich sein, wenn das kleine Wesen mich lieb haben könnte!«

Klärchen gehörte nicht zu den Kindern, die sich schnell an neue Verhältnisse gewöhnen. In den nächsten Tagen schlich sie gar trübselig umher, die Sehnsucht nach der Mutter und den Brüdern erfüllte ihr ganzes Herz. Es dauerte nicht lange, so machte der Vormund seinen ersten Besuch, denn es lag ihm sehr daran, daß seine Schwester gut zurecht käme mit dem aufgedrungenen Pflegekind. Er traf die Kleine bei dem Mädchen, Fräulein Stahlhammer war nicht zu Hause. »Nun, wie geht es mit dem Kind?« fragte er die ihm wohlbekannte Dienerin. »O, nicht gut, Herr Rat,« antwortete diese, »das Kind gewöhnt sich nicht an seine Patin, es mag sie nicht.« Klärchen stand dabei und sah ängstlich und erschrocken auf, als sie diese Worte hörte und bemerkte, wie sich die Züge des Vormunds verfinsterten. »So etwas sollten Sie gar nicht vor dem Kinde sagen,« sprach er verweisend zu dem Mädchen, nahm Klärchen an der Hand und führte sie in das Zimmer. Er wollte das Kind gehörig ausschelten und ihm den Kopf zurechtsetzen, wie er es seiner Schwester versprochen hatte. Als er aber das kleine Wesen zitternd vor sich stehen sah, so recht wie ein hilfsbedürftiges Geschöpfchen, da kam doch etwas wie Mitleid über den großen, starken Mann. »Ich tue dir nichts,« sagte er, »du brauchst nicht so vor mir zu zittern. Aber höre, was ich dir sage: Dein Vater ist gestorben und deine Mutter ist gestorben, und die Brüder sind fort und euer Haus ist leer. Es ist gar niemand da, der für dich sorgen mag außer deiner Patin; du mußt ihr gehorchen, ihr dankbar sein und sie lieb haben wie deine Mama; sonst bist du ein ganz undankbares Kind, verstehst du das?«

»Ja,« antwortete leise die Kleine.

»Versprich mir, daß du nicht undankbar sein willst.«

»Ich will nicht undankbar sein,« wiederholte Klärchen und sah dabei ganz ernsthaft aus; denn sie hatte die Rede des Vormunds wohl verstanden und fing an zu begreifen, daß die Patin ihr etwas Gutes tun wollte, indem sie sie zu sich nahm, und in ihrem guten Herzen regte sich sofort etwas wie Liebe und Dankbarkeit.

»Mine,« sagte sie später zu dem Mädchen, »ich muß die

Patin lieb haben wie meine Mama, sonst bin ich undankbar.«

»Das kann man nicht von dir verlangen,« sagte Mine, »kein Kind hat die Patin so lieb wie seine Mutter, und sie ist ja auch gar keine Mutter und hat dich nicht so lieb wie ihr Kind.«

»Aber gelt, ein bißchen lieb hat sie mich doch, sie hat mich ja auch zu sich genommen.«

»Aber nicht aus Liebe, bloß weil es der Vormund verlangt hat,« sagte Mine. Da fiel ein trüber Schatten über das Gesichtchen der Kleinen und die erwachende Liebe erlosch bei den kalten Worten: »Bloß weil es der Vormund verlangt hat.«

IV.

Leicht hatten sich inzwischen die Brüder bei Onkel und Tante eingewöhnt. Aber je mehr sie sich einlebten in der neuen Umgebung, um so sehnlicher wünschten sie auch ihre Schwester herbei und täglich wurde der Kleinen, von der sie gar keine Nachrichten hatten, in Liebe gedacht. Der Vormund hatte bestimmt, daß in den ersten vier Wochen die Geschwister sich nicht besuchen sollten, damit beide Teile vor dem ersten Wiedersehen den Trennungsschmerz schon überwunden und sich in die neuen Verhältnisse eingewöhnt hätten. Klärchen wußte davon nichts; die Brüder hingegen erwarteten mit Ungeduld den vierten Sonntag, für den ihnen der Besuch in dem Städtchen Waldeck versprochen war, und fast ebensosehr sehnte sich die treue Tante danach, durch die Brüder Nachricht von der kleinen Nichte zu erhalten.

Es war ein trüber Novembertag. Die Knaben machten sich gleich nach Tisch auf den Weg und kamen nach einem tüchtigen Marsch in dem Städtchen an. Die Patin vermutete den Besuch wohl, doch wollte sie Klärchen nichts vorher davon sagen; sie freute sich auf die Überraschung des Kindes und gab nur heimlich dem Mädchen den Auftrag, etwas für den Empfang der jungen Wanderer bereit zu stellen. Als Mine erfuhr, was für Gäste erwartet wurden, spähte sie fleißig zum Fenster hinaus; denn sie wollte die Brüder sprechen, ehe dieselben heraufkamen. Es dauerte nicht lange, so sah sie zwei fremde Knaben des Wegs kommen; sie hatten Trauerflor an den Hüten und Mine konnte nicht zweifeln, daß es die Erwarteten seien. Rasch ergriff sie Klärchen, die im Vorplatz mit ihrem Puppenwagen spielte und flüsterte ihr zu: »Komm mit, ich weiß etwas, das dich freut,« und dann eilte sie mit dem Kind die Treppe hinunter. Die Brüder waren inzwischen schon in die Nähe des Hauses gekommen, Klärchen erkannte sie auf den ersten Blick und stürzte ihnen laut aufjubelnd entgegen. Aber im Übermaß der unerwarteten Freude und in Erinnerung ihrer schmerzlichen Sehnsucht ging der Jubel gleich in Tränen über, zur großen Bestürzung der Knaben, die sich die helle Freude des Kindes auf dem ganzen Wege ausgemalt hatten. »Sie dürfen sich nicht wundern, daß das Kind weint,« sprach nun Mine, »es hat so Heimweh nach Ihnen, und es ist ja auch kein Wunder, wenn man so klein schon unter fremde Leute kommt!«

»Hat sie sich noch gar nicht eingewöhnt?« fragte Konrad bekümmert.

»Nein, nein, und sie wird sich auch nicht eingewöhnen. Ein Kind gehört zu Kindern, da kann es sich vergessen, aber nicht bei einem einsamen Fräulein, die überdies halbe Tage lang gar nicht zu Hause ist.«

»Aber die Patin wird doch gut mit ihr sein?« rief Heinrich und bemerkte in seiner Erregtheit nicht, wie der ältere

Bruder ihm zu bedeuten suchte, daß es nicht passend sei, weiter das Dienstmädchen auszufragen. »Ich will nichts sagen, es schickt sich auch nicht für mich,« antwortete Mine, »aber das Kind ist kreuzunglücklich, und wenn das noch lange dauert, so wird es noch krank werden.«

Besorgt sahen die Brüder in das Gesichtchen der Kleinen. Freilich, so frisch und blühend wie früher sah es in diesem Augenblick nicht aus, und jetzt hatte sie einen ihr sonst ganz fremden, ernsthaften Ausdruck; denn zum erstenmal kam sich das sonst so bescheidene Kind gar wichtig vor: es hatte erfahren, daß es unglücklich und zu bedauern sei.

Als die beiden Knaben nun mit der Schwester die Treppe hinaufkamen, waren sie in ganz anderer Stimmung als noch vor wenigen Minuten; sie bedauerten die Schwester und grollten der Patin. So traten die drei Geschwister in das Zimmer zu Fräulein Stahlhammer. Diese hatte sich gefreut auf das Wiedersehen der Kinder und nun war sie ganz um ihre Freude gekommen. Etwas betroffen trat sie ihnen entgegen; denn ein Blick auf Klärchen zeigte ihr, daß diese geweint hatte. Auch klammerte sie sich fest an den Arm ihres großen Bruders, und die ganze Gruppe sah eher feindselig als zutraulich aus. Konrad aber machte sich nun los von der Kleinen, begrüßte Fräulein Stahlhammer artig, richtete ihr Empfehlungen der Tante aus und erinnerte dadurch auch Heinrich an das, was sich schickte; doch behielt dieser einen etwas ingrimmigen Blick bei, und den ganzen Nachmittag verlor sich eine gewisse Befangenheit nicht. Klärchen hätte im Glück über das Wiedersehen mit den Brüdern wohl alles andere bald vergessen, aber Mine hatte die Gelegenheit wahrgenommen, ihr zuzuflüstern: »Mußt recht traurig und still sein, dann nehmen dich die Brüder vielleicht ganz mit heim,« und so war die ganze liebliche Unbefangenheit der Kleinen dahin; den Brüdern kam sie gar sonderbar verändert vor und mit schwerem

Herzen verabschiedeten sie sich abends von der kleinen Schwester.

Zu Hause angekommen, wurden sie von allen Seiten mit teilnehmenden Fragen empfangen. Konrad gab nur kurzen Bescheid, es war ihm so traurig zumute, daß er fürchtete, seine Fassung zu verlieren. Aber Heinrich hatte um so mehr das Bedürfnis, sich auszusprechen. Onkel und Tante sollten es nur wissen, wie unglücklich sein Schwesterchen sei. Er schilderte das Wiedersehen auf der Straße, die Tränen der Kleinen, ihr verändertes Aussehen, den Bericht des Dienstmädchens und die große, ernste Gestalt der Patin, vor der er sich selbst gefürchtet hätte, und nannte es eine Grausamkeit, ihr das zarte Kind zu lassen.

»Heinrich, du machst es schlimmer als es ist,« warf Konrad dazwischen, »sie hat eigentlich kein unfreundliches Wort gesagt.«

»Natürlich nicht, wenn wir zwei dabei sind als Beschützer unserer Schwester; aber wenn sie allein mit Klärchen ist, wer weiß, was sie ihr da tut!«

»Nicht zu viel sagen,« wehrte der Onkel und auch die Tante versicherte: »Sie ist gewiß nicht schlimm, eure Mutter hat ja so viel auf sie gehalten.« Und nun mischten sich die Kinder des Hauses ins Gespräch: alle waren voll Mitleid und urteilten hart über die Patin, bis die Tante sie auf andere Gedanken brachte, indem sie sagte: »Nun kommt ja bald Weihnachten, da wollen wir die Kleine auf längere Zeit zu uns einladen und ihr recht viel Freude machen.« Damit waren nun alle einverstanden und es begann sofort eine lebhafte Beratung, was Klärchen zu Weihnachten bekommen sollte. Da sagte Konrad, der sich bisher noch nicht ins Gespräch gemischt hatte: »Ich weiß, was ihr die Mutter zu Weihnachten machen wollte; wenn du ihr das geben würdest, Tante, dann wäre ihr Herzenswunsch erfüllt.«

»Ja, was ist's?«

»Sie hat eine Puppe, die hat sie lieb – ich glaube wirklich so lieb wie uns; und für die möchte sie so ein Wickelkissen, wie's die ganz kleinen Kinder haben. Mit solch einem Wickelkind wäre sie glückselig.«

»Das mache ich ihr,« sagte die Tante eifrig, »ihr bringt mir einmal das Längenmaß der Puppe, dann soll's ein echtes Wickelkind werden.«

Durch die Aussicht auf eine Weihnachtsfreude für Klärchen beruhigten sich die erregten Gemüter, das hatte die Tante gewollt und erreicht; sie kannte sich aus bei ihrer jungen Schar.

V.

Nicht nur in der Familie des Professors plante man allerlei Weihnachtsfreuden, auch in dem kleinen Häuschen in Waldeck waren die Gedanken bei dem herannahenden Fest. Fräulein Stahlhammer hatte in dieser Zeit alle Hände voll zu tun; denn sie war Vorstandsdame bei dem Verein, der den armen Schulkindern bescherte; außerdem hatte sie jedes Jahr die Bescherung der armen Leute im Spital zu besorgen, am heiligen Abend, wo Hausfrauen sich nicht vom eigenen Haus los machen konnten. Nun hätte Fräulein Stahlhammer in diesem Jahr gerne diese Aufgabe anderen übertragen – hatte sie nun doch auch ein Kind zu Hause –, aber es fand sich niemand bereit, und so sagte sie sich, daß Klärchen wohl ebenso glücklich wäre, wenn ihr erst am Weihnachtsfest selbst beschert würde; sie kam ja mit andern Kindern nicht zusammen und war noch zu klein, um den Kalender selbst zu studieren. So wollte ihr Fräulein Stahlhammer am Christfest bescheren und sie ging nie an den Läden des Städtchens vorbei, ohne sich zu überlegen, womit sie das Kind erfreuen könnte.

Auch Mine hatte ihre Pläne. Sie wollte sich in den Feiertagen mit ihren Bekannten vergnügen und hätte es gar zu gern gesehen, wenn die Kleine aus dem Wege gewesen wäre, damit sie wie in früheren Jahren ihre Freiheit hätte.

Klärchen stand mit der geliebten Puppe im Arm träumend am Fenster; sah hinaus, wie die Schneeflocken herunterwirbelten, und dachte daran, daß voriges Jahr ihre Mama gesagt hatte: »Wenn's schneit, ist Weihnachten nahe!« Sie hätte gerne die Patin gefragt, ob wohl hier das Christkind auch zu ihr käme. Aber sie wagte es nicht recht und nahm sich vor, zuerst mit Mine zu sprechen. Heute nun war die Patin ausgegangen, und Mine putzte die Fenster in der Küche. Klärchen machte sich an sie heran.

»Mine,« fragte sie, »wie ist's denn hier an Weihnachten?«

»An Weihnachten? Da beschert die Patin in der Schule.«

»Und dann?«

»Und dann im Spital.«

»Und dann?«

»Und dann? Ist das noch nicht genug?« Ein Weilchen war Klärchen still. Sie hatte ihre Puppe im Arm und nun fing sie an nach ihrer Gewohnheit zu dem Puppenkind zu reden: »Gelt Rosa,« sagte sie zur Puppe, »das schöne Kleid hast du an Weihnachten bekommen und die neuen Locken auch, da bist du unter dem Christbaum gesessen und die Mama hat zu mir gesagt: ›Herzkind, kennst du denn deine Puppe noch?‹ Aber jetzt haben wir keine Mama mehr und sie kann nicht mehr sagen ›Herzkind‹ und sie kann dir keine Kleider mehr machen; aber du darfst nicht weinen, sonst bist du undankbar.« Und dabei schluckte die Kleine tapfer die Tränen hinunter und wischte die weg, die über das Puppengesicht gerollt waren.

Mine merkte wohl, wie es dem kleinen Wesen ums Herz war. »Klärchen,« sagte sie, »bitte doch die Patin, daß sie dich an Weihnachten zu den Brüdern läßt. Bei denen gibt es eine Mama, die beschert, und auch einen Christbaum; aber bei uns hat es noch nie einen gegeben; dort geht es lustig zu, aber hier ist's langweilig. Möchtest du nicht zu den Brüdern an Weihnachten?«

»Ich möchte schon, aber ich kann doch die Patin nicht bitten; du hast doch immer gesagt, ich soll sie nichts bitten, sonst wird sie böse!«

»Freilich, aber das ist nun etwas anderes, das darfst du schon sagen.«

»Sagst du's nicht für mich, Mine?« fragte Klärchen ängstlich. »Meinetwegen, ich will davon anfangen, aber du mußt dann auch recht schön bitten; denke nur, wie traurig es hier für dich wäre ohne Christbaum!« Mine sagte wohl die Wahrheit, wenn sie behauptete, daß Fräulein Stahlhammer nie einen Christbaum hatte; aber konnte sie sich nicht denken, daß es in diesem Jahr dem Kinde zu lieb anders gemacht würde, oder wollte sie nichts davon wissen? Als Fräulein Stahlhammer den Christbaum für die Armen im Spital besorgt hatte, da hatte sie dem Waldschützen zugleich gesagt: »Und besorgen Sie auch für mich ein recht nettes, grünes Bäumchen.«

An diesem Tage kam ein Brief von der Tante, in dem sie ihre kleine Nichte freundlich einlud, über Weihnachten zu kommen, damit die drei verwaisten Geschwister dies erste Christfest beisammen feiern könnten. Fräulein Stahlhammer kämpfte mit sich selbst. Allerdings würden die Kinder

vergnügt beisammen sein, und Klärchen hätte ein fröhliches
Fest in dem kinderreichen Haus; aber doch hatte sie gerade
von einem schönen Weihnachtsabend gehofft, daß er ihr das
Kinderherz näher bringen würde; sie wollte eine
Puppenküche anschaffen und mit der Kleinen kochen. Der
gestrenge Vormund konnte nichts dagegen sagen: an
Weihnachten, wo allen Kindern Liebe erwiesen wird, durfte
auch sie ihr Pflegekind ein wenig verwöhnen. Nun kam ihr
recht unerwünscht diese Aufforderung. Nach
gewissenhaftem Überlegen dankte sie freundlich für die
Einladung; sagte, daß sie dem Kinde gern im eigenen Haus
bescheren würde, und versprach, die Kleine über Neujahr
zu schicken. Den Brief ließ sie Klärchen in den nahen
Briefkasten einwerfen. Das Kind ahnte nicht, was er enthielt,
und gerade als sie vom Schalter zurückkam ins Zimmer, wo
Mine ihrem Fräulein half, Stöße von Hemden zusammen zu
packen, die für die Schulbescherung bereit lagen, gerade da
sagte Mine: »Klärchen, hast du denn der Patin schon gesagt,
um was du schön bitten möchtest? Nicht? Muß ich es
wieder für dich sagen? Fräulein Stahlhammer, das Kind hat
bloß den einen Wunsch, daß es an Weihnachten zu den
Brüdern darf, gelt Klärchen?«

»Ja,« sagte Klärchen, und obgleich das ihre ganze Antwort
war, sah sie doch so gespannt auf die Patin, daß diese wohl
die Bitte von den stummen Lippen ablesen konnte. »Wie
kommt sie darauf?« fragte Fräulein Stahlhammer und sah
Mine mißbilligend an. »Ach, das ist doch natürlich, daß sie
darauf kommt. Papa und Mama hat sie verloren, so möchte
sie doch wenigstens bei ihren Geschwistern sein. Gelt,
Klärchen? Mir kann's ja ganz einerlei sein, aber so sind halt
Kinder, sie wollen eben unter andere Kinder.«

Fräulein Stahlhammer zog die Schnüre fester an dem Paket
und dann sagte sie zu Klärchen: »Wenn du auch an
Weihnachten nicht zu den Brüdern darfst, so doch an

Neujahr. Das ist nur eine Woche später, so ist's ausgemacht mit deiner Tante.«

Mine stieß heimlich die Kleine an, sie hätte gerne gehabt, daß das Kind noch für sich selbst bäte; aber Klärchen hatte ein unbestimmtes Gefühl, daß dieses der Patin nicht recht wäre, sie wagte es nicht und schwieg, und somit war die Sache zu Mines großem Verdruß abgetan. Für die Brüder war die abschlägige Antwort zwar eine Enttäuschung, aber die Tante konnte den freundlichen Brief der Patin verstehen; sie vertröstete die Beiden auf das Wiedersehen an Neujahr und lenkte die Gedanken ab, indem sie die Puppenkleider und andere kleine Geschenke für Klärchen durch die Brüder zusammenpacken ließ. Der Professor wollte am Nachmittag vor der Bescherung selbst der Kleinen das Päckchen überbringen, um auch einmal nach seiner Nichte zu sehen.

Der heilige Abend kam und brachte für Fräulein Stahlhammer große Geschäftigkeit. Als sie sich nachmittags auf den Weg in das Spital machte, tat es ihr leid, die Kleine zu verlassen. »Morgen, Klärchen,« sagte sie, »ist Weihnachten; aber sieh, heute hat das Christkind dir auch schon ein Päckchen gebracht, so eines, wie es die Schulkinder bekommen, sieh her,« und sie gab Klärchen eines von den neuen Hemden, schön mit roten Bändchen gebunden, mit einem Tannenzweiglein verziert. Dann eilte sie fort. Mine putzte draußen den Vorplatz und die Treppe. Als es dunkel wurde, so gegen fünf Uhr, saß das Kind allein am Tisch. Das Hemd lag vor ihr, das Tannenzweiglein drehte sie in den Fingern. Da kam in Eile Professor Kuhn die Treppe herauf. Er traf Mine beim Putzen. »Ist Fräulein Stahlhammer zu Hause?«

»Nein, sie ist fort.«

»Mit meiner kleinen Nichte?«

»Nein, das Kind ist droben. Ich muß eben putzen vor dem Fest, sonst ließe ich sie nicht allein, das arme Tröpflein!«

»Wann kommt Fräulein Stahlhammer wieder?«

»Ach, da kann's leicht zehn Uhr werden, bis die Bescherungen vorbei sind.« Der Professor sagte kein Wort, ging mit raschen Schritten die Treppe hinauf und ins Zimmer. Da saß die verlassene Kleine allein im Halbdunkel am Tisch, ein trübseliger Anblick.

Beim Erscheinen des Onkels leuchtete ihr ganzes Gesichtlein: der Onkel gehörte zu den Brüdern, er gehörte zu der Tante, die wie die Mama aussah, er gehörte zu dem, was sie lieb hatte!

»Onkel,« sagte sie schmeichelnd, als er dicht zu ihr kam, um sie genau zu sehen, »Onkele, liebes, gutes Onkele, bist du zu mir gekommen?« und sie schlang ihre Arme um seinen Hals. Diese Zärtlichkeit ging ihm zu Herzen, das Kind sah ihn doch so selten. Er schaute sich um im Zimmer. Er hatte gedacht, die Bescherung sei schon vorbei; aber da war kein Baum zu sehen. Nur ein kleiner Tannenzweig lag vor ihr. »Hat dir das Christkind schon beschert?« fragte er.

»Ja, sieh nur, ein Hemd.«

»Und sonst noch etwas? Nicht? Habt ihr keinen Christbaum?«

»Bloß so viel davon,« sagte Klärchen und zeigte ihr Zweiglein; sie wußte ja nicht, daß im verschlossenen Gastzimmer neben der neuen Puppenküche schon das geputzte Christbäumlein bereit stand, um morgen seinen Lichterglanz zu verbreiten. Und auch der Onkel dachte an diese Möglichkeit nicht und war im innersten Herzen empört. Die Patin war unterwegs, um Fremden zu dienen, und das ihr anvertraute Geschöpfchen ließ sie am

Weihnachtsfest ohne Bescherung, ohne Baum allein mit einem Hemd als Christgeschenk. Wenn sie keine Zeit und kein Herz für das Kind hatte, warum hatte sie dann nicht wenigstens zugegeben, daß es bei den Brüdern Weihnachten feiere? Es sollte aber sein Weihnachtsfest haben, das Kind, mochte die Patin zürnen, das war ihm ganz gleichgültig!

»Klärchen,« sagte der Onkel, »zieh dich an, recht schnell, ich nehme dich mit mir, wir fahren gleich miteinander fort.« Und hinaus eilte er zu Mine: »Helfen Sie dem Kind, ziehen Sie es recht warm an, ich will es mitnehmen, ich bin sein Onkel.«

Mine war hocherfreut, das paßte zu ihren Plänen. Klärchen selbst war ganz verwirrt, konnte kaum fassen, was so schnell mit ihr geschah. Aber Mine flüsterte ihr zu: »Zu deinen Brüdern darfst du, denke nur, die Freude, zur Weihnachtsbescherung! Ach, Herr Professor, wenn Sie die Kleine nur ganz behalten könnten, da wäre sie besser versorgt, das arme Ding!«

»Sagen Sie Fräulein Stahlhammer, ich sei gekommen, dem Kind seine Weihnachtsgeschenke zu bringen, und da ich sie allein fand, hätte ich sie mitgenommen. Bis Neujahr bleibt sie jedenfalls bei uns, dann wollen wir weiter sehen. Komm Kind, komm, wir müssen gleich fort, damit wir den Zug noch erreichen.«

Unten an der Treppe fiel dem Onkel noch etwas ein.

»Mine,« rief er hinauf mit gewaltiger Stimme, die durchs ganze Haus dröhnte.

»Was ist's?«

»Die Puppe muß mit, schnell bringen Sie sie herunter. Wo ist sie, Klärchen?«

»Sie schläft in meinem Bett.«

Im Augenblick war sie herbeigeschafft und Klärchen drückte sie sorglich an sich. Der Onkel trug das Weihnachtspaket; zur rechten Zeit war ihm noch eingefallen, daß es Puppenkleider enthielt, so war wohl die Puppe unentbehrlich. Nach kurzer Zeit waren sie am Bahnhof.

Unterwegs sagte das Kind zu seinem Onkel: »Undankbar ist das nicht, wenn man fortgeht von der Patin, gelt, undankbar ist das nicht?«

»Nein, nein,« beruhigte der Onkel, »ich habe dich geholt und du mußt mir folgen.«

Ein halbes Stündchen Fahrt, ein Gang durch die Straßen der großen Stadt, und sie standen umringt von jubelnden Kindern, daß dem Klärchen aus ihrer Stille heraus ganz traumhaft zumute war.

Der Professor suchte seine Frau auf, im Weihnachtszimmer traf sie eben die letzten Vorbereitungen zur Bescherung. Ein Loblied auf Fräulein Stahlhammer war es nicht, was jetzt gesungen wurde! »Du hast recht gehabt, ganz gewiß hast du recht gehabt, daß du das Kind entführt hast. Fräulein Stahlhammer soll es nur erfahren, wie anderen Menschen so etwas vorkommt. Ich kann es nicht begreifen, gar nicht fassen! Sie hat doch erst so schön geschrieben, daß sie dem Kind die neue Heimat lieb machen möchte durch eine schöne Weihnachtsfeier! Ist sie denn eine Heuchlerin?«

– – Ach nein, eine Heuchlerin war sie nicht; hätte nur die gute Frau Professor gesehen, mit welch tiefem Schmerz Fräulein Stahlhammer bei ihrer Heimkehr – um acht Uhr war es – vernahm, daß ihr das Kind weggenommen worden war! Nachdem Mine ihr den ganzen Hergang berichtet und ein kleines Abendbrot aufgetragen hatte, fragte sie, ob sie noch zu ihren Verwandten gehen dürfe. Fräulein

Stahlhammer sagte ja, ohne nur recht zu wissen auf was. Am Tisch, wo noch das Tannenzweiglein lag und das rotgebundene Hemd, saß sie, und bemühte sich vergeblich, Herr zu werden über die Empfindungen, die sie überwältigen wollten: Schmerz, daß sie dem Kind nicht den Weihnachtsbaum anzünden konnte; Beschämung, daß es so vernachlässigt erschienen war; Entrüstung, daß man ungefragt eingedrungen war und das Kind geholt hatte; und Befürchtung, daß es lieblose Worte über sie hören und von anderen um so mehr Liebesbeweise empfangen würde. Und je länger der Abend sich hinzog, totenstill in ihrem einsamen Haus, der Abend, an dem sie eben erst von den Schulkindern das Lied hatte singen hören: »Selbst die Hütte trieft von Segen,« um so bitterer empfand sie ihre Enttäuschung.

Die alte, große Uhr, die in der Ecke des Eßzimmers wohl schon ein halbes Jahrhundert hing und in ihrem schönen, geschnitzten Kasten vom Boden bis hinauf reichte über die Türe, fing nun feierlich an zu schlagen mit einem Klang wie Orgelton, zehn Schläge. Da raffte sich Fräulein Stahlhammer auf und sah nach den großen goldenen Zeigern. Wirklich zehn Uhr? Wo waren die Stunden hingegangen? Vertrauert, verträumt, verloren! Das war kein »heiliger Abend«. Mit aller Gewalt riß sie sich heraus aus dieser Stimmung. Ihr selbst war ja das Fest verdorben, aber dem Kind nicht; das war wohl am glücklichsten bei den Geschwistern, so wollte sie ihm das Glück gönnen und nicht bitter gegen Klärchen sein. Das Christbäumchen konnte morgen auch eine Familie erfreuen, dann war es doch nicht umsonst aus dem Wald genommen. Aber dem Vormund wollte sie doch gleich schreiben, was sich begeben hatte; er konnte gelegentlich dem Onkel vorhalten, daß er nicht so eigenmächtig hätte handeln sollen.

Dieser Brief, der am frühen Morgen des zweiten

Weihnachtsfeiertages bei dem Vormund ankam, versetzte den Mann in großen Zorn. Er war ein empfindlicher Herr, dieser Herr Rat Stahlhammer, nicht gewöhnt, daß ihm etwas gegen den Willen ging. Er war der Vormund, nicht der Professor, und wenn er als Vormund das kleine Mädel seiner Schwester übergab, so hatte nach seiner Meinung der Herr Professor durchaus kein Recht, sich das Kind eigenmächtig und gegen den Willen seiner Schwester zu holen. Das wollte er ihm sagen. Heute war noch Feiertag; es war wohl am besten, wenn er gleich heute nachmittag zum Professor ging und ihm seine Ansicht sagte. Gleich heute nachmittag? Das war nicht gleich, das war lang, das war viel zu lang für den Ärger, den er empfand und durchaus aussprechen mußte. Schon nach einer Viertelstunde war er unterwegs, um Professor Kuhn aufzusuchen.

Ein langer Weg. Wie konnte man nur so weit hinausziehen! Die ganze Stadt mußte er durchqueren mit der Straßenbahn und dann erst noch ein Stück zu Fuß gehen und all das wegen des kleinen Mädels; das machte sich als Mündel recht unangenehm bemerkbar. Wegen so eines kleinen Rackers mußte er, der Rat, sich so bemühen, ganz ungehörig war das. Seine Schwester verstand es aber auch gar nicht, mit Kindern umzugehen! Warum war sie nicht daheim geblieben und hatte dem Kind einen Haufen gutes Zeug und Spielkram hingelegt, wie es so kleine Bälge nun einmal wollen an Weihnachten. Er hatte sich in einen gehörigen Zorn hineingearbeitet, der Herr Vormund, bis er glücklich am Haus des Professors angekommen war. Auch das Dienstmädchen ärgerte ihn, das die Türe aufmachte, denn auf seine Frage, ob Herr Professor zu Hause sei, antwortete sie: »Es tut mir leid.«

»Ob's Ihnen leid tut oder nicht, ist mir vollständig einerlei,« sagte er gereizt, »ist die Frau Professor zu Hause?« Das Mädchen hielt es nun für sicherer, bloß verneinend mit dem

Kopf zu schütteln. Der Rat blieb einen Augenblick unschlüssig mit gerunzelter Stirne stehen. »Wenn die Leute nur immer alle fortlaufen können,« sagte er vor sich hin, »ich möchte nur wissen, wozu sie Häuser haben, wenn sie doch nicht darin bleiben?« In diesem Augenblick ging eine Zimmertüre auf, fröhliches Kindergelächter drang heraus; unter der Türe stand Klärchen, hinter ihr kamen noch mehr Kinderköpfe zum Vorschein. Da wurde dem Rat klar, was die beste Strafe für den Professor war.

Er ging auf Klärchen zu und fragte kurz: »Hat die Patin erlaubt, daß du hierher kommst?«

»Nein,« sagte erschrocken die Kleine.

»Dann zieh dich augenblicklich an und komm mit mir.« Zugleich nahm er eine Besuchskarte aus der Tasche und sagte dem Mädchen: »Geben Sie diese Karte ab, wenn Herr Professor heimkommt.«

Klärchen hatte kein Wort der Widerrede. Sie war es nicht anders gewöhnt. So plötzlich hatte man sie das erste Mal zur Patin gebracht, so hatte der Onkel sie vorgestern entführt und so wurde sie zurückgeholt. Nach ihrer kleinen Lebenserfahrung war das der Lauf der Welt.

»Wo ist mein Mantel?« fragte die Kleine. Das Dienstmädchen ging rasch ins Zimmer, als wollte es die Kleider holen. Im Zimmer waren die kleineren Kinder und einer der Kostgänger, aber die Brüder, Konrad und Heinrich, waren nicht darunter, sie waren mit den Größeren auf der Eisbahn.

Ganz aufgeregt sagte das Mädchen: »Da draußen ist ein Herr, ein ganz unfreundlicher, der will das Klärchen mitnehmen, was soll ich denn tun?« Und auf die Besuchskarte sehend, las sie: »Stahlhammer, Geheimer Rat.«

»Das ist ja der Vormund von Konrad und Heinrich,« sagte

der Kostgänger, »von dem war schon oft die Rede.«

»Dann muß man Klärchen mit ihm gehen lassen?«
Allgemeiner Widerspruch, lautes Bedauern ertönte nun in
der Kinderstube und die Kinder drängten hinaus in den
Vorplatz. Es hatte nur eine Minute gedauert, aber dem
Herrn Rat schon zu lang. »Der Mantel, der Mantel, wo ist
der Mantel? Und das andere Zeug, das das Kind etwa
mitgebracht hat?« Das Mädchen sprang eilends an den
Kleiderschrank, und die Kinder, als sie sahen, daß Klärchen
wirklich gehen mußte, holten geschäftig herbei, was auf dem
großen Bescherungstisch auf ihrem Platze lag: die Puppe im
Wickelkissen, das Weihnachtsgebäck, ein Bilderbuch und
eine Schürze. Die Sachen wurden notdürftig eingewickelt;
der Rat war schon ein paar Treppenstufen hinunter
gegangen, als die einzelnen Schätze Klärchen noch gereicht
wurden.

Er hatte allerdings guten Grund zu eilen, denn er wußte,
daß um Mittag ein Zug abging, den er benützen wollte, um
das Kind wieder bei seiner Schwester abzuliefern. Auch
wünschte er nun nicht mehr den Professor zu sprechen,
diese Sprache war die deutlichste. Als er unten mit der
Kleinen um die Straßenecke bog, kamen von der
entgegengesetzten Seite Herr und Frau Kuhn auf das Haus
zu.

»Sieh nur,« sagte die Frau Professor zu ihrem Mann, »man
könnte meinen, das Kind dort, das mit dem Herrn geht, sei
Klärchen; jetzt kannst du sie nicht mehr sehen, sie sind
schon um die Ecke, aber es kann ja unmöglich Klärchen
sein.«

In eiligen Schritten ging der Vormund mit seinem Mündel
der Bahn zu; aber rasch kamen sie doch nicht von der Stelle,
denn zuerst rutschte ihr das Buch aus der Hand und als sie
es aufheben wollte, das Päckchen Backwerk. Es fiel in den

Schnee, der mußte erst wieder abgeschüttelt werden. »Gib das Buch, ich will es tragen,« sagte der Rat und nahm es ab. Aber nach einiger Zeit rutschte die Schürze auf den Boden, da gab es wieder einen Aufenthalt. »Das will ich dir auch noch abnehmen, aber was du ferner auf den Boden wirfst, bleibt liegen, verstanden! Man muß auf seine Sachen achten lernen; nun spring so rasch du kannst, daß wir den Zug noch erreichen.« Er nahm sie bei der Hand. Die Kleine trippelte so schnell sie konnte nebenher; aber ihr Ärmchen tat ihr weh, so hoch hinauf zog es der große Mann, indem er sie führte, und den andern Arm mußte sie fest an sich pressen; denn unter dem steckte die Puppe, und in der Hand war das Backwerk. Allmählich wurde der Arm müde und konnte die Puppe nicht mehr fest pressen, so daß sie nach und nach immer weiter hinunter rutschte. Klärchen fühlte es, aber sie hatte ja die zweite Hand nicht frei, um die Puppe zu halten, und ganz sachte glitt diese endlich unter dem Arm hindurch und fiel sanft und leise auf den weichen Schnee. Klärchen wandte den Kopf zurück und wollte still halten, aber der Vormund, der von dem Hergang nichts bemerkt hatte, trieb sie an: »Nur vorwärts, Kind.« Die Kleine wagte nichts zu sagen, sie sah nur zurück, ach da lag ihr Wickelkind im Schnee! Immer wieder wandte sie den Kopf; jetzt bog sie um eine Ecke, sie sah sie nicht mehr! Ihr Liebling war dahin! Es war für das treue Puppenmütterlein ein Seelenschmerz. Dicke Tränen rollten ihr über die Wangen. Ihr Begleiter merkte es erst, als er ein unterdrücktes Schluchzen vernahm. Aber er fragte nicht, warum sie weine, er glaubte den Grund zu wissen. »Nicht weinen, Klärchen,« sagte er, »schäme dich, am hellen Tag auf der Straße zu weinen. Nun sind wir gleich zur Stelle, du wirst doch so weit marschieren können?« Es war eine Erleichterung, als am Bahnhof der große Mann ihre Hand frei gab, der Arm hatte so weh getan. Und nun saß sie im Wagenabteil zweiter Klasse auf weichem Kissen, und der

Vormund sagte: »In deinem Alter durfte ich nie zweiter Klasse fahren, dir geht es besser als du es verdienst, sei nur recht dankbar.« Da kämpfte das kleine Wesen seinen Kummer nieder und sagte, die Tränen verschluckend: »Ich danke schön.«

VI.

Es war ein Uhr, als Herr Stahlhammer mit seinem Mündel in der Wohnung seiner Schwester ankam. Als Mine die Tür aufmachte und unerwartet an der Hand des Vormunds das Kind vor sich sah, von dem sie schon gehofft hatte, daß es vielleicht für immer wegbleiben würde, machte sie ein sehr erstauntes Gesicht. Für erstaunte Gesichter hatte aber Herr Stahlhammer keinen Sinn. Was er tat, war doch immer vernünftig, und über das Vernünftige hat niemand zu staunen. Er ließ sie deshalb nicht zu Wort kommen, sondern fragte kurz: »Fräulein Stahlhammer zu Hause?« und ging, als dies bejaht wurde, mit dem Kind ins Zimmer. »Ich bringe das Kind zurück,« sagte er zu seiner Schwester und mit einem Blick auf den Tisch, von dem sie offenbar im Begriff war, das Tischtuch wegzunehmen, setzte er mißfällig hinzu: »Schon fertig? Mir unbegreiflich, wie man so frühzeitig essen mag! Ich bin natürlich um mein Essen gekommen durch diese unangenehme Sache.«

Fräulein Stahlhammer sah die unvermuteten Gäste an, den übelgelaunten Bruder und dann das Kind. Da kam es zurück nach zwei Tagen, stand da fremd und verschüchtert, mit deutlichen Spuren vergossener Tränen; einen erfreulichen Anblick boten die beiden nicht! Sie wollte dem Kind den Mantel ausziehen.

»Ich denke, du sorgst zuerst für mich,« sagte der Rat, »das Kind kann sich wohl selbst bedienen.«

Fräulein Stahlhammer ging in die Küche, die Kleine in das Schlafzimmer, ihr Mäntelchen abzulegen. Ach, da stand das leere Puppenbett, nun war es vorbei mit ihrer Selbstbeherrschung! Noch beim Essen fielen die Tränen in die Suppe und es war kein Wunder, daß der Vormund zu seiner Schwester sagte: »Das Kind macht mich nervös mit seinem ewigen Geheul, kannst du nicht Maßregeln treffen, es abzustellen?« Da wurde Mine gerufen, sie sollte die Kleine zu Bett bringen. Fräulein Stahlhammer dachte nicht anders, als daß die Rückkehr zu ihr dem Kinde so schwer falle, denn den wahren Grund des Kummers kannte sie nicht. Kaum war Klärchen mit Mine allein, so brach sie in den Schmerzensruf aus: »Mein Wickelkind habe ich fallen lassen, im kalten Schnee liegt's auf seinem Gesicht und friert!«

»Leise, leise, daß man dich nicht hört,« mahnte das Mädchen, »warum hast du es nicht aufgehoben, wenn es hinuntergefallen ist?«

»Ich weiß nicht, ich weiß nicht!« schluchzte das Kind.

»Sag's nur niemand, daß du deine Puppe verloren hast, sonst geht dir's schlecht! Schlupfe unter die Decke, daß man dich nicht weinen hört; so ist's recht, jetzt schlafe!«

Nachdem der Vormund getafelt hatte, sagte er zu Fräulein Stahlhammer: »Wie gedenkst du das Kind zu strafen dafür, daß es ohne Erlaubnis das Haus verlassen hat?«

»Ach, Bruder, das Kind ist doch genug bestraft; du siehst ja, wie unglücklich es ist. Und überdies ist es nur natürlich, daß es seinem Onkel gefolgt ist.«

»Es muß aber lernen, daß es nichts unternehmen darf ohne deine oder meine Genehmigung. Bestrafst du es jetzt, so weiß es das für künftige Fälle. Das wirst du mir zugeben?« Und als seine Schwester nicht gleich Antwort gab, fügte der Rat etwas gereizt hinzu: »Oder meinst du vielleicht, wenn du sie nicht strafst, sieht sie ihr Unrecht besser ein?«

»Rudolf, du quälst mich. Ich kann das arme Wesen dafür nicht strafen; du kannst das Kind wegnehmen, – ich habe es ja nie gewollt – aber wenn du es bei mir lassen willst, dann muß ich es so behandeln, wie mich mein Herz treibt.«

»Quälen wollte ich dich nicht, nur belehren, aber du läßt dich nicht belehren. Statt Gründe vorzubringen, kommst du mit deinem Herzen. So sieh eben zu, wie du zurechtkommst. Ich will mich nicht weiter einmischen, nur an das eine möchte ich dich noch mahnen: ohne Strenge wird kein Kind erzogen. Erinnere dich, wie hart wir beide erzogen wurden.«

»Gewiß,« sagte die Patin, »das gebe ich ja zu, Strenge muß sein.«

»Nun ja, das wollte ich auch nur betonen; wenn du es in diesem besonderen Fall durchaus nicht für angemessen hältst, so will ich da nicht eingreifen.« So klang die Unterredung noch versöhnlich aus. Ein paar Stunden später war der Vormund auf der Heimreise begriffen.

Wenn wir es mit Klärchen gut meinen, so müssen wir uns jetzt nach ihrem verlorenen Wickelkind umsehen.

Ein altes Mütterchen, das an seinem Fenster saß, während Herr Stahlhammer mit Klärchen vorüberging, hatte die Puppe fallen sehen. Sie öffnete das Fenster; es ging nur nicht so schnell, denn zuerst mußte vorsichtig der Vorhang weggezogen werden. Als sie sich hinauslehnte, waren die Beiden schon ein gutes Stück vom Haus weg und der schwache Ruf der Frau wurde vom Wagengerassel übertönt. Ein kleiner Junge sprang vorüber. »Reich' mir die Puppe herauf!« rief die alte Frau, und so kam das verlorene Gut in ihre Hände. Sie hatte das ängstliche Zurückschauen Klärchens bemerkt und der schmerzliche Blick ging ihr nach. Wenn sie sich auch immer wieder sagte: »Ein dummes Dinglein ist's gewesen, daß es seine Puppe nicht aufgehoben hat, es geschieht ihr recht,« so konnte sie sich doch nicht eher beruhigen, als bis sie in das Anzeigeblatt eine Anzeige eingesandt hatte: »Eine Wickelpuppe gefunden. Bahnhofstraße 5 p.«

Als am nächsten Tag Frau Professor Kuhn nach ihrer Gewohnheit den Anzeiger las, fiel ihr Blick auf das Wort »Wickelpuppe«. Sie hatte ja erst mit so viel Liebe eine solche Puppe gekleidet. Gut, daß Klärchen in der Eile wenigstens ihre Schätze noch mitgenommen hatte. Wie traurig, wenn sie auch ihr Wickelkind entbehren müßte! Wo hatte man die Puppe gefunden? In der Bahnhofstraße. Durch die mußte Klärchen mit dem Vormund gekommen sein. Wie merkwürdig, daß zwei Wickelpuppen an diesem Wintertag durch die Bahnhofstraße getragen wurden! Oder sollte es gar die von Klärchen sein? Ja, das Kind hatte so vielerlei zu tragen gehabt; gewiß hatte es die Puppe fallen lassen, ohne es zu bemerken. Die Tante hatte kaum vor den Kindern diese Befürchtung ausgesprochen, als auch Heinrich schon davonrannte nach der Bahnhofstraße. Frohlockend kam er nach kurzer Zeit mit dem kostbaren Gut zurück. Das Lächeln der Vorübergehenden, die den Lateinschüler so fröhlich mit der Wickelpuppe springen sahen, beachtete er nicht. Die Leute meinten wohl, es sei eine gewöhnliche Puppe, ein Spielzeug; aber das war es ja nicht, es war etwas anderes, war Klärchens Ein und Alles!

In der Familie des Professors hatte Klärchens Entführung allgemeine Entrüstung hervorgerufen, und nun, da noch das Mitleid hinzukam, reifte bei Konrad ein Entschluß. Er wollte die Puppe nach Waldeck bringen und dort bleiben über die ganzen Weihnachtsferien, um zu sehen, ob Fräulein Stahlhammer immer so hart gegen ihr Patchen sei, wie es ihnen allen am heiligen Abend erschienen war. Als er am Familientisch diesen Vorschlag machte, kamen von allen Seiten Entgegnungen.

»Fräulein Stahlhammer wird jetzt niemand aus unserem

Haus willkommen heißen,« meinte der Onkel; die Tante fürchtete, der Vormund werde es nicht billigen; Heinrich fand, daß er überall sonst seine Ferien lieber zubringen würde als bei Fräulein Stahlhammer. Aber allen wäre es von Wert gewesen, Näheres zu erfahren über Klärchens neue Heimat, und so war das Ende der Beratung doch, daß Konrad nach Waldeck gehen und dort sein Glück probieren solle. Er schnürte sein Bündelchen und machte sich auf den Weg.

An diesem Tag ging Klärchen so müßig umher, daß es der Patin auffallen mußte, denn sie war gewöhnt, die Kleine immer mit ihrer Puppe beschäftigt zu sehen. »Wo ist denn heute deine Puppe?« fragte sie. Klärchen erschrak, nach Mines Warnung wagte sie nicht die Wahrheit zu sagen. »Hole doch deine Puppe herein,« wiederholte Fräulein Stahlhammer, »wo hast du sie denn?«

»Ich weiß nicht,« sagte Klärchen.

»So suche oder frage Mine danach.«

Klärchen ging in die Küche. »Mine, was soll ich sagen, die Patin fragt nach der Puppe?«

»Sagst nur, du habest sie bei der Tante gelassen.«

»Ich habe aber schon gesagt, daß ich nicht wisse, wo sie ist.«

»Dann sagst du wieder so.«

Lange scheute sich die Kleine, wieder ins Zimmer zu gehen; als sie es endlich tat, stand Fräulein Stahlhammer in Hut und Mantel da, im Begriff, einen Ausgang zu machen. Klärchen hoffte schon, sie würde nicht mehr gefragt, aber das erste Wort der Patin war: »Nun, hast du die Puppe? Hast du sie nicht gefunden? Und Mine auch nicht?« Die

Kleine war in sichtlicher Verlegenheit, die Patin merkte, daß etwas nicht in Richtigkeit war. »Nun sag' mir einmal, wo sie ist, Klärchen?« Da schlug die Kleine die Augen nieder und sagte: »Ich weiß nicht.«

Fräulein Stahlhammer suchte Mine auf. »Das Kind will mir nicht sagen, wo die Puppe ist. Wissen Sie etwas davon?«

»Ach, das arme Wurm getraut sich's nur nicht zu gestehen, sie hat ja die Puppe mit auf die Reise genommen und unterwegs verloren.«

Fräulein Stahlhammer war peinlich berührt. Das Kind hatte Mine ihr Vertrauen geschenkt, ihr selbst aber die Unwahrheit gesagt. Ja, diesmal mußte Strafe sein; das war ein anderer Fall, lügen durfte das Kind nicht, um keinen Preis. Als sie wieder ins Zimmer kam, warf die Kleine einen ängstlichen Blick auf sie, ein böses Gewissen war deutlich auf dem Gesicht geschrieben. »Klärchen,« sagte die Patin, »warum hast du mir nicht gesagt, daß du deine Puppe verloren hast? Warum hast du gesagt: ich weiß nicht? Da hast du mich angelogen, und das ist ganz abscheulich, so mag ich dich nicht, und so mag der liebe Gott dich nicht. Sieh, wenn ein Kind so böse ist, dann wird es genommen und zur Strafe da hinauf gesetzt.« Mit diesen Worten faßte Fräulein Stahlhammer die kleine Gestalt, hob sie hoch hinauf und setzte sie oben auf den Schrank, der an der Wand stand. Die Kleine schrie, streckte beide Arme ängstlich an die Wand und wagte gar nicht, von der Höhe herunter zu schauen. »Da bleibst du nun sitzen,« sagte Fräulein Stahlhammer, »und nimmst dir vor, daß du ein andermal nicht mehr lügen willst. Alle unartigen Kinder werden da oben ganz brav. Sei nur still, denn solange du noch weinst, bist du noch ganz unartig und fällst vielleicht herunter. Wenn du aber brav sein willst und ruhig, dann kannst du gar nicht fallen, und wenn ich heimkomme, hebe ich dich herunter.«

Als Klärchen das hörte, war sie ganz still; die Patin ging. Draußen sagte sie noch zu Mine: »Ich habe das Kind zur Strafe auf den Schrank gesetzt. Wenn ich in einer halben Stunde nicht kommen sollte, dann holen Sie sie herunter, aber früher nicht.«

Die Patin ging; neugierig schlich Mine sich ins Zimmer. Wirklich, da saß die Kleine hoch droben, regungslos an die Wand gedrückt. Mine fühlte sich selbst schuldig, ihr Gewissen schlug, gerne hätte sie die Kleine aus ihrer Lage erlöst. »Ich möchte dich gerne herunterholen, Klärchen,« sagte sie, »aber wenn die Patin vielleicht noch einmal umkehrt, zankt sie.«

»Nein, du darfst mich nicht holen, sonst falle ich,« sagte Klärchen. »Bloß, wenn man brav ist, hält man fest, die Patin hat's gesagt. Gelt, ich bin jetzt brav? Ich lüge jetzt nicht und ich lüge auch das nächstemal nicht, wenn ich ein Wickelkind verliere. Gelt, dann kann ich gar nicht fallen?«

»Nein, nein, du fällst nicht,« beruhigte Mine. Sie hatte wirklich Mitleid. »Ich gehe schnell hinaus, weil jemand geklingelt hat, aber dann komme ich gleich wieder herein zu dir.« Geklingelt hatte Konrad. Daß er gerade in diesem Augenblick erschien, paßte Mine vortrefflich; er sollte nur seine kleine Schwester in ihrer traurigen Lage sehen, das konnte schon zu dem Entschluß beitragen, sie nicht hier zu lassen. Sie führte ihn unvorbereitet ins Zimmer und der gute Junge erschrak, als er sein Klärchen in solcher Höhe erblickte. Sie aber strahlte, als sie ihn hereinkommen sah. »Konrad, Konrad!« rief sie, wagte sich aber nicht zu rühren. »Fräulein Stahlhammer hat sie da hinauf gesetzt,« sagte Mine, »zur Strafe; ich darf es nicht herunterholen, das arme Kind. Gut, daß Sie da sind, dann ist sie doch nicht so allein, denn ich sollte kochen,« und sie eilte in die Küche.

Konrads erster Gedanke war, wie er wohl seine Schwester befreien könne, denn er war empört, sie in dieser hilflosen Lage zu finden. Aber als er nur ein Wort von seiner Absicht sagte, wehrte Klärchen ab. »Ich muß bleiben,« sagte sie, »bis die Patin heimkommt, ich muß still sein, daß ich nicht falle.« »Aber was hast du denn Böses getan?« fragte Konrad, und mit tiefem Ernst im Gesichtchen antwortete die Kleine: »Gelogen!« Das war auch nach Konrads Ermessen ein ernster Fall. »Wegen meinem Wickelkind,« sagte Klärchen. »Konrad, es ist in den Schnee gefallen,« und nun brach wieder der Jammer hervor. Aber da hatte Konrad den besten Trost. Schnell packte er sein kleines Ränzchen aus und hob hoch in die Höhe, daß es Klärchen wohl hätte erreichen können, das wiedergefundene Kleinod. Aber so groß auch ihr Verlangen war, sie wagte nicht, sich vorzubeugen. »Mein Wickelkind!« rief sie und winkte zärtlich mit den Händchen. »Warte, ich bringe dir's.« Mit diesen Worten zog Konrad einen Tisch herbei, stieg hinauf und legte die Puppe in Klärchens Arme und nun, da er doch schon so hoch war, schwang er sich vollends auf den Schrank, setzte sich neben die kleine Schwester, legte den Arm hinter sie, und so beschützt fühlte sich die Kleine ganz glücklich; streichelte bald den Bruder, bald die Puppe, bekannte auch ihre Unwahrheit und nahm die brüderlichen Ermahnungen zur Wahrhaftigkeit sehr ernst auf.

Während so das Geschwisterpaar nebeneinander saß, kam Fräulein Stahlhammer mit eilenden Schritten schon wieder auf ihr Haus zu. Sie hatte mehrere Besorgungen machen wollen, aber sie war kaum eine Viertelstunde aus dem Haus gewesen, als der Gedanke an Klärchen sie beunruhigte. Wenn das Kind herunterfiele? Aber sie selbst war auf diesem Strafplatz als kleines Mädchen auch gesessen und öfter als einmal ihr Bruder, und man konnte doch von dem breiten festen Schrank gar nicht herunterfallen. Aber Klärchen war zarter, ängstlicher, wenn sie sich zu sehr aufregte oder wenn sie einschliefe? Nein, sie wollte lieber ihre Ausgänge ein andermal machen und heimgehen. »Ich hätte nicht fortgehen sollen,« sagte sie sich, »aber meine Mutter ist auch einmal fortgegangen.« Ja, Fräulein Stahlhammer wußte es noch genau, ihr Bruder war wohl schon eine Stunde lang zur Strafe droben gesessen, und so oft ihn die Mutter fragte, ob er nun brav sein wolle, hatte er trutzig die Antwort verweigert. So war die Mutter fortgegangen und er hatte bis Abend ausharren müssen. Ob wohl auch Klärchen so trutzig sein würde? Wie würde sie sie wohl finden? Ungewöhnlich rasch stieg sie die Treppe hinauf, schloß die Wohnung auf und öffnete mit wahrem Herzklopfen die Türe des Zimmers. An viele Möglichkeiten hatte sie gedacht, aber an die nicht, daß statt eines Kindes zwei auf dem Schrank sitzen würden. Wie ein Schutzengel erschien ihr der Knabe da oben, der die ängstliche Kleine umschlungen hielt; nur waren die langen Beine, die da in beschmutzten Stiefeln am Schrank herunter hingen, so gar nicht engelhaft anzusehen. Und nun machte der Schutzengel einen Satz herunter auf den Tisch, von da auf den Boden, grüßte in einiger Verlegenheit und sagte: »Ich bin gerade zufällig mit der Puppe gekommen und habe sie Klärchen hinaufgereicht.«

Im ersten Augenblick war Fräulein Stahlhammer nur glücklich gewesen, daß sie das Kind wohlbehalten vor sich sah, im zweiten dachte sie: Hätte lieber mein Bruder statt ihr Bruder Klärchen so getroffen. Was wird er denken und daheim berichten von mir! »Klärchen ist in Strafe,« sagte sie jetzt, »weil sie mir die Wahrheit nicht gesagt hat. Aber sie will jetzt gewiß wieder brav sein,« fuhr sie fort, sich zu dem Kinde wendend und voll Sorge, ob es nun einen peinlichen Auftritt geben werde. »Ich bin schon die ganze Zeit brav gewesen,« sagte Klärchen, »der Schrank hat auch gar nicht gewackelt.«

»So ist's recht,« sagte die Patin, der es ganz leicht ums Herz wurde, »dann komm, mein Kind!« Und sie faßte Klärchen und hob sie herunter.

Es war inzwischen Mittag geworden und Fräulein Stahlhammer lud Konrad zu Tisch. Er nahm es dankbar an; noch hatte er die Frage nicht über die Lippen gebracht, ob er einige Tage bleiben dürfe. Daheim war er wie ein Märtyrer angesehen worden, daß er seine Ferienzeit bei Fräulein Stahlhammer zubringen wollte, jetzt aber kam er sich nur wie ein zudringlicher Gast vor. Die Schwester kam ihm unwillkürlich zu Hilfe.

»Darf denn der Konrad jetzt oft da essen?« fragte sie und rückte ihren Stuhl ganz dicht an den seinigen.

»Das will er selbst nicht,« sagte Fräulein Stahlhammer, »sonst dürfte er's wohl.«

»O doch, ich möchte schon, wenn Sie es erlauben,« sagte er, sich an die Patin wendend, »dürfte ich einige Tage dableiben?« Fräulein Stahlhammer schien betroffen. Sie hatte so ein unbestimmtes Gefühl, als habe man ihr einen Kundschafter ins Haus geschickt, denn freiwillig war noch nie ein Kind zu ihr gekommen.

»Warum möchtest du da bleiben?« fragte sie und sah ihn fest dabei an. Unwillkürlich erinnerte sich Konrad, wie er daheim gesagt hatte, er möchte dahinter kommen, wie Fräulein Stahlhammer eigentlich sei, und das harte Urteil, das man über sie gefällt hatte, kam ihm ins Gedächtnis. Er geriet in sichtliche Verlegenheit; den wahren Grund konnte er nicht angeben, Ausflüchte zu machen war er nicht gewöhnt. Aber Fräulein Stahlhammer brauchte auch keine Antwort mehr. Sie wußte genug. Ruhig und fest, ihre große Gestalt stramm aufrichtend, sagte sie: »O ja, du kannst hier bleiben so lange du willst; dein Onkel und deine Tante können auch selbst kommen, und es ist mir sogar lieber, sie bleiben länger da als wenn sie, wie dein Onkel an Weihnachten, auf fünf Minuten kommen und dann ganz falsche Eindrücke mit wegnehmen.«

Es war gut, daß Klärchen in der Herzensfreude über des Bruders längeren Besuch voll Fröhlichkeit war und harmlos plauderte, sonst wäre das Mittagessen wohl etwas peinlich gewesen.

Fräulein Stahlhammer war unwillkürlich zurückhaltend; es lag ihrem Wesen fern, sich einen guten Schein geben zu wollen; sie war in diesen Tagen eher weniger herzlich gegen Klärchen als sonst, und das Kind, da es seinen geliebten Bruder als Gespielen hatte, wandte sich nie an die Patin. Die Geschwister waren viel allein miteinander und da ging der Kleinen das Herz auf, und allmählich kam alles zu Tag, was sie erlebt hatte. Immer kehrte in ihren Berichten der Satz wieder: »Das darf man nicht vor der Patin sagen, Mine hat es verboten.« Auch daß Mine oft fortging und Klärchen ganz allein zu Hause ließ, kam unter dem Siegel der tiefsten Verschwiegenheit heraus, und Konrad war noch keine acht Tage im Haus, als er schon den Eindruck hatte, daß die anscheinend so wohlmeinende Mine auf sein Schwesterchen nur einen schlimmen Einfluß ausübe, obwohl er nicht recht durchschauen konnte, warum. Mit schwerem Herzen trennte er sich, als die Feiertage vorüber waren, von der Kleinen, die ihn nicht ziehen lassen wollte. Es war ihm, als ließe er sie unter Fremden, während er selbst in einen trauten, fröhlichen Familienkreis heimkehren durfte.

Herr und Frau Professor Kuhn hatten inzwischen einen Beschluß gefaßt. Wenn Konrad mit ungünstigen Berichten zurückkäme, so wollten sie an Ostern, wo einer ihrer Kostgänger abgehen würde, dem Vormund anbieten, Klärchen zu sich zu nehmen.

Und nun kam Konrad, noch betrübt von dem Abschiedsschmerz, und gleich der Beginn seiner Erzählung, wie er die Kleine auf dem Schrank in Strafe getroffen habe, weil sie nicht gewagt habe, das Ungeschick mit der Puppe einzugestehen, erregte einen Sturm der Entrüstung; und als er noch den zweifelhaften Einfluß Mines hervorhob, wurde beschlossen, noch heute an den Vormund zu schreiben. Der Professor faßte einen Brief ab, in dem er sich erbot, Klärchen zu sich zu nehmen, da sie ja nur auf Probe bei Fräulein Stahlhammer untergebracht sei. Die Geschwister wären wohl am glücklichsten, wenn sie beisammen wären.

Herr Stahlhammer saß eben am Frühstück, als der Brief ankam. Er erbrach ihn schon mit gerunzelter Stirne und sie wurde nicht heller beim Durchlesen. Am nächsten Sonntag fuhr er zu seiner Schwester hinaus und legte den Brief vor sie. »Da lies,« sagte er, »dieses Getue mit dem Kind ist mir allmählich zuwider.« Fräulein Stahlhammer las den Brief. Der Kundschafter hatte also keine befriedigende Kunde gebracht. Das tat ihr weh. Sie tat doch an dem Kind was sie konnte. Sie hätte es vielleicht selbst nach einem halben Jahr gern abgegeben, aber daß diese Familie es ihr abverlangte, verletzte sie. Konrad war nett gewesen, sie hatte ihm zugetraut, daß er Gutes berichten würde. Er kam ihr falsch vor. »Was soll ich den Leuten antworten?« fragte ihr Bruder.

»Daß ich das Kind behalten will,« sagte Fräulein Stahlhammer bestimmt.

»Dauernd?«

»Ja, dauernd!«

»Das ist mir sehr angenehm, Schwester. Ich werde dem Professor Bescheid geben und dann wird hoffentlich von dem Mädchen nicht mehr gesprochen, bis es konfirmiert ist; wenn alle Mündel so viel Plage machten, fände man keinen

Vormund mehr!« Diesmal zog der Rat sehr befriedigt heimwärts und schrieb ganz artig, er danke für den Vorschlag; seine Schwester wolle das Kind dauernd behalten, es sei dort in vorzüglicher Pflege.

Als nach ihres Bruders Weggehen Fräulein Stahlhammer ihr Pflegekind aufsuchte, und es allein in einer Ecke des Schlafzimmers still sitzend fand, kam es ihr vor, als habe sie dem Kind ein schweres Leid angetan. Ein fröhlicher Familienkreis hatte sich ihr geboten und sie hatte es daraus verbannt durch ihr Wort: »Ich will es behalten.« Und dieses Wort hatte sie nicht aus edlen Gründen gesprochen.

Bitter enttäuscht waren die Brüder, als die abschlägige Antwort des Vormunds eintraf. Zu ändern war daran nichts mehr, das sahen sie ein, aber etwas konnte doch getan werden, so dachte wenigstens Heinrich und er schmiedete ganz im stillen Pläne. Mußte Klärchen bei der Patin bleiben, so sollte wenigstens Mine fort, und das wollte er bewerkstelligen.

Am nächsten Sonntag wanderte er ganz allein nach Waldeck. Von vier bis sechs Uhr war die Patin im Verein der Dienstmädchen, das wußte er. Er strich ums Haus herum, bis er die hohe Gestalt der Fräulein Stahlhammer über die Straße schreiten sah, und bis sie endlich seinen Blicken in der Ferne entschwand; dann ging er hinauf und als ihm Mine öffnete, folgte er ihr in die Küche, ohne nach seiner Schwester zu fragen. Heinrich war ein gut Stück kleiner als Konrad, sah noch recht kindlich aus für seine zwölf Jahre, aber ein schelmisches, aufgewecktes Gesicht sah unter dem welligen Haar hervor.

»Was willst du denn von mir, Heinrich?« fragte das Mädchen verwundert. »Ich habe Ihnen etwas mitgebracht, Mine,« sagte er und zog aus seiner Tasche ein Zeitungsblatt hervor. Neugierig sah sie hinein, als er das Blatt aufschlug.

»Da lesen Sie einmal, Mine, das ist unser Lokalanzeiger, da sind lauter schöne Stellen für Dienstmädchen ausgeschrieben. Zum Beispiel da: »Ein Dienstmädchen gesucht bei hohem Lohn,« und da »Bei guter Behandlung« und vollends die Anzeige müssen Sie lesen »Alljährlich steigender Lohn und beste Behandlung.« Mit großer Aufmerksamkeit folgte Mine Heinrichs Fingerzeig. »Fein,« sagte sie, »aber ich will ja gar nicht fort von hier.«

»Warum denn nicht? In der großen Stadt ist's doch schöner.«

»Schon, aber ich habe hier einen guten Bekannten.«

»Ach, gute Bekannte bekommen Sie bei uns auch, sogar einen Jungfrauenverein gibt's.«

»Das ist doch wieder was anderes,« sagte Mine, »und warum soll ich denn fort?«

»Ich habe eben so gedacht,« sagte der Schelm ganz ernsthaft, »das Klärchen macht doch schon Arbeit und wenn nun mein Bruder und ich auch noch kommen –«

»Zu uns? Ins Haus? Für ganz?«

»Wir Geschwister möchten eben gern beisammen sein und Platz ist ja da. Wir haben freilich viele Sachen. Zum Beispiel meine Raupensammlung; die müßte ich schon in der Küche aufstellen, denn im Zimmer paßt das nicht, weil die Raupen doch manchmal durchgehen.«

»Pfui tausend, sei mir still davon,« sagte Mine.

»Oho, meine Raupen sind schön, da sehen Sie doch einmal,« und auf einmal zog er aus seiner Tasche ein Gläschen, in dem ein paar Raupen von der dicksten Sorte herumkrochen. Er band es auf, Mine wich ein paar Schritte zurück, er folgte ihr.

»Geh mir weg mit dem häßlichen Getier, ich kann's nicht leiden.«

»So? das ist aber ärgerlich. Denn wo ich bin, da sind auch Raupen und beim besten Willen kann man das nicht vermeiden, daß sie manchmal herumkriechen.«

»Schöne Aussicht!«

»Darum meine ich eben auch, ob Sie nicht einen andern schönen Dienst suchen wollen?«

»Ja, wenn drei Kinder ins Haus kommen und Ungeziefer dazu, dann gern. Es gibt ja auch hier Plätze genug. Mach doch dein Raupenglas wieder zu.«

»Gleich, gleich, lassen Sie doch sehen, ich meine, es krabbelt schon eine an Ihrem Rücken, ja, jetzt kommt sie an den Hals.« Mine tat einen lauten Schrei. »Tu sie weg, du abscheulicher Bub du, gleich tu sie weg!«

»Ja,« sagte Heinrich, »aber sachte, daß ihr nichts geschieht, es ist eine von meinen größten,« und der Schlingel berührte Mine sachte am Hals, so daß sie die Raupe zu verspüren meinte. »Ich bitte dich, Heinrich, sei so gut, nimm sie weg.«

»Ja, wenn Sie mir versprechen, daß Sie gehen.«

»Gern, gern, ich mag ja gar nicht mehr bleiben. Ist das Tier weg?«

»Gleich kommt's weg. Gehen Sie im nächsten Monat?«

»Ja, ja, auf den Ersten, so bald wie möglich.«

»Dann ist's recht; da ist ja schon die Raupe wieder im Glas, sehen Sie nur.« Lachend lief er dem zürnenden Mädchen davon. »Jetzt will ich zu Klärchen,« sagte er.

Als sich Mine ein wenig beruhigt hatte, nahm sie das

Zeitungsblatt wieder; die feine Stelle mit dem alljährlich wachsenden Lohn fesselte sie doch und gab ihr zu denken; schließlich konnte man seine guten Bekannten auch von der Stadt aus treffen. Heinrich machte sich zeitig auf den Heimweg. Er war in vergnügter Stimmung. Der erste Plan war gelungen, nun kam der zweite. Zu Hause sagte er gar nichts davon, denn Onkel und Tante wollten sich nicht in die Angelegenheiten von Fräulein Stahlhammer mischen; es war ja auch nicht nötig, das konnte er schon selbst besorgen. Er wollte auch Konrad nicht einweihen, denn der hatte immer so vielerlei Bedenken und würde auch jetzt immer nur sagen: »Das geht nicht.« Es mußte aber fein gehen!

VII.

Unter der großen Anzahl von Dienstmädchengesuchen konnte man am nächsten Tag im Lokalanzeiger lesen: »Es wird ein recht gutes, freundliches Dienstmädchen gesucht bei stets steigendem Lohn. Näheres um zehn Uhr im Gymnasiumshof.«

Als der Zeitungsträger den Lokalanzeiger wie jeden Tag mittags ins Haus brachte, sah Heinrich ganz begierig nach: richtig, da kam seine Anzeige unter vielen andern. Er war überzeugt, daß niemand außer Stellensuchenden diese Anzeige lesen würde und daß er gewiß ganz unvermerkt während der Unterrichtspause, die von zehn bis ein Viertel auf elf Uhr stattfand, in den Hof des Gymnasiums gehen und sich unter den Dienstmädchen, die da kommen würden, die freundlichste heraussuchen könne. Name und Wohnung der Patin hatte er schön deutlich auf einen Zettel geschrieben, den wollte er dann der Auserwählten geben, damit sie sich Fräulein Stahlhammer anbiete. Nur durfte sie nicht sagen, wer sie geschickt habe; wenn sie ihm nur das gewiß versprach!

Es hatte aber doch noch jemand anders als nur Dienstmädchen die Anzeige gelesen. Der Schuldiener des Gymnasiums hatte eine Frau, die von der ganzen Zeitung nichts las als die Anzeigen, diese aber gründlich. Sie brachte am Abend ihrem Mann das Blatt. »Da sieh doch nur, wer kann das sein, der die Dienstmädchen in unseren Hof bestellt!« Der Schuldiener machte ein ernstes Gesicht. »Das ist ein Unfug,« sagte er »und muß dem Herrn Rektor gemeldet werden!«

»Laß mich nur erst besinnen,« sagte die Frau, »es kommt doch darauf an, wer's ist; das bring ich schon heraus, es muß ja von unseren Professoren jemand sein. Einer, der nicht will, daß das Mädchen sich in der Wohnung zeigt, weil der alten noch nicht gekündigt ist. Der Herr Rektor selbst ist's natürlich nicht, der Herr kümmert sich nicht um das Dienstpersonal, und von den alten Herren täte so etwas auch keiner. Weißt du, wer das ist? Niemand anders als der neue Mathematikprofessor. Bei dem ist immer Magdnot, sie ist keine rechte Hausfrau und er ist ein guter Mann und ein absonderlicher. Der macht sich gar nichts daraus, wenn's seine Frau haben will, und läßt die Mädchen kommen und schaut sie durch seine Brille an und nimmt dann natürlich die ungeschickteste. Da muß ich schon um den Weg sein und zum Rechten sehen, daß er nicht gar so dumm hineintappt. Brauchst dem Rektor nichts zu sagen.«

Aber der Diener kannte seine Pflicht. Er ließ seine Frau reden und brachte das Zeitungsblatt dem Rektor der Anstalt, einem älteren ruhigen Herrn, dem schon Schwierigeres im Leben vorgekommen war. Ihm teilte er auch die Vermutung seiner Frau mit. »Es kann ja sein, daß Professor Graun, der hier noch fremd ist, auf diesen etwas wunderlichen Gedanken kam,« sagte der Rektor, »ich werde ihn vorher fragen, dann kann die Sache noch anders eingerichtet werden. Es wäre mir lieb, wenn sich Ihre Frau nicht einmischte, können Sie das verhindern?« fragte er mit feinem Lächeln.

»Herr Rektor, Sie wissen ja selbst, sie ist ein wenig neugierig, sozusagen gewalttätig; man bringt sie nicht recht aus dem Weg, wenn so etwas los ist.« »Nun es wird sich schon machen lassen,« sagte der Rektor, »die Sache ist ja gar nicht so vieler Worte wert. Wenn Professor Graun morgen früh kommt, so bitten Sie ihn, einen Augenblick zu mir zu kommen.« Damit war der Diener entlassen.

Am nächsten Morgen vor acht Uhr, als der Mathematikprofessor ins Gymnasium kam, wurde ihm der Auftrag des Rektors ausgerichtet.

»Wissen Sie vielleicht, wer diese Anzeige eingerückt hat?« fragte der Rektor.

»Nein, davon habe ich keine Ahnung.« Der Rektor ging in den großen Gang, der in dem alten Gymnasiums-Gebäude auf drei Seiten den Hof umschloß. Durch diesen Gang hatten die Klassenzimmer ihren Eingang. Mit dem Anzeiger in der Hand stellte sich der Rektor an eines der Fenster. Um diese Zeit herrschte hier lautes Leben, alle die Schüler polterten die Treppe herauf und trabten über den Gang nach ihren verschiedenen Zimmern, dazwischen war der langsamere, festere Tritt der Lehrer hörbar. Heute wurde von letzteren ein jeder abgefaßt; der Rektor fragte nach der Anzeige, aber keiner wollte etwas davon wissen. Unter diesen Professoren war auch Heinrichs Onkel. Professor Kuhn aber ahnte ebensowenig wie die andern den Urheber der Anzeige und konnte darüber keinen Aufschluß geben. Allmählich kamen nur noch vereinzelte Schüler, jetzt schlug es 8 Uhr, und die größte Stille herrschte in dem noch eben so belebten Gebäude, der Unterricht begann.

Schlag 10 Uhr ertönte unten in des Dieners Wohnung ein zweimaliges Glockenzeichen; dies war der verabredete Ruf, dem die Frau des Dieners in das Rektoratszimmer zu folgen hatte. Sie stand schon am Posten am Eingang des Hoftors, ihre Neugierde war aufs höchste gespannt. Nein, wie fatal, gerade in dem Augenblick klingelte ihr der Rektor. Diesmal sollte nur ihr Mann an ihrer Stelle gehen. »Peter!« rief sie, Peter!« Von Peter kam keine Antwort, dagegen wiederholte sich noch etwas stärker das Glockenzeichen; da gab es kein Besinnen mehr. Sie ging die Treppe hinauf, so schnell als es ihr, der wohlbeleibten Frau, möglich war. Einen Blick warf sie noch zurück, ehe sie den Hof aus dem Auge verlor, und da glaubte sie gerade noch ein Mädchen, ein ganz fein gekleidetes, durch das Hoftor kommen zu sehen. Der Rektor wartete schon unter der Türe seines Zimmers auf sie.

»Gehen Sie sogleich hinauf in die Bodenkammer und holen Sie mir aus dem Kasten Nr. 5 alle diejenigen Hefte, die mit Klasse IX Jahrgang 88 bezeichnet sind.«

Ach, das war bitter! Bis diese Hefte ausgesucht waren, ging jedenfalls eine Viertelstunde hin! Eine so bedeutsame Viertelstunde! An eine Widerrede war nicht zu denken, sie mußte hinauf in die Bodenkammer. Aber etwas Glück ist doch meist beim Unglück, der Kasten Nr. 5 stand nahe bei der Dachlücke, und aus dieser herunter konnte man den Hof überblicken. Und da sah denn die gute Frau von ihrer Höhe aus was vorging. Die Schüler rannten wie alle Tage während der Pause in den Hof hinunter, der Herr Rektor und die Herren Professoren blieben aber nicht wie sonst in der kalten Jahreszeit in ihren Zimmern; einer nach dem andern erschien auf dem Gang, offenbar war jeder neugierig zu sehen was im Hof vor sich ging; auch Professor Kuhn war unter ihnen; und hinter seinem Fenster im Erdgeschoß blickte der Schuldiener hervor.

Nun kam von der Straße herein durch den Torweg ganz unbefangen ein Dienstmädchen und sah sich um, nicht ahnend, daß sie von so vielen gestrengen Herren beobachtet wurde, denn sie traten alle etwas zurück, um nicht bemerkt zu werden. Unter den herumtollenden Knaben trat einer auf das Mädchen zu. Es war Heinrich. »Das ist der kleine Schubert,« sagte einer der Lehrer zu dem andern. »Ihr Kostgänger, nicht wahr, Herr Professor Kuhn?«

»Mein Neffe und Pflegesohn. Sie sind verwaist, die beiden Schuberts.«

»Ein aufgeweckter, netter Bursche; von allen merkt keiner außer ihm, daß dies Mädchen jemanden sucht.«

»Ja, er ist immer dienstfertig, und wie eingehend er Bescheid gibt!«

»Der betreffende Herr oder Dame, die die Mädchen hierher bestellt hat, scheint sich verspätet zu haben; aber da kommt schon wieder eine, das ist eine stattliche Person; und richtig, der kleine Schubert nimmt sich ihrer wieder an.«

Die Herren Professoren lachten. Hätten sie das Zwiegespräch zwischen dem Dienstmädchen und Heinrich gehört, so wären sie wohl erstaunt gewesen.

»Ich habe mir ja gleich gedacht, daß das nichts Rechtes ist,« sagte die große stattliche Köchin, »nur weil ich gerade vom Markt komme, hat mich die Neugier hereingetrieben, wer sich denn die Mädchen in den Gymnasiumshof bestellt. Daß es nur so ein kleiner Lausbub ist, hätte ich mir aber doch nicht gedacht.«

»Es ist aber eine ganz gute Stelle,« sagte Heinrich, »und ich hab's getan wegen meiner kleinen Schwester.«

»Was wär' denn hernach der Lohn?« fragte die Köchin von

oben herab.

»So genau weiß ich das nicht,« sagte Heinrich und dann, da
hierauf das Mädchen höhnisch lachte und so gar nicht
gutmütig aussah, fügte er offenherzig hinzu: »Ein
besonders gutes Mädchen müßte es aber sein!«

»Ja, ja, und eine rechte dumme dazu! Sieh, da kommt so
was, das sieht dumm genug aus, um auf deinen Leim zu
gehen.« Die Große verschwand, ein kleineres, vielleicht
siebzehnjähriges Mädchen erschien im Hof, und diesmal
ging Heinrich gleich auf sie zu.

Oben bemerkte der Rektor: »Man könnte meinen, der kleine
Schubert habe sie bestellt.«

»Ja, wahrhaftig,« sagte sein Klassenlehrer, »er ist oft ein
rechter Schelm und hat närrische Einfälle.«

»Es kommt mir auch wunderlich vor,« meinte Professor
Kuhn, dem es schon geraume Zeit unbehaglich zu Mute
war, während er seinen Neffen beobachtete. Inzwischen
hatte Heinrich in eiligen Worten – denn er fürchtete, das
Ende der Pause möchte seine Unterhandlungen
unterbrechen – dem Mädchen gesagt, er wisse eine feine
Stelle bei einem alten Fräulein und einem herzigen kleinen
Mädchen. Und dann schilderte er so rührend sein verwaistes
Schwesterchen, daß er des Mädchens Teilnahme erregte. »Ich
habe meine Mutter auch schon lange verloren,« sagte sie,
»und deshalb bin ich schon seit meinem fünfzehnten Jahr
im Dienst und hab's so hart als Spülerin in einer Schenke.
Wenn ich in ein so feines Haus kommen könnte!«

»Freilich können Sie, da ist Name und Wohnung
aufgeschrieben. Fahren Sie nur gleich am Sonntag hinaus,
aber ja nicht sagen, daß ich Sie geschickt habe, bloß: Sie
hätten's gehört, nicht von wem. Und wenn Sie erst mein
Klärchen sehen, dann werden Sie sich gar nimmer

besinnen!«

»Wie ist denn die Wohnung? Viele Zimmer und weiße Böden?«

»Ja freilich, Platz genug und alles sauber und rein.«

»Ich meine nur so, wenn's so viele Zimmer sind, wegen dem Putzen, wenn alle Böden weiß sind –«

»Ja so, ich glaube, sie sind doch nicht weiß, mehr so bräunlich –«

»Vielleicht Parkett?«

»Ja, ja wahrscheinlich.«

»Parkett ist zum Reinigen fast noch anstrengender.«

»Ich glaube auch gar nicht, daß sie Parkett sind, wie heißt man die Böden, die so bequem sind zum Putzen?«

»Die angestrichenen.«

»Ja, ja, angestrichen sind glaube ich alle.«

»Und wie ist denn der Lohn?«

»Der ist hoch und alljährlich wachsend, so viel ich weiß. Fräulein Stahlhammer wird Ihnen das alles sagen.«

»Ist's ein gutes Fräulein? Ich frage ja nur, weil's das Kind nicht gut hat.«

»Ja so, ja das Fräulein ist in allen wohltätigen Vereinen und schreibt sehr schöne Briefe.«

»Ich wollte schon hinaus am Sonntag und mir's ansehen, aber ums Fahrgeld ist mir's halt.«

»Ach, ans Fahrgeld habe ich gar nicht gedacht; aber warten Sie nur, ich kann Ihnen schon etwas geben; dreißig Pfennig kostet die Fahrkarte, so viel habe ich vielleicht noch Taschengeld, aber die Anzeige war so teuer.« Heinrich zog sein Beutelchen. »Nein, siebenundzwanzig sind's nur noch, aber drei können Sie wohl darauflegen?«

»Ja,« sagte das Mädchen gutmütig, »den letzten Pfennig will ich Ihnen auch nicht abnehmen, wenn ich nur zwanzig bekomme.«

»Gut,« sagte Heinrich, »dann habe ich doch noch sieben im Beutel, die Woche ist noch lang!«

Die Professoren hatten von Heinrichs Worten nichts verstehen können, aber als sie sahen, daß sich allmählich eine ganze Anzahl Schüler neugierig um die Beiden sammelte und daß Heinrich seinen Geldbeutel hervorzog, machten sie der Sache ein Ende; Professor Kuhn rief seinen Neffen herauf, gerade in dem Augenblick, als das kleine Dienstmädchen durch den Torweg verschwand.

Als Heinrich in fröhlicher Stimmung, dem Ruf seines Onkels folgend, die Treppe hinaufsprang, war er nicht wenig bestürzt, den ganzen Gang voll Professoren zu sehen, ja sogar den Rektor neben seinem Onkel und dem Klassenlehrer. Ihm ahnte nichts Gutes und sein Herz klopfte angesichts so vieler gestrenger Herren. Es begann auch sogleich ein peinliches Verhör. Der Rektor fragte zuerst: »Was hast du mit dem Mädchen im Hof gesprochen?«

Einen Augenblick zauderte Heinrich. So gewissenhaft wie sein älterer Bruder war er von Natur nicht und nicht immer hatte er bei seinen Streichen der Versuchung widerstanden, sich ein wenig herauszuschwindeln. Diesmal aber, in dem Gefühl, daß er in bester Absicht gehandelt hatte und auch unter dem Eindruck der Würdenträger, die vor ihm standen, hielt er mit der Wahrheit nicht zurück, sondern sagte gerade heraus: »Ich habe das Mädchen gedungen für Fräulein

Stahlhammer, bei der meine kleine Schwester ist.«

»So war von dir diese Anzeige verfaßt?« fragte der Rektor.

»Ja,« sagte Heinrich, »die ist von mir.«

»Wer hat davon gewußt?«

»Wem hast du es vorher mitgeteilt?«

»Gar niemand.«

»Heinrich!« sagte der Onkel vorwurfsvoll, »weder der Tante noch Konrad?«

»Niemand,« sagte Heinrich, »sie wären doch alle dagegen gewesen.«

»Damit gibst du zu,« sagte langsam und nachdrücklich Heinrichs Klassenlehrer, »daß du dir wohl einer unrechten oder törichten Handlung bewußt warst.«

»Für unrecht habe ich's nicht gehalten,« sagte Heinrich, »aber für anders als man's gewöhnlich macht, und das wollen sie immer nicht.«

»Sie wollen es nicht? Wer ›sie‹?« fragte der Klassenlehrer scharf. »Wen meinst du mit diesem geringschätzigen ›sie‹?«

»Bloß die Menschen,« sagte Heinrich.

»Ich verstehe den Zusammenhang nicht,« sagte der Rektor, sich an Professor Kuhn wendend, »was kann ihn veranlaßt haben, für andere Leute ein Mädchen zu dingen? War er beauftragt?«

»Nein, es geschah offenbar aus Mitleid. Seine kleine Schwester wird in ihrem Kosthaus von dem Dienstmädchen allem Anschein nach nicht gut behandelt und beeinflußt; darüber waren die Brüder – und ich allerdings mit ihnen – sehr betrübt. Meine Frau und ich konnten uns aber der

Verhältnisse wegen nicht einmischen, und so scheint er auf diesen Ausweg verfallen zu sein.«

»Nun,« fragte der Rektor, »und was hast du denn ausgerichtet? es sind wie mir scheint mehrere gekommen.«

»Ja, zwei waren nichts, aber die dritte ist fein, sie hat mir versprochen, daß sie nach Waldeck fährt.«

»Man darf vielleicht,« sagte der Onkel, sich an den Rektor und den Klassenlehrer wendend, »die Anhänglichkeit der drei erst kürzlich verwaisten Geschwister als Entschuldigung für Heinrich ansehen. Er hat es gut gemeint mit seiner Schwester.«

»Wenn Sie es so auffassen,« sagte der Rektor, »so schließe ich mich Ihnen an, Sie kennen die Verhältnisse. Ich sehe keine strafbare Handlung in dem Vorgefallenen; du kannst gehen, Heinrich.« Dieser ließ sich's nicht zweimal sagen; wie ein Wiesel schlüpfte er zwischen den Herren hindurch, möglichst schnell, denn wer konnte wissen, ob die Sache nicht eine andere Wendung nehme; seinem Klassenlehrer traute er nichts Gutes zu, er sah ihn so ungnädig an. In der Tat sagte dieser auch etwas mißbilligend zum Rektor: »Er ist gut durchgekommen für diese unziemliche Handlung, fast zu gut.«

»Ja,« sagte der Rektor, »schicken Sie ihn nach Schluß der Schule noch einmal allein in mein Zimmer.«

Diese Worte waren sehr nach dem Sinn des gestrengen Lehrers; Heinrich aber war bestürzt, als er durch den Lehrer erfuhr, daß noch etwas nachkommen sollte. Er fand sich nach dem Schluß der Schule im Zimmer des Rektors ein. (Auf dem Tisch lagen die Hefte der IX. Klasse aus dem Jahrgang 88.) »Du bist heute ohne Strafe durchgekommen,« sagte der Rektor, »das verdankst du der Fürsprache deines Onkels. Mit väterlicher Treue ist er für dich eingetreten.

Einen andern Mann an seiner Stelle hätte es gekränkt, daß du ohne sein Wissen solche Dinge unternimmst. Er hat bewiesen, daß er dich lieb hat. Hast du auch ihn lieb?«

»Ja,« sagte Heinrich, und das kam von Herzen.

»Dann beweise auch du es. Wie, das muß dir dein Herz sagen.«

»Ich will's tun,« sagte Heinrich.

»Und noch etwas: du hast dich darüber beschwert, daß die Menschen nie etwas anders machen wollen, als man es gewöhnlich macht, und das war der Grund, warum du deine Absicht, ein Mädchen zu dingen, nicht vorher verraten hast, nicht wahr?«

»Ja,« sagte Heinrich, »es heißt immer: das kann man nicht, oder: so macht's niemand.«

»Da hast du recht. Viele Menschen getrauen sich ihr ganzes Leben hindurch nicht, nach eigenen Gedanken zu handeln. Bei ihnen heißt es: so machen's alle Leute.« »Ja, ja,« sagte Heinrich von Herzen zustimmend.

»Es soll mich freuen, wenn du einmal nicht zu denen gehörst, sondern wenn du später als Mann sagst: Ich tue, was gut und verständig ist, ob's nun andere auch so machen oder nicht. Aber wohlverstanden: erst als Mann. So lange du noch jung und unselbständig bist, darfst du dir nicht herausnehmen, nach eigenem Gutdünken zu handeln; kannst auch überzeugt sein, daß es meistens nicht gut ausfallen würde. Also für die nächsten Jahre: Vertraue alles deinem Onkel an, und was du ihm nicht sagen magst, das unternimm auch nicht. Und jetzt gehe und tue was recht ist.«

Heinrich kam später als sein Onkel von der Schule heim.

Inzwischen hatte dieser noch über die Sache nachgedacht und war ärgerlich über den Jungen. Wer konnte wissen, was der alles anstellen würde, nachdem er einmal angefangen hatte, hinter seiner Pflegeeltern Rücken solche Dinge zu unternehmen! Und wie sollte diese Sache ausgehen! Fräulein Stahlhammer ließ sich kein Mädchen aufdrängen, am wenigsten, wenn es von dieser Seite kam; Mine würde auch nicht gehen, und bei der ganzen Sache nichts herauskommen als Verstimmung. Der Professor saß eben vor seinem Schreibtisch, in dem er seine Hefte verwahrte, ehe er zu Tisch ging. Die Jugend versammelte sich schon im Eßzimmer, da ging die Türe auf und Heinrich sah herein. Er gehörte nicht zu denen, die ihre Empfindungen schwer über die Lippen bringen. Lebhaft ging er zu seinem Onkel und dessen Hand fassend sagte er: »Das war so fein von dir, Onkel, daß du mir geholfen hast. Mein Professor hätte mich ja am liebsten in den Karzer gesteckt, wenn du mir nicht zu Hilfe gekommen wärst, ich danke dir recht schön dafür! Sogar der Herr Rektor hat etwas von deiner väterlichen Fürsorge gesagt, es war etwas sehr Schönes.«

Den Onkel freute Heinrichs Dankbarkeit, er sah schon wieder ganz freundlich auf seinen Neffen. »Die Hauptsache ist,« sagte er, »daß du nicht noch einmal so etwas tust.«

»Nein, in den nächsten Jahren nicht mehr, das habe ich schon mit dem Herrn Rektor ausgemacht. Aber dann! Gehen wir jetzt zum Essen, Onkel? Ich habe in der Pause nichts essen können, bin furchtbar hungrig.«

»So komm,« sagte der Onkel und sie gingen unwillkürlich Hand in Hand – es war wohl der Rektor, der diese Hände ineinandergelegt hatte.

VIII.

Am nächsten Sonntag, als Mine eben in ihrer Küche abspülte, klingelte es und ein Mädchen meldete sich. Sie sei aus der Stadt hierhergeschickt worden, weil man hier ein Dienstmädchen suche. Mine traute kaum ihren Ohren. »Das ist aber unerhört,« rief sie, »ich habe ja noch gar nicht gekündigt und mein Fräulein weiß von nichts. Wer hat Sie denn geschickt? Gewiß Frau Professor Kuhn?«

»Nein, die kenne ich nicht, im Hof ist's besprochen worden.«

»Das kann ich nicht begreifen. Ja was mache ich denn jetzt? Versuchen Sie's eben und gehen Sie hinein. Wenn das Fräulein Sie will, dann soll's mir auch recht sein.«

»Da ist ein Mädchen,« sagte Mine, indem sie die Türe aufmachte zu dem Eßzimmer und sich rasch wieder zurückzog. Fräulein Stahlhammer saß da, die Zeitung lesend, und Klärchen war mit ihrer Puppe beschäftigt. »Was möchten Sie von mir?« fragte Fräulein Stahlhammer, »wer sind Sie?«

»Katharine Schwarz heiße ich und weil ich gehört habe, daß Sie ein Mädchen suchen, wollte ich mich vorstellen.«

»Das ist jedenfalls eine Verwechselung,« sagte Fräulein Stahlhammer, »ich suche keines. Wer hat Ihnen denn das gesagt?«

»Im Hof ist's gesprochen worden.«

»So, da wird viel geklatscht. Ich habe mein Mädchen schon seit fünf Jahren und behalte sie auch.«

»Dann bin ich ganz umsonst von der Stadt herüber gefahren,« sagte das Mädchen. »Ich wäre erst so gerne gekommen; so ein stilles Plätzchen bei guten Leuten, das gefiele mir.«

»Das tut mir leid für Sie. Vielleicht ist's in einem der Nachbarhäuser. Meine Mine weiß das. Kommen sie einmal mit mir in die Küche.« Das Mädchen folgte ihr. »Mine, nehmen Sie sich um das Mädchen an, sie ist irrtümlicher Weise zu uns gekommen. Schenken Sie ihr eine Tasse Kaffee ein, vielleicht wissen Sie hier auch ein Plätzchen für sie.«

Nun waren die beiden zusammen in der Küche; Mine räumte noch ihr letztes Geschirr auf und Katharina ließ sich den Kaffee schmecken, nachdem sie zuerst große Umstände gemacht hatte, ihn anzunehmen. »Da gefiele mir's,« sagte sie, »so ein freundliches Fräulein, das gleich Kaffee einschenken läßt und so stattlich und hochgewachsen und alles so nobel und fein im Haus, und dem Kind sieht man's von fern an, wie gut es ist.« Im Lauf des Gesprächs hatte Mine bald herausgebracht, daß kein anderer als Heinrich das Mädchen hergeschickt hatte. Ja, der Schlingel, wenn der wirklich ins Haus kam mit seinen Raupen und der große Bruder auch noch dazu, dann waren ihre guten Tage dahin! Sie hatte ja eigentlich auch versprochen zu gehen.

Inzwischen hatte Klärchen zur Patin gesagt: »Kann das gute Mädchen nicht bei uns bleiben?«

»Wir haben ja unsere Mine,« sagte die Patin, »die ist auch gut.« Fräulein Stahlhammer nahm wieder die Zeitung, aber es war nicht viel mit dem Lesen. Nie hatte sie noch daran gedacht, Mine zu entlassen, und jetzt auf einmal kam ihr der Gedanke, wie verlockend es wäre, mit dem jungen Mädchen, das so freundlich aussah, ganz neu anzufangen. Mine war im Lauf der Jahre so selbständig geworden, sie nahm ihr auch die Kleine ganz aus der Hand. Sie sagte so oft: »Die Kleine spürt's, daß Sie seine Mutter nicht sind,« das tat ihr jedesmal weh. Ein neues Mädchen würde so etwas nicht denken und jedenfalls nicht sagen. Was wohl Mine zu dem Vorschlag sagen würde, daß sie diesem Mädchen weichen sollte? Unentschlossen ging sie auf und ab, es fehlte ihr der Mut. »Was würde mein Bruder von mir denken?« sagte sie sich selbst, »er würde zu mir sagen: »Du, die große Stahlhammer, traust dich nicht mit deinem Mädchen zu reden?« Wirklich, sie war allmählich dieser Mine gegenüber ganz schüchtern geworden. Sie schämte sich ihrer Schwäche.

»Klärchen, sage doch Mine, sie möge herein kommen.« Mine kam, Klärchen blieb in der Küche und schloß Freundschaft mit Katharine.

»Es scheint ein ordentliches Mädchen zu sein?« sagte Fräulein Stahlhammer zu Mine. »Ja, ein gutes Zeugnis hat sie bei sich und ein armes Ding ist's, dem's immer hart gegangen ist bisher.«

Nun nahm Fräulein Stahlhammer einen Anlauf: »Wie wär es, Mine, wenn ich es mit diesem Mädchen versuchte und Sie mit einem andern Dienst?«

Zu Fräulein Stahlhammers großem Erstaunen war Mine's sofortige Antwort: »Gerade wollte ich's auch vorschlagen!«

*   *
*

Einen Monat später war Mine abgezogen, in der Küche hauste das neue Mädchen. Es war der erste Abend. Bisher war es immer Mine gewesen, die Klärchen begleitet hatte, wenn sie zu Bett ging; heute besorgte das die Patin selbst, sie wollte es nun immer tun. Sie blieb noch ein wenig sitzen am Bett der Kleinen und diese plauderte ganz zutraulich. »Kommst du jetzt alle Tage selbst mit mir?« fragte das Kind. »Ja, wenn ich nicht im Verein bin.«

»Hat unsere Katharina auch einen Verein?«

»Nein, Kind, Mine hat ja auch keinen gehabt.«

»Aber sie ist doch oft abends fortgegangen, wenn du fort warst?«

»Wirklich? Das hast du mir nie gesagt. Hat sie dich dann allein gelassen?«

»Ja, aber das hat man gar nicht sagen dürfen, nur dem Konrad habe ich's gesagt.«

»Das mußt du dir nicht verbieten lassen, Klärchen. Wenn die Katharina einmal will, daß du mir etwas nicht sagst, dann mußt du gleich antworten: Der Patin sage ich alles.«

»So? So soll ich's machen?« sagte die Kleine ganz verwundert.

»Ja, so sollst du's machen, so machen es alle lieben kleinen Kinder.«

Die Patin gab dem Kind einen Kuß und beide hatten das Gefühl, es sei etwas weg, das sie bisher getrennt hatte.

Mehrere Sonntage waren vergangen, ohne daß zur Familie des Professors irgend etwas aus dem Hause Stahlhammer gedrungen wäre. Die Brüder scheuten sich, hinzugehen, wußten sie doch nicht, wie Heinrichs Einmischung in die Dienstbotensache aufgenommen worden war. Da begegnete diesem eines Tages auf dem Schulweg Mine, und mit stolzer Befriedigung erfuhr er, daß die von ihm gesandte Katharine wirklich Gnade gefunden und Mine ihr Platz gemacht hatte. Aber Mine wußte auch noch das allerneuste. Fräulein Stahlhammer läge krank zu Bett und werde wahrscheinlich bald sterben. Er hatte das kaum zu Hause erzählt, als seine Tante erklärte: »Das ist für mich die Gelegenheit, endlich einmal Fräulein Stahlhammer aufzusuchen; schon lange liegt es mir schwer auf der Seele, daß kein freundliches

Einverständnis zwischen uns herrscht, ich mache ihr einen Krankenbesuch!«

Es war einer der ersten schönen Frühlingstage, als sie hinausfuhr aus der großen Stadt und das hübsche Häuschen aufsuchte, das am Ende des Städtchens lag, ganz nahe an den Anlagen, die bald in den Wald übergingen. Das neue Dienstmädchen fragte Fräulein Stahlhammer gar nicht erst, ob sie zu sprechen sei, sondern ließ den Besuch ohne weiteres ein. Im Schlafzimmer lag, unwohl, aber durchaus nicht schwer krank, Fräulein Stahlhammer im Bett und das Kind saß nahe dabei, spielend an seinem Tischchen.

Die Tante hatte zuerst keine Aufmerksamkeit für das Kind, sie trat ans Bett und sagte: »Ich habe gehört, daß Sie krank sind, und wollte mich deshalb nach Ihnen umsehen.«

»Danke,« sagte Fräulein Stahlhammer, »es geht mir schon besser; aber Ihr Besuch ist mir sehr lieb, ich wollte Ihnen schon in diesen Tagen schreiben und kann es doch nicht recht.«

Hocherfreut über diesen unerwartet freundlichen Empfang setzte sich die Tante ans Bett und nach einigen Reden über die Art der Krankheit sagte Fräulein Stahlhammer: »Was ich mit Ihnen besprechen wollte, mag ich nicht gern vor der Kleinen sagen.«

Lebhaft erhob sich die Tante, trug das Kindertischchen mit allem was darauf lag, in das Wohnzimmer, die kleine Nichte folgte und die zwei Frauen waren allein. »Ich habe Klärchen so viel beobachtet, seit ich krank bin,« sagte die Patin, »sie plaudert immer laut mit ihrer Puppe und da höre ich denn, wie sie so innig von ihrer Mama spricht, wie sie ihrem Puppenkind verspricht, wenn es groß sei, dürfe es zu Onkel und Tante und zu den Brüdern. Ja, einmal, als sie im Eifer des Spiels ganz meine Gegenwart vergessen hatte, hörte ich sie sagen: Wenn du nicht brav bist, mußt du zur Patin nach Waldeck.«

»Das dumme Gänschen,« rief die Tante, »Sie sollten gar nicht darauf hören, was sie mit ihrer Puppe schwätzt.«

»Ich habe es aber gehört,« sagte die Patin, »und ich weiß jetzt, daß sie mein Haus nur als einen Strafplatz ansieht; ich glaube, es war nicht recht von mir, daß ich das Kind von Ihnen fernhalten wollte. So gerne ich Klärchen gehabt hätte, wenn sie sich wohl bei mir gefühlt hätte, so möchte ich sie doch Ihnen übergeben, weil sie bei Ihnen eine glücklichere Kinderzeit haben wird.«

Die Tante merkte wohl, daß es Fräulein Stahlhammer schwer wurde, diese Worte auszusprechen. Sie tat ihr so leid, die einsame Kranke. »Ich begreife nicht,« sagte sie, »warum das Kind Ihre Liebe nicht durchfühlt. Es ist vielleicht ein Mißverständnis dabei. Aber freilich, das Natürlichste ist, daß ein Kind unter andern Kindern aufwächst. Leider sind es bei uns lauter Knaben.«

»Ihnen wird Klärchen ein liebes Töchterchen werden,« sagte Fräulein Stahlhammer.

»Wir nehmen sie auch gerne zu uns. Zu Ostern läßt es sich zwar nicht mehr einrichten, aber von den Sommerferien an können wir sie aufnehmen.«

»Dann behalte ich sie noch diesen Sommer hindurch,« sagte die Patin bereitwillig. »Ihre Brüder können sie besuchen so oft sie wollen, und ich werde ihr auch eine kleine Kamerädin verschaffen. Eine meiner Bekannten hat auch so ein einzelnes Töchterchen im gleichen Alter. Bis jetzt hielt ich das Kind absichtlich fern, damit Klärchen sich mehr an mich anschließe, aber nun, da sie doch fort kommt, ist's gleichgültig.«

»Bitte sprechen Sie dann selbst mit dem Vormund darüber,« sagte Frau Professor Kuhn, »mein Mann würde wohl nicht gern noch einmal bei ihm seinen Vorschlag wiederholen.«

»Ja, das werde ich tun. Ich weiß, daß seit Weihnachten die beiden Männer nicht gut miteinander stehen. Glauben Sie mir, ich war damals nicht so herzlos, als Sie denken mußten; ich wollte dem Kind am Christfest bescheren, der geputzte Baum stand schon versteckt im Kämmerlein. Das Kind wußte es nur nicht und Mine sagte leider nichts davon.«

»So war es?« sagte die Tante. »Das zu hören freut mich noch nachträglich; ich werde es daheim erzählen, ich selbst war trotz allem Anschein immer von Ihrer edlen Gesinnung überzeugt.« Sie drückte warm die Hand der Patin und fügte herzlich hinzu: »Wenn Sie wieder wohl sind, kommen Sie mit dem Kind zu uns, nicht wahr; wir wollen uns näher kennen lernen und späterhin, wenn Klärchen ganz bei uns ist und Sie besuchen uns, dann werden Sie auf einmal merken, daß das Kind Sie doch lieb hat.«

»Wollen Sie Klärchen rufen? Ich möchte es ihr gleich mitteilen.« Die Tante führte das Kind herein. »Klärchen,« sagte die Patin, sich im Bett aufrichtend, »weißt du, was deine Tante mit mir ausgedacht hat? Im Sommer, wenn deine Brüder Ferien haben, darfst du zu ihnen und darfst ganz und für immer bei Onkel und Tante bleiben!«

»Aber der Vormund holt mich gleich wieder,« sagte Klärchen.

»Diesmal nicht,« sagte die Patin, »jetzt erlaubt er es, er führt dich vielleicht selbst in die Stadt.«

Nun sah man der Kleinen an, daß sie die Wichtigkeit der Nachricht erfaßte. Sie schmiegte sich zärtlich an die Tante und sagte: »Dann bist du meine Mama und der Onkel ist mein Papa und die Brüder sind wieder alle Tage meine

Brüder!«

»Ja, so wird es,« sagte die Tante; aber sie schob sanft die Kleine weg zur Patin hin und sagte: »Sieh, deine Patin hat das so eingerichtet, weil sie weiß, daß es dich freut.«

»So,« sagte Klärchen freundlich, »hast du's eingerichtet? Gelt dann bist du auch froh, wenn ich fort bin, dann sind alle, alle froh!« rief sie in einem Ton, der glückselig klang, wie ihn die Patin noch nicht an ihr gehört hatte.

Fräulein Stahlhammer erholte sich langsam und für diesen Sommer gab sie ihre Tätigkeit in den Vereinen auf, sie sollte so viel wie möglich im Freien sein. Sie nahm Klärchen mit sich zu den täglichen Gängen in den nahen Wald; und nicht nur Klärchen, sondern auch die kleine Altersgenossin, die sie ihr zur Kamerädin bestimmt hatte. Es war ein Ereignis für Klärchen, als zum erstenmal die kleine Mathilde sich zu ihr gesellte, denn eine Freundin hatte sie noch nie gehabt.

Von nun an, wenn Fräulein Stahlhammer an einer Bank am Saume des Waldes Rast machte, spielten die Kinder stundenlang mit ihren Puppen im Moos und Gebüsch und waren voll Fröhlichkeit miteinander. Mathilde kam in aller Unbefangenheit zu Fräulein Stahlhammer mit all ihren Anliegen, und Klärchen, die zuerst staunte über diese Zutraulichkeit, gewöhnte sich bald selbst daran; vergessen schien jetzt die Vergangenheit, vergessen auch die Zukunft, die Gegenwart war schön.

Eines Tages, als Fräulein Stahlhammer wieder auf der Bank im Wald saß und die Kinder spielten, kam des Wegs eine ganze Schar kleiner Mädchen, zwei Lehrerinnen an der Spitze. Sie machten mit ihren Schülerinnen einen Waldspaziergang, und da sie Fräulein Stahlhammer kannten, blieben sie ein wenig stehen und begrüßten sie. Mathilde, die manche der Kinder kannte, kam herbeigesprungen, Klärchen hielt sich zur Patin.

»Im Herbst kommt ihr beiden wohl auch in die Schule, nicht wahr?« sagte eine der Lehrerinnen freundlich zu den Kindern.

»Ich schon,« sagte Mathilde, »ich freue mich darauf, aber Klärchen kommt fort.«

Die lustige Schar zog wieder davon und die Kinder kehrten zu ihren Puppen zurück. Aber Klärchen war nicht recht bei der Sache und nach einer Weile kam sie zögernd zur Bank her, auf der die Patin lesend saß, legte ihr die Hände auf den Schoß und sagte leise: »Patin?«

Diese sah auf die Kleine hinunter: »Was willst du, Kind?«

»Patin, darf ich zu den Brüdern, oder muß ich hin?«

»Du darfst, du mußt nicht.«

»Patin, dann will ich lieber bei dir bleiben, darf ich?«

»Ob du darfst?« sagte die Patin; ihr Buch fiel auf den Boden, denn das Kind war auf einmal auf ihrem Schoß, das Kind, das doch schon bald Schulkind werden sollte; und es schlang beide Arme um ihren Hals und Fräulein Stahlhammer drückte es an sich und besaß nun, was sie so lange gewünscht hatte: ein Kinderherz, das sie lieb hatte! Wie sie es gewonnen hatte, wußte sie selbst nicht zu sagen; seitdem sie nicht mehr danach gestrebt hatte, war es ihr zugefallen. Und es wurde ihr fester, unbestrittener Besitz. Klärchen bestand die Probe: Mit Bangen ließ die Patin das Kind für einige Tage zu den Brüdern zu Besuch, um zu sehen, ob es sich nicht getäuscht habe; aber aus dem lauten Getümmel des knabenreichen Hauses in der Großstadt verlangte es bald zurück in das stille, ländliche Häuschen, zu der Patin und zu der kleinen Freundin. Onkel und Tante freuten sich darüber, auch die Brüder fanden sich nun leicht darein, sahen sie doch ihr Schwesterchen glücklich.

Und der Vormund? Er kam, als er von dem veränderten Entschluß hörte, nach langer Zeit wieder einmal eines Morgens heraus nach Waldeck. Er sagte zu Katharine, die ihm die Türe öffnete: »Wenn Sie mich künftig nicht eine Viertelstunde warten lassen, ist es mir lieber;« die Schwester fragte er: »Hältst du es mit all deinen Beschlüssen so, daß du sie dreimal umstößt?« Er empfahl Klärchen: »Sei nur recht dankbar!« und dann kehrte er mit der Überzeugung, ein gewissenhafter Vormund zu sein, möglichst bald aus dem »elenden Nest« zurück, zur feinen Mittagstafel in der Stadt.

———

Regine Lenz.

Regine Lenz kam aus der Konfirmandenstunde heim. Wer es nicht wußte, hätte nicht gedacht, daß sie schon zu den Konfirmanden gehörte; sie war wohl die kleinste von allen, dabei schmal und schmächtig; ein Persönchen, das wenig Platz einnahm in der Welt und leicht zu übersehen war. Es achtete auch niemand viel auf sie, als sie nun in die kleine Wohnung eintrat, in der die Familie wohnte. Der Vater war um diese Nachmittagsstunde meist nicht zu Hause, sondern irgendwo als Wegmacher an der Arbeit; auch die zwei größeren Geschwister pflegten um diese Zeit nicht daheim zu sein. Deshalb wunderte sich Regine, ihren Vater, die älteste Schwester Marie und ihren Bruder Thomas zu treffen, hingegen von der Mutter und dem jüngsten Brüderchen nichts zu sehen. Alle schienen mit ihren Gedanken beschäftigt, und zwar mit unerfreulichen, nach ihren düsteren Mienen zu schließen.

Regine scheute sich zu fragen, was vorgefallen sei; denn sie galt im Haus noch als ein Kind, das sich in die Angelegenheiten der Großen nicht einzumischen habe. Ihr Bruder Thomas griff jetzt nach seiner Mütze und ging ohne Gruß davon, worauf Marie nach einem hoch aufgeputzten Hut langte, ihn sich vor einem kleinen, zersprungenen Spiegel zurechtsetzte und sich an Regine wandte: »Ich muß jetzt fort; sorg du für den Kleinen. Ich weiß nicht, wo der hingelaufen ist, du mußt ihn suchen.«

Sie ging und ließ Regine allein zurück mit dem Vater, der in Gedanken versunken am Tisch saß. Es war alles so ganz anders als sonst. »Wo ist denn die Mutter?« fragte nun doch

Regine in dem unheimlichen Gefühl, daß irgend etwas vorgefallen war. Der Vater blickte auf. »Weißt du's nicht? Du brauchst es auch nicht zu wissen. Sie kommt aber nicht so schnell wieder, die Mutter. Daß du mir ordentlich aufs Feuer achtest und daheim bleibst!«

Er erhob sich schwerfällig, nahm seine Mütze und ging langsam mit gesenktem Kopf davon.

Wo war die Mutter hingegangen? Regine konnte es nicht begreifen; es wurde ihr bang und immer bänger zumute in der verlassenen Stube. Es wunderte sie, daß sie nach dem Kleinen sehen sollte; er war also nicht bei der Mutter, während er sonst immer an ihrem Rocke hing und der Mutter Liebling war. Wo mochte er jetzt sein?

Sie ging in den Hof und dann hinaus auf die Straße, wo ein kalter Wind blies und die Dämmerung sich schon herniedersenkte. Sie suchte nach dem Kleinen und fand ihn endlich ganz erfroren an der nächsten Straßenecke stehen. Ein schmächtiges Bübchen war der kleine Hansel, aber ein feines Gesichtchen hatte er, und seine blonden Locken waren der Mutter Stolz. Er stand an der Ecke und sah die Straße hinauf.

»Hansel,« rief ihn die Schwester an, »komm heim. Hast ja ganz kalte Hände; was tust du denn da?« – »Ich wart auf die Mutter, schon so lang,« sagte er kläglich. Ob der Kleine etwa wußte, wo die Mutter war? Regine fragte das Kind.

»Dorthin ist sie,« sagte er, die Straße hinauf deutend. »Der Mann hat sie geholt, der, mit den großen goldenen Knöpfen. Sie hat doch gar nicht mit ihm gewollt und hat geweint. Warum hat sie denn gestohlen? Was heißt das ›gestohlen‹? Wohin führt sie jetzt der Mann?«

Regine konnte die Fragen nicht beantworten; sie war zu sehr bestürzt über die Schuld der Mutter, die das unschuldige Kind ihr verriet. Jetzt begriff sie alles; die Mutter war in das Gefängnis geführt worden! Mit Mühe konnte sie das Kind überreden, mit ihr heimzugehen.

Unter der Haustüre stand die Hausfrau mit einer Nachbarin und Regine hörte sie sagen: »Pelzwerk hat sie gestohlen und beim Trödler verkauft.« Nun schwiegen die Frauen; sie sahen die zwei Geschwister kommen und hörten den Kleinen rufen: »Ich will aber auf die Mutter warten!«

»Hansel, da kannst du lang warten,« sagte die Hausfrau und sah das kleine Bübchen mitleidig an. Regine, die beschämt und mit gesenkten Augen an den beiden Frauen vorbei das Brüderchen in das Haus zog, hörte sie noch sagen: »Die ganze Familie ist nichts nutz; die große Tochter treibt es auch schon wie die Mutter.«

Nun ging Regine in das Zimmer und zog die Türe hinter sich zu; sie mochte nichts weiter hören.

Was war das für ein langer und trauriger Abend! Der Kleine ließ sich endlich zu Bett bringen und weinte sich in Schlaf. Regine saß allein an dem großen Tisch, dachte an die Mutter; wo sie wohl wäre, und ob sie Heimweh hätte nach ihrem Liebling. Sie hätte gerne gewußt, wie man den Diebstahl entdeckt hatte. Schon manchmal hatte die Mutter, wenn sie da und dort in die Häuser ging, etwas mitgenommen, und Regine hatte den Vater warnen hören: »Man wird dich schon einmal erwischen.« Aber er nahm doch auch gerne an, was die Mutter »gefunden« hatte, wie sie das nannte. Marie, die große Tochter, hatte auf diese Weise manches Schmuckstück bekommen, die Mutter putzte so gerne ihre schöne Tochter. Sie versorgte auch Thomas mit seiner Wäsche, und dem kleinen Hans steckte sie oft gute Sachen zu. Nur sie selbst, Regine, wurde selten bedacht. Die Mutter hatte an ihr nicht das Wohlgefallen, wie an den Großen, und nicht den Spaß, wie an dem Kleinen.

Regine wußte das und es kam ihr natürlich vor. War sie doch nicht schön wie Marie, nicht gescheit wie Thomas, nicht lustig wie der Kleine; nein, sie war auch in ihren eigenen Augen unter allen die geringste. Aber das hatte sie nie bedrückt; sie war in der Schule immer so leidlich mitgekommen, ohne Lob und Tadel, ohne Freundschaft und Feindschaft, und war guten Mutes ihren Weg gegangen.

Aber nach dem, was jetzt vorgefallen, war ihre Seelenruhe dahin. Als sie sich am nächsten Morgen auf den Schulweg machte, war es ihr, als müßten alle Kinder ihr die Schande des Hauses ansehen. Die Worte der Nachbarin: »Die ganze Familie ist nichts nutz,« klangen ihr noch im Ohr; sie gehörte doch auch zur Familie, sie war also »nichts nutz«. Die Mitschülerinnen sahen sie aber doch nicht mit anderen Augen an als sonst, und die Schulstunden gingen vorüber wie jeden Tag. Nach der Schule kam aber der Konfirmanden-Unterricht. Wenn hier nun die Schande des Hauses bekannt würde, wenn gar der Pfarrer selbst davon gehört hätte? Wie schrecklich mußte ihm dies vorkommen!

Es saßen wohl siebzig Mädchen im Konfirmanden-Unterricht beisammen. Dem Pfarrer waren nicht all diese Kinder und ihre Familien persönlich bekannt; auch von der Familie Lenz kannte er nur Regine und diese nicht näher. Sie steckte so mitten unter den Vielen, und ihre kleine Gestalt verschwand hinter den vor ihr Sitzenden. Heute war ihr das lieb; sie hätte sich gerne noch dünner gemacht, so dünn, daß alle Menschen sie übersehen hätten.

Aber sie hatte sich unnötig geängstigt; die Stunde verlief wie alle vorhergehenden, und als ihr auch die nächsten Tage kein Zeichen brachten, daß jemand von dem Vorgefallenen wisse, beruhigte sie sich allmählich.

Auch daheim war nicht oft davon die Rede, bis eines Tages der Vater mitteilte: »Heute war die Verhandlung vor Gericht.

Am nächsten Montag kommt die Mutter fort in die Strafanstalt nach S. Vier Monate muß sie sitzen.«

»So lang!« rief Marie, die Älteste, betroffen, und darauf fing der Kleine laut an zu schluchzen. Reginens erster Gedanke war, daß die Mutter dann nicht bis zu ihrer Konfirmation zurück sein würde. Man brauchte so manches für diesen Tag, wer würde ihr das Nötige verschaffen? »Vater,« sagte sie bekümmert, »das geht doch gar nicht; die Mutter wäre ja dann nicht hier, wenn ich eingesegnet werde.«

»Wenn sonst nichts wäre,« entgegnete der Vater; »so wichtig wird das nicht sein.«

Aber Regine erschien das sehr wichtig. Sorgenvoll ging sie heute in den Unterricht; saß stiller als sonst an ihrem Platz und hob nur selten die Hand auf als Zeichen, daß sie gerne eine Frage des Geistlichen beantwortet hätte; und als nun gar diese Fragen von der Unehrlichkeit handelten, von dem dunklen Punkt in der Familie Lenz, da rührte sie sich nicht mehr und rückte hinter den breiten Rücken der vor ihr Sitzenden, um dem Pfarrer ganz aus dem Gesicht zu kommen. Es war aber, als ob dieser es bemerkte; denn plötzlich rief er sie bei Namen und richtete eine Frage an sie. Regine erhob sich; sie wußte die Antwort und öffnete schon den Mund, um zu sprechen. – Da stockte sie plötzlich und kehrte sich um nach dem Mädchen, das hinter ihr saß.

»Nun, Regine,« mahnte der Pfarrer. Da wandte sie ihm wieder ihr Gesicht zu, aber das war wie verwandelt, von Röte ganz übergossen. Sie machte doch noch einen Versuch zu antworten, aber Tränen erstickten ihre Stimme. In großer Not bedeckte sie das Gesicht mit ihrem Arm und schwieg.

Hinter ihr flüsterten und kicherten die Mädchen, bis der Pfarrer dicht an die Bank herantrat und fragte, was es gäbe. Regine antwortete nicht; aber die neben ihr Sitzende sprach:

»Ich hörte Emilie Forbes sagen: Regine Lenz muß ja wissen, was unehrlich heißt.«

Sogleich erhob sich Emilie Forbes und sagte lebhaft: »Nun ja, es ist gestern in der Zeitung gestanden, daß ihre Mutter wegen Diebstahls zu vier Monaten Gefängnis verurteilt wurde.«

»Still!« rief der Pfarrer so laut und streng, daß all seine Schülerinnen an dem ungewohnten Ton erschraken und lautlos nach Regine sahen, die sich gesetzt hatte und das Gesicht mit den Händen bedeckte, da sie aller Augen auf sich gerichtet fühlte, als ob sie selbst die Diebin wäre. Aber nicht gegen sie wandte sich nun der Pfarrer; an Emilie Forbes richtete er verweisende Worte: »Ob deine Anschuldigung wahr ist, weiß ich nicht,« sagte er; »aber das weiß ich, daß es lieblos und ganz unverzeihlich von dir ist, solche Worte zu sagen. Fühlst du nicht, daß du Regine damit wehe tust? Und kann sie etwas dafür, wenn ihre Mutter ein Unrecht begangen hat? Nein, sie selbst kann so ehrlich sein wie jede von euch und dabei nicht so herzlos wie du!«

Tiefe Stille herrschte in dem Saal, und als der Pfarrer wieder den unterbrochenen Unterricht fortsetzte, war ihm wohl anzumerken, daß ihn das Vorgefallene noch bewegte. Er fühlte, daß in dieser Stunde seine kleine Konfirmandin etwas erlebt hatte, was sie nie im Leben wieder vergessen würde, ja, was ihr auch schaden mußte. Man hatte ihre Ehre angetastet; das hätte er gerne wieder gut gemacht, gleich in derselben Stunde.

Regine Lenz hielt die Blicke gesenkt und sah nicht mehr um sich während des Unterrichts.

Dieser ging zu Ende; die Bücher waren geschlossen, ein Liedervers sollte noch gesungen werden. Die Kinder sahen gespannt auf den Geistlichen. Warum stimmte er nicht an? Sie ahnten, daß er noch etwas sprechen würde über das Vorgefallene.

»Regine Lenz,« rief er nun, »komm zu mir.«

Gesenkten Hauptes folgte das Mädchen dem Ruf, und wiewohl sie nicht um sich sah, spürte sie doch, daß alle Blicke auf sie gerichtet waren. Der Pfarrer näherte sich ihr, und in freundlichem Ton, aber doch laut, daß alle Kinder ihn hören mußten, sprach er: »Sieh, weil ich weiß, daß du ehrlich bist, und damit alle deine Mitschülerinnen sehen, daß ich dir ganz und gar vertraue, deshalb gebe ich dir hier meine Geldbörse; die sollst du in das Pfarrhaus tragen und meiner Frau bringen. Es ist viel Geld darin, aber wieviel, weiß ich nicht; ich zähle es auch nicht, weil du ehrlich bist und ich dir ganz und gar vertraue. Nun geh du voraus, wir andern wollen noch singen.«

Regine ging wie im Traum durch das stille Schulgebäude und trat durch das weite Tor hinaus in die belebte Straße. Krampfhaft fest hielt sie die Börse in der Tasche ihres Kleides, und während sie ihres Weges ging, wiederholte sie sich immer wieder die Worte des Pfarrers: »Weil ich weiß, daß du ehrlich bist und ich dir ganz und gar vertraue.« Zweimal hatte er es ausgesprochen, alle hatten das gehört und wußten nun, daß sie ehrlich war. Und sie wußte es jetzt auch, erst jetzt; denn bisher hatte ihr doch niemand etwas anvertraut; sie trauten sich alle einander nicht daheim in der Familie. Jedes nahm, was es erwischen konnte, und jedes versteckte, was es behalten wollte. Und sie, die sich bisher nicht besser gedünkt hatte als die andern, sie hatte nun eine fremde, volle Börse in der Tasche; ungezähltes Geld, von dem sie nehmen konnte ohne Gefahr der Entdeckung. Aber sie kam gar nicht in Versuchung, natürlich nicht; der Pfarrer hatte ja erklärt, sie sei ehrlich, und wenn sie es vorher vielleicht nicht war, – in dieser Stunde hatte das Vertrauen des Pfarrers sie dazu gemacht.

Immer die Hand fest in der Tasche und die Börse darin haltend, ging Regine den Weg nach dem Pfarrhaus, bis sie plötzlich aus ihren Gedanken geschreckt wurde durch den Ruf: »Na, wohin läufst denn du und siehst einen nicht, wenn man dicht neben dir ist?« Sie blickte auf. Ihr Bruder Thomas schlenderte die Straße herab. Er kam aus der Druckerei, in der er für eine der schlechtesten Zeitungen der Stadt als Setzer arbeitete. Thomas war siebzehn Jahre alt, einen guten Kopf größer als Regine, ein aufgeweckter Bursche.

»Wo gehst du hin,« fragte er noch einmal, »und was hältst du in der Tasche?« Regine erschrak, denn im Augenblick wußte sie: gegen den Bruder konnte sie nicht aufkommen; nie, er war immer der Stärkere, immer der Klügere. Wohl zog sie die Hand leer aus der Tasche; aber er hatte doch schon bemerkt, daß sie einen Schatz darin hatte. Ach, sie hätte diesen so gerne vor ihm verborgen!

Er sah ihre Verlegenheit und lachte: »Mach lieber keine Umstände,« rief er, »es hilft dir doch nichts. Treibst du's auch schon wie die Mutter? Was versteckst du in der Tasche?« – Da blickte sie auf zu ihm und sagte leise: »Ich will dir's erzählen, Thomas, aber es darf es niemand hören; komm, wir gehen weiter.« Und nun erzählte sie mit gedämpfter Stimme: »Vorhin hat in der Konfirmandenstunde eine, Emilie Forbes heißt sie, dem Pfarrer erzählt, daß die Mutter sitzt wegen Diebstahls. Ich bin schier vergangen vor Scham. Aber der Herr Pfarrer hat gar nichts gegen die Mutter gesagt, bloß gegen die Forbes. Und zuletzt hat er mich vorgerufen, und vor allen hat er laut gesagt, daß ich ehrlich sei und daß er mir ganz und gar vertraue. Und damit das alle sähen, gäbe er mir seine volle

Geldbörse, ungezählt, die solle ich seiner Frau bringen. Und dann habe ich vor dem Singen gehen dürfen, und jetzt muß ich die Börse ins Pfarrhaus bringen.«

Diese Handlung des Pfarrers kam dem jungen Burschen fast unglaublich vor. »Es wird nichts als Kupfergeld in der Börse sein,« sagte er, »oder sie hat einen Verschluß, den du nicht aufbringst; zeig sie her! Mach keine Umstände!«

Regine gehorchte; sie wußte gar nicht anders, als daß sie tun mußte, was die Großen wollten. So zog sie die Börse aus der Tasche und sah mit Angst und Zittern, wie der Bruder sie begierig ergriff, öffnete und mit den Fingern hineinfuhr. Zunächst war nur Kleingeld zu sehen, aber die Börse hatte ein Seitenfach und aus diesem blinkten den Geschwistern mehrere Goldstücke entgegen. »Respekt!« rief der Bruder bei diesem Anblick. Dann sah er der Schwester, die jeder seiner Bewegungen gespannt folgte, scharf in das aufgeregte Gesicht. »Und du nimmst nichts heraus?« fragte er sie. Sie schüttelte nur den Kopf. Da betrachtete er nachdenklich einige Augenblicke seine Schwester.

»Respekt!« wiederholte er noch einmal; aber diesmal galt der Ausruf nicht dem Geld, sondern Regine. Die kleine Schwester flößte dem großen Bruder Achtung ein. Noch einen Moment zauderte er; dann schloß er sorgfältig wieder die Börse und gab sie der Schwester zurück. Diese, erlöst von einer großen Angst, sah voll Glück und Dank zu dem Bruder auf und sprach ganz im Ton des Pfarrers, wie ihr die Worte im Ohr klangen: »Du bist ehrlich; dir vertraue ich ganz und gar.«

Ein paar Vorübergehende hörten diese feierlich gesprochenen Worte und sahen dem Paar erstaunt lächelnd nach. Aber Regine sah und hörte nichts von den Menschen um sie herum; sie war ganz und gar von Freude und von mancherlei neuen Empfindungen bewegt. »Begleite mich noch bis zum Pfarrhaus,« sagte sie zu dem Bruder, und dieser folgte zum erstenmal der Schwester. Sie sah wieder vertrauensvoll zu ihm auf und sagte: »Jetzt kann die Hausfrau nicht mehr sagen, die ganze Familie sei nichts nutz; wenn ich doch ehrlich bin und du auch. Wir zwei halten jetzt immer zusammen, gelt, Thomas?«

Der Bruder sah verwundert auf sein schmächtiges Schwesterlein. »Wir zwei,« sagte sie, wie wenn sie seinesgleichen wäre. Eigentlich war es zum Lachen, daß die Kleine ihn zum Bundesgenossen aufforderte, ihn, den kräftigen jungen Mann. Aber er fühlte, hier war doch auch eine Kraft, wenn auch keine körperliche. Der Wille zum Guten war es, der heute in dieser jungen Seele lebendig geworden war und nun auch in ihm das Beste wachrief.

Sie waren bis an das Pfarrhaus gekommen. »So,« sagte Thomas, »mach deine Sache geschickt; gib das Geld niemand anderem als der Frau Pfarrer selbst.«

Regine fragte nach der Pfarrfrau, und das Dienstmädchen, das es im Zimmer meldete, fügte hinzu: »Es wird ein Bettelmädchen sein.« Daher war auch die Pfarrfrau, als sie herauskam, doppelt erstaunt, daß dieses Kind ihr die volle Börse ihres Mannes überreichte. Sie fragte wohl, woher und wieso, allein die Sache blieb ihr doch rätselhaft; denn Regine war verlegen, gab nicht viel Antwort, sondern schlüpfte baldmöglichst wieder zur Türe hinaus. Erst mittags konnte der Pfarrer erklären, was es für eine Bewandtnis mit dem Gelde hatte. »Vielleicht hat aber das Mädchen doch etwas genommen,« meinte seine Frau.

»Ich glaube es nicht,« entgegnete der Pfarrer bestimmt, »und wenn auch, – durfte ich nicht ein Goldstück daran wagen, um einem jungen Menschenkind einen ehrlichen Namen zu geben?«

In der nächsten Stunde suchte des Pfarrers Blick sofort diejenige, um die er sich inzwischen gesorgt hatte, denn hatte er sie nicht selbst in Versuchung geführt? Da begegnete sein Blick dem ihrigen, der voll Liebe und Vertrauen auf ihn gerichtet war, und verscheuchte seinen letzten Zweifel. Er nickte ihr freundlich in stillem Einverständnis zu. Nicht ein einziges Mal verschwand in dieser Unterrichtsstunde Reginens Gestalt hinter den Mitschülerinnen; immer war sie zwischendurch zu sehen, als ob sie gewachsen wäre, die Kleine.

Daheim hatte sie nichts erzählt von dem Erlebten; aber am nächsten Sonntag sollte es doch zur Sprache kommen. Denn als sie zusammen zu Mittag gegessen hatten, redete Thomas plötzlich seine Schwester Marie an: »Wenn die Mutter nicht da ist, dann mußt du eben sorgen, daß die Regine zur Konfirmation ihre Kleider bekommt.«

Marie sah ihn erstaunt an und lachte. »Seit wann sorgst du für Regine?«

»Sie muß doch haben, was sich gehört,« entgegnete der Bruder ärgerlich.

»Wenn der Vater Geld hergibt,« sagte Marie, »dann schon; aber ich kann nicht alles hergeben für die Kleine. Sie könnte auch selbst manchmal etwas heimbringen, in ihrem Alter war ich längst nicht mehr so dumm!«

»Dafür ist sie ehrlich,« sagte Thomas.

»Wer ist ehrlich?« fragte der Vater. Er hatte bisher nur mit halbem Ohr zugehört; aber das hätte er doch gerne gewußt, wer in seiner Familie ehrlich sei.

»Die da, die Konfirmandin. Der Pfarrer hat es ja vor allen gesagt; und sie hat seine Börse voll Gold und Silber, ungezählt, ins Pfarrhaus tragen müssen und hat keinen

Pfennig heraus genommen. Ich aber auch nicht; Regine hat mir auf die Finger gesehen. Ich glaube, sie hätte mir einen abgebissen; ist's nicht wahr, du?« Die beiden Verbündeten sahen sich vergnügt an, worüber Marie große Augen machte, denn sie konnte die Geschwister nicht begreifen. Der Vater sah nachdenklich auf Regine. »Ehrlich ist sie?« wiederholte er wie verwundert, und nach einer Weile: »Ein anständiges Gewand soll sie bekommen zu ihrer Einsegnung; daran darf's nicht fehlen.«

Die Wochen vergingen; schon war ein Monat verflossen, seitdem die Mutter das Haus verlassen hatte. Ein einziges Mal waren Nachrichten aus dem Gefängnis gekommen; einen Brief voll Heimweh hatte sie geschrieben, voll Sehnsucht nach dem Kleinen vor allem. Und dieser entbehrte auch am meisten die Mutter. Wenn die Großen morgens alle das Haus verließen, legten sie wohl mancherlei zu essen hin, oder sie brachten ihn zu einer mitleidigen Nachbarin: aber doch trieb sich der Kleine viele Stunden auf der Straße herum; sehnsüchtig ausschauend, ob nicht die Mutter endlich wieder die Straße herunterkäme, in der sie vor seinen Augen verschwunden war. Sie trösteten das Kind manchmal, Regine komme jetzt bald ganz aus der Schule und bleibe dann immer bei ihm wie früher die Mutter. Nur noch vier Wochen mußte sie die Schule besuchen, das war nicht mehr lang.

Nein, nicht lang, und doch zu lang für das mutterlose Kind. Einmal fand Regine es ganz durchkältet, die Schuhe und Strümpfe vollständig durchnäßt, die Füße eiskalt von dem geschmolzenen Schneewasser, in dem es herumgestiegen war. Weinend saß der Kleine auf der steinernen Hausstaffel und zitterte am ganzen Körper. Nun wurde er freilich zu Bette gebracht, und als er nachts fieberte, holten sie den Arzt zu ihm. Marie blieb nun von der Fabrik daheim und pflegte mit Liebe den kleinen Bruder; aber die Fürsorge kam doch zu spät, und ehe sie nur recht gewußt hatten, daß das Kind in Lebensgefahr schwebte, war es schon einer Lungenentzündung erlegen.

In großer Bestürzung standen sie alle an dem Bett des Kleinen, und ein Gedanke beherrschte die ganze Familie: der Gedanke an die Mutter. Wie würde sie die Nachricht ertragen! Was mußte das einst für ein Heimkommen sein, wenn sie ihren Liebling nicht mehr fände! Und welche Vorwürfe würde sie ihnen machen! Hätte man das Kind nicht unter Tags in Kost geben können, oder in eine Kinderschule schicken? Aber all diese Gedanken kamen zu spät.

Die kleine Leiche war schon zur Erde bestattet, und noch hatte niemand sich entschließen können, der Mutter die Trauerbotschaft zu schreiben. Der Vater tat es endlich mit wenigen kurzen Worten, das Briefschreiben war ihm ungewohnt.

Es kam darauf keine Antwort von der Mutter. Durfte sie nicht schreiben, oder war sie krank geworden vor Kummer? Zürnte sie ihnen, daß sie das Kind nicht besser behütet hatten? Sie hörten nichts von ihr.

Der Pfarrer, Reginens Pfarrer, hatte das Kind beerdigt und bei diesem Anlaß Einblick in die Familie getan; auch war ihm so manches über sie bekannt geworden, was ihn für seine Konfirmandin besorgt machte. Er hatte das Gute, das in ihr schlummerte, geweckt. Es lebte jetzt in ihr, aber es mußte gepflegt werden. So hätte er dies Mädchen gern in andere Verhältnisse versetzt, wo es unter ehrlichen Menschen sich in der Ehrlichkeit befestigen konnte. So manches Mal beriet er mit seiner Frau darüber; aber wo sollte man ein so kleines Mädchen unterbringen, von dem man nicht einmal rühmen konnte: es ist aus gutem Haus!

Endlich fand sich doch Rat, und eines Tages wurde Regine wieder von dem Pfarrer aufgefordert, nach der Stunde in das Pfarrhaus zu gehen. Dort wurde sie freundlich empfangen von der Pfarrfrau, die eine lebhafte, eifrige Frau war. Man merkte ihr wohl an, wie sie sich freute, daß sie für Regine ein gutes Plätzchen gefunden hatte. »Es ist bei meiner Schwester,« erzählte sie ihr, »bei einer Pfarrfrau auf dem Lande. Sie hat kleine Kinder, herzig nette Kinderchen; und ein ehrliches treues Dienstmädchen, das aber nicht mehr allein mit der Arbeit fertig wird. Dort kannst du helfen, wirst immer unter guten Menschen sein und selbst ein solcher werden, und das möchtest du doch gewiß?« Regine bejahte aus aufrichtigem Herzen.

»Und ein Taschengeld sollst du auch bekommen,« fuhr die Pfarrfrau fort, »fünf Mark im Monat, und nach einem Jahr, wenn du dich bewährst, erhältst du das Doppelte. Bis dahin wirst du in der frischen Landluft und bei der guten Kost groß und stark geworden sein. Nun geh nur heim und erzähle es deinem Vater; der wird sich freuen, und deine Schwester bittest du, daß sie dir die nötige Wäsche und Kleider richtet. Gleich nach der Konfirmation müßtest du abreisen, denn meine Schwester möchte am liebsten schon heute eine Hilfe.«

Regine eilte, ganz erfüllt von diesem Lebensplan, nach Hause. Sie fühlte sich so stolz und glücklich, wie wenn sie sich schon als treue Pfarrmagd bewährt hätte. Wie würden sie sich daheim alle wundern über das Vertrauen, »Respekt!« würde Thomas wieder sagen. Und sie träumte sich hinein unter die guten, feinen Menschen, zu den herzigen Kindern.

Zu Hause saßen der Vater und Marie schon am Mittagstisch, Thomas fehlte noch. Sie wollte mit ihrer Erzählung warten, bis er käme; aber als es eine Weile gedauert hatte, konnte sie nicht mehr zurückhalten, was ihr ganzes Herz erfüllte. »Die

Frau Pfarrer weiß mir ein gutes Plätzchen,« begann sie und wiederholte alles, was sie darüber gehört hatte. Und nun erlebte sie eine schmerzliche Enttäuschung. Mit Hohn und Geringschätzung wurde von diesem »Plätzchen« gesprochen und dieses so heruntergemacht, daß nichts, aber auch gar nichts Gutes mehr daran blieb. Als Kummer und Scham ihr eben Tränen in die Augen trieben, kam Thomas heim, und beim Anblick dieses ihres Verbündeten faßte Regine wieder Mut. Ehe sie aber ein Wort an ihn richten konnte, rief ihm schon Marie entgegen: »Du, als Magd will die Regine fortgehen, aufs Land, und fünf Mark Monatslohn bekommt sie; was sagst du dazu?« Und sie lachte laut.

»Unsinn,« entgegnete Thomas und schien gar nichts weiter wissen zu wollen, sondern machte sich daran, seine Suppe zu essen. Und die andern sprachen auch nichts mehr darüber. Regine verstand sie alle nicht. Warum wollten sie ihr denn das schöne Plätzchen nicht gönnen? Sie brachte kein Wort mehr heraus während des Essens, so bitter und schmerzlich war ihr zumute. Als aber der Vater sich anschickte wegzugehen, rief sie, während ihr die Tränen aus den Augen stürzten: »Was soll ich denn dann der Frau Pfarrer sagen?«

Da sah Thomas die kleine Schwester überrascht an; er merkte erst jetzt, daß es sich für sie um eine Lebensfrage handelte. »Was ist's eigentlich, was will sie denn?« fragte er, und nun gab es ein lebhaftes Hin- und Herreden. »Verdingen will sie sich,« rief Marie, »statt daß sie in die Fabrik geht, wo sie viel mehr verdient.«

»So viel mehr ist's zwar auch nicht,« entgegnete jetzt der Vater, »du rechnest immer nicht, wieviel die Kost ausmacht. Im Dienst hat sie alles frei, Kost und Wäsche, das macht ein paar hundert Mark im Jahr; und dabei wird sie vielleicht nicht so liederlich, wie eine andere, die ich kenne.«

Marie lachte. »So soll sie gehen; aber die Mutter tät's nicht leiden, wenn sie da wäre.«

»Ja, das ist's,« sagte der Vater, »sie will immer hoch hinaus mit ihren Töchtern.«

»Ja, die Mutter, das ist wahr,« meinte auch Thomas, »wenn sie heimkommt – das eine Kind ist tot, das andere fort; – Regine, sei gescheit, höre auf zu weinen. Sag dem Pfarrer, es lasse sich nicht machen, weil die Mutter fort sei; er weiß ja schon davon und wird's verstehen.«

Er sagte das freundlich; aber Regine war doch nicht zufrieden mit ihrem Bundesgenossen. Er hatte nicht zu ihr gehalten, und nun war es aus und vorbei mit ihrem schönen Plan. Der Vater und Marie gingen weg; nur Thomas blieb an dem Tisch sitzen und las den Tagesanzeiger. Regine holte ihren Katechismus und setzte sich an das andere Ende des Tisches, um zu lernen. Sie schlug das Buch auf; da fiel ihr ein Blatt Papier entgegen, groß und deutlich standen darauf von einer ihr unbekannten Handschrift geschrieben einige Worte. Unwillkürlich sagte sie laut: »Wie kommt denn das in mein Buch?« Thomas blickte von seiner Zeitung auf. »Was steht denn darauf?«

»Nur ein Sprichwort; ich weiß nicht, wie das Papier in mein Buch kommt.« Gleichgültig schob sie es beiseite.

»Zeig doch her, was ist's für ein Sprichwort?« rief Thomas, griff nach dem Blatt und las laut: »Der Apfel fällt nicht weit vom Stamm!« Er behielt das Papier in der Hand und starrte darauf; während Regine wieder in ihren Katechismus sah und ganz erstaunt aufblickte, als nach einiger Zeit ihr Bruder rief: »Wer hat dir denn die Bosheit angetan? Gewiß wieder die Emilie Forbes! Weißt du nicht, was das heißen soll: Der Apfel fällt nicht weit vom Stamm?« Und als Regine ihn immer noch verständnislos ansah, sagte er: »Das heißt, daß du auch nicht ehrlich bist, weil es die Mutter nicht ist. Kannst das jetzt verstehen?«

Ja, jetzt begriff Regine, was der Bruder meinte; über und über errötete sie und sah das Blatt Papier an wie etwas Häßliches, Feindseliges. »Aber das ist nicht die Schrift von Emilie Forbes,« sagte sie nach einiger Zeit. – »Dann hat es jemand anders für sie geschrieben; sie will natürlich nicht, daß euer Pfarrer ihre Handschrift erkennt, wenn du ihm das Blatt zeigst.«

»Ich zeige es ihm nicht, sonst wird noch einmal vor allen davon gesprochen. O, Thomas, wenn doch die Mutter das nicht getan hätte!« Sie stützte den Kopf in die Hände und weinte. Es war auch heute alles so traurig; das gute Plätzchen durfte sie nicht annehmen, und nun kam noch das dazu!

Der Bruder war erzürnt über Reginens Mitschülerin. »Ich schreibe dir auch einen Zettel,« sagte er, »den legst du in ihr Buch, und an dem soll sie auch keine Freude haben!« Nicht umsonst half er täglich als Setzer eine Zeitung drucken, die voll Gift und Galle war. Eine scharfe Antwort kam ihm schnell in die Feder, sie lautete nicht fein. Aber Regine wollte nichts davon wissen, Thomas wurde ärgerlich. »So etwas läßt man sich doch nicht gefallen!« sagte er, »was hilft dein Weinen? Wehren muß man sich!« – Aber unter bitterem Schluchzen rief Regine: »Es wird eben wahr sein, Thomas, was auf dem Zettel steht; wir sind alle nicht ehrlich, weil's die Mutter nicht ist. Wenn das mit dem Apfel wahr ist, so muß doch auch das mit uns wahr sein!«

Thomas war betroffen von dieser Bemerkung und sah das Sprichwort auf dem Papier nachdenklich an. Aber bald sprach er tröstend zur Schwester: »Nein, nein, es ist nicht wahr. Die Äpfel bleiben freilich liegen, wo sie hinfallen; aber wir Menschen können aufstehen, und gehen, wohin wir wollen. Und auf Diebeswegen gehen wir schon einmal nicht, wir zwei, gelt, du?« Da hob die Schwester vertrauensvoll den Kopf zu dem Bruder, der jetzt wieder mit ihr im Bunde stand. Sie rückte näher zu ihm heran und sah ihm zu, wie er nocheinmal ein Blättchen Papier beschrieb. »So,« sagte er, »das kannst du ruhig Emilie Forbes ins Buch schieben; das ist jetzt ganz zahm, und wenn es zufällig dein Pfarrer zu lesen bekäme, so hätte er selbst nichts dagegen.« – Regine las: »Ein Apfel bin ich nicht, der nur so liegen bleibt. Ich bin ein Mensch und kann mich frei vom Platz bewegen.«

Zustimmend nickte sie, so gefiel es auch ihr. »Das Blatt kannst du ihr frei in die Hand geben, dann sieht sie gleich, daß du dich nicht vor ihr fürchtest. Paß auf, dann läßt sie ihre bösen Reden künftig bleiben.«

Als nach der nächsten Konfirmandenstunde Emilie Forbes eben ihre Bücher zusammenpackte, wandte sich Regine nach ihr um, schob ihr das Blatt Papier entgegen und sagte: »Das gehört in dein Buch.« Betroffen sah das Mädchen auf die Worte, die da standen, und errötete beschämt. Aber sie geriet in noch größere Aufregung, als sie bemerkte, daß Regine vor allen andern Mädchen mit dem Pfarrer zugleich den Saal verließ; gewiß in der Absicht, mit ihm reden zu können. Darin hatte sie auch recht, nur daß Regine nicht über das sprechen wollte, was ihr Emilie Forbes angetan hatte; nein, sie mußte dem Pfarrer Bescheid geben wegen des schönen Plätzchens, das sie nicht annehmen durfte. Zögernd brachte sie die ablehnende Antwort heraus. Dem Pfarrer war es sichtlich leid, daß der Vorschlag seiner Frau nicht angenommen wurde. »Schade, schade!« sagte er, »es wäre so gut für dich gewesen.« Gerne hätte er in dem Herzen des Mädchens gelesen, ob die Abwesenheit der Mutter der wahre und einzige Grund der Ablehnung war. »Später, wenn deine

Mutter zurück ist, dürftest du dann die Stelle annehmen?« fragte er. Regine wußte nichts darauf zu antworten. Die Mutter war ja gerade diejenige, die nichts vom Dienen wissen wollte. So blieb sie die Antwort auf diese Frage schuldig. Sie gingen noch eine Weile schweigend nebeneinander.

»Zunächst ist da nichts zu machen,« sprach jetzt der Pfarrer, »vielleicht später, wenn deine Mutter heimkommt. Das wird ein trauriges Wiedersehen geben, Regine, wenn die Mutter deinen kleinen Bruder nicht mehr findet. Du mußt sie dann recht lieb haben, trotz dem was sie getan hat. Die Mutter lieben, aber die Unehrlichkeit hassen, so halte du es, Regine. Und an deiner Konfirmation, wenn du an den Altar trittst, so denke daran, was ich dir gesagt habe; und wenn ich dir die Hand zum Segen aufs Haupt lege, so werde ich auch daran denken: das ist eine, die hat einen schweren Kampf aufzunehmen, die will die Mutter innig lieben, aber die Unehrlichkeit grimmig hassen; Gott gebe ihr die Kraft dazu!«

Der letzte Sonntag vor der Konfirmation war gekommen. Regine saß am Nachmittag ganz allein zu Hause; der Vater, der Bruder, die Schwester waren da- und dorthin gegangen. »Wenn du konfirmiert bist, nehme ich dich auch einmal mit dahin, wo's lustig zugeht,« hatte Marie versprochen; obgleich sie selbst nicht mehr so lustig aussah wie früher, sondern blaß und verstimmt war. Aber sie war doch gegangen, und Regine war allein.

Alle ihre Gedanken beschäftigten sich mit dem nächsten Sonntag. Gestern Abend hatte die Näherin ihr das schwarze Kleid gebracht; es sah wie neu aus, obwohl es aus dem der Schwester gemacht war. Sie nahm es aus dem Schrank und freute sich daran. Dann dachte sie an ihre Mutter. Man hörte gar nichts mehr von ihr, sie war wie verschollen. Ob sie wohl wußte, daß am nächsten Sonntag ihre Konfirmation war? Wie traurig zu denken, daß die Mutter eingesperrt in ihrer Keuche sitzen würde, wie der Vater das immer nannte; während andere Mütter in die Kirche kamen, um zu sehen, wie ihre Kinder eingesegnet würden. Das zu denken, tat ihr weh. Sie wollte ihr auch einmal schreiben, heute noch, gleich jetzt. Sie sollte ja die Mutter lieb haben.

So setzte sich Regine an diesem einsamen Sonntag Nachmittag hin und schrieb der Mutter einen langen Brief; erzählte ihr von der Konfirmation und kam auch auf das verstorbene Brüderchen zu sprechen, wie es immer nach der Mutter verlangt habe, und unter Tränen beschrieb sie die Krankheit und den Tod des Kindes. Am nächsten Morgen bat sie den Bruder, daß er den Brief überschreibe und besorge. Er las ihn und meinte, wenn die Mutter nicht krank sei, würde sie ihn ganz gewiß beantworten. Darauf hoffte nun Regine, und dachte es sich schön aus, daß sie zur Konfirmation wenigstens einen Brief bekommen werde.

Allein die Woche verging; der Tag der Konfirmation brach an, und es kam kein Lebenszeichen von der Mutter. Regine dachte freilich an diesem Morgen kaum mehr daran. Ihre Gedanken waren erfüllt von der Feier. Sie mußte auch nicht allein zur Kirche gehen. Der Vater, der am Sonntag Morgen gerne lange schlief, wollte freilich nicht mit ihr gehen; und Marie entschuldigte sich damit, daß sie heute etwas Gutes kochen wolle. Aber Thomas begleitete sie, und der war ihr doch der liebste. So gingen Bruder und Schwester zusammen, und sie vertraute ihm an, was der Pfarrer zu ihr gesagt hatte, und sie sagte nicht: »ich« soll die Mutter lieben und die Unehrlichkeit hassen, sondern sie sagte »wir« und zog ihren Bundesgenossen mit herein in die Lebensaufgabe, die ihr gestellt war.

Vor der Kirche trennten sich die Geschwister, der Bruder

stieg auf die Empore und sah von oben, wie unter dem Geläute der Glocken die Konfirmanden in langem Zug durch das Schiff der Kirche bis zu den Bänken vor dem geschmückten Altar kamen. Die Feier, die er seit der eigenen Konfirmation nicht mehr mitgemacht hatte, bewegte dem jungen Burschen das Herz.

Als Regine an den Altar trat, mochte manches Glied der versammelten Gemeinde denken: Welch ein kleines, schmächtiges Mägdlein, noch ein ganzes Kind! Und doch war vielleicht keine von all den Konfirmandinnen mit solchem Ernst bei der Einsegnung, wie eben diese Kleine. Hatte ihr doch auch der Pfarrer versprochen, daß er an sie denken wollte. Sie erinnerte sich an seine Worte und trat, nachdem er sie eingesegnet hatte, mit fröhlicher Zuversicht aus der Kirche heraus, um den Kampf des Lebens aufzunehmen.

Zu Hause sah es nicht festlich aus. Der Vater, eben erst aufgestanden, war mürrischer Laune; und die Schwester von eigenen Gedanken hingenommen, die nicht erfreulich schienen. Doch hatte sie der Konfirmandin zu Ehren ein gutes Essen gekocht, das nun in aller Stille verzehrt wurde. Seit dem Tod des Kleinen war es immer still beim Essen. Plötzlich ging die Türe leise auf, und in ihrem Rahmen erschien eine blasse Frau mit abgehärmten Zügen und sah mit großen, traurigen Augen auf die Anwesenden. Ein Ausruf des Erstaunens entfuhr allen: »Die Mutter!« Und da alle, wie vor einem Gespenst erschreckend, sie ansahen, so blieb die Gestalt wie gebannt an der Türe stehen und rührte sich nicht. Einen Augenblick währte die Bestürzung, dann erhob sich der Mann und ging auf seine Frau zu. »Wie kommst du heute hierher?« fragte er. »Ich glaube gar, du bist heimlich entwichen.« – »Nein, nein,« sagte die Frau und trat nun näher an den Tisch heran; »ich habe meinen Entlaßschein, ich bin frei. Die Hälfte der Zeit ist mir erlassen worden wegen guter Führung, auch wegen meiner Kränklichkeit und aus Rücksicht auf die Kinder. Zum Konfirmationstag haben sie mich entlassen.«

Nachdem sie dies gesagt hatte, blickte sie nach der Stelle, wo noch immer das leere Kinderbett stand; wandte sich dorthin, warf sich schluchzend über das Bettchen und rief in lautem Jammer: »Mein Hansel, mein gutes, gutes Kind!«

Sie standen alle erschüttert und mit schlechtem Gewissen diesem Kummer gegenüber, und jeden Augenblick erwarteten sie, daß die Mutter sich mit Vorwürfen an sie wenden würde. Aber sie schien nicht an sie zu denken. »O Kind!« rief sie, »ich bin schuld, daß du gestorben bist. Deine Mutter hat dich verlassen, und sie hat dich doch so lieb gehabt! Hätte ich nur bei dir sein und dich noch ein einziges Mal sehen können!« Allen, die da standen, kamen die Tränen. Wie sah auch die Frau so elend und abgehärmt aus! Nicht mehr wieder zu erkennen war sie.

Hinter rauhen Worten suchte jetzt der Vater seine Rührung zu verbergen. »Laß jetzt das Jammern,« sagte er barsch. »Setz dich her und iß etwas, du siehst ja aus, daß es Gott erbarmt!« Da erhob sich die Frau, setzte sich an den Tisch und aß ein wenig, ohne vom Teller aufzusehen. Marie rückte ihr die Schüssel näher. »Du siehst so abgemagert aus, Mutter; warst du krank oder hast du Hunger leiden müssen?«

»Hunger nicht; man bekommt genug zu essen. Manche sagen auch, es sei gut, aber mir hat keinen Tag das Essen geschmeckt,« sagte sie. »Schlaf habe ich auch nicht viel gefunden. Ich war doch an unsere Federbetten gewöhnt; die gibt's dort nicht. Mich hat es immer gefroren. Krank war ich auch, zwei Wochen haben sie mich in die Krankenstube gelegt. Da hat man's besser, und die Wärterin hat es wirklich gut mit einem gemeint und mit jeder gesprochen. Aber dann bin ich wieder in meine Keuche gekommen. Untertags habe ich gearbeitet; aber die langen Abende, wo man ohne Licht allein dasitzt, die sind schrecklich. Dann kam die Nachricht, daß das Kind gestorben sei. Von da an habe ich keinen Schlaf mehr finden können; immer mußte ich darüber nachgrübeln, daß ich's hätte verhüten können. An diese Nächte werde ich denken mein Leben lang.«

Sie waren alle ergriffen und hörten noch manches von der Mutter; denn sie war noch mit all ihren Gedanken bei dem, was hinter ihr lag, und hatte noch keine einzige Frage an die andern gerichtet. Jetzt stand Regine auf. »Ich muß in die Kirche,« sagte sie. Da schien die Mutter erst wieder in die Gegenwart zu kommen. Einen aufmerksamen Blick wandte sie der Konfirmandin zu, die nun im schwarzen Kleid, mit dem langen Kleiderrock vor ihr stand und ihr verändert vorkam. Daß das alles so geworden war trotz ihrer Abwesenheit, erschien ihr merkwürdig; und als nach Regine auch die andern fortgingen, eines dahin, eines dorthin, wie sie es an den Sonntagnachmittagen gewohnt waren, fand sich die Mutter ganz allein zu Hause; wußte nicht recht, wozu sie da war und warum sie sich heimgesehnt hatte, da doch niemand ihrer bedurfte. Bald saß sie wieder trauernd am Bett des verstorbenen Kindes, des einzigen, das ihr zugejubelt hätte.

So fand Regine die Mutter, als sie aus dem Gottesdienst zurückkehrte. Mit einem Blick voll Liebe und Mitleid ging sie zu ihr hin. Die Mutter fühlte das. »Komm, setze dich her und erzähle mir was von dir,« sagte sie, und dann fuhr sie selbst fort: »Deinen Brief habe ich noch in der Krankenstube bekommen und habe ihn die Wärterin lesen lassen, denn sie ist eine gute gescheite Person. Sie hat auch gleich mit mir gesprochen, wie sie deinen Brief gelesen hat. ›Das Kind ist noch unverdorben,‹ hat sie gemeint, ›die dürfen Sie nicht mit der großen in die Fabrik schicken. Ich würde sie gleich aus dem Haus in eine gute Familie tun.‹« Regine horchte hoch auf, eine leise Hoffnung erwachte in ihr. »Warum schaust du so?« fragte die Mutter. – »Weil unser Herr Pfarrer auch so meint,« entgegnete Regine und schilderte mit aller Wärme die Stelle, die ihr angeboten war, und die sie ausgeschlagen hatte.

»O,« rief die Mutter, »da hättet ihr zugreifen sollen, wenn es gleich nur ein geringer Platz ist. Soviel habe ich jetzt gelernt: wenn man zu hoch hinaus will, dann kommt man erst recht tief hinunter, bald genug wird das auch die Marie erleben.« »Ich will nicht hoch hinaus, Mutter, aber du willst ja nicht, daß wir in Dienst gehen.« – »Ich habe es freilich nicht gewollt, aber wenn man solche Nächte durchgemacht hat wie ich, dann denkt man über manches anders als vorher. Ich rate dir: danke deinem Gott, wenn du fortkommst, je eher je lieber!«

Regine sah die Mutter freudig überrascht an. »Mutter, wenn du so sagst, dann gehe ich jetzt gleich ins Pfarrhaus und frage, ob das gute Plätzchen noch zu haben ist.« Die Mutter wunderte sich über ihre Kleine; die hatte sich verändert. »Geh nur gleich,« sagte sie, und eiligen Schritts ging die Konfirmandin dem Pfarrhaus zu. Wieder saß die Mutter allein im Zimmer, aber ihre Gedanken waren nicht mehr bei dem verstorbenen Kind. Sie begleitete im Geist das Mädchen, das voll Eifer ihr neues Leben beginnen wollte; und sie sagte vor sich hin, denn sie hatte sich in der einsamen Zelle angewöhnt, ihre Gedanken laut werden zu lassen: »Sie ist ganz anders als wir; es muß etwas Gutes in sie hinein gekommen sein, vielleicht durch den Konfirmandenunterricht. An der wenigstens kann man einmal Freude erleben.«

Inzwischen kam auch Thomas heim und hörte staunend von dem raschen Entschluß. Gespannt warteten Mutter und

Sohn auf Reginens Heimkehr. Sie sahen ihr die Freude gleich am Gesicht an. »Ich bekomme mein gutes Plätzchen,« rief das Mädchen in hellem Glück. »Aber nächste Woche soll ich fort; da ist noch viel zu richten! Ob das alles fertig wird? Marie hilft nicht gerne dazu.« »Wir machen's schon ohne sie,« meinte die Mutter und stand rasch auf, wie wenn sie gleich an die Arbeit gehen wollte. »Gut, daß du wieder da bist, Mutter!« sagte Regine. Da verlor das traurige Gesicht der Frau den trostlosen Ausdruck, den es bisher gehabt hatte. »Gut, daß du wieder da bist,« die Worte taten ihr wohl; zeigten sie ihr doch, daß sich jemand über ihre Rückkehr freute.

»So kommst du wirklich in eine Pfarrfamilie?« sagte Thomas nachdenklich zu der Schwester. »Dann kann ich auch nicht mehr in der Druckerei bleiben und für eine Zeitung arbeiten, in der nur gespottet wird über alles, was geistlich ist; du müßtest dich ja schämen, wenn es bekannt würde.« – »Was fängst du dann aber an, Thomas?« fragte die Schwester betroffen.

»Es gibt noch mehr Druckereien; ich will sehen, daß ich bei einer anständigen Zeitung unterkomme. Ich habe das ewige Spotten und Schimpfen selber satt, es kommt nichts Gescheites dabei heraus. Weißt du, ich bin nur so zufällig hinuntergefallen in die schlechte Gesellschaft, wie so ein Apfel vom Baum in den Graben fällt; aber ich will nicht liegen bleiben, verstehst du?«

Ja, Regine verstand ihren Bundesgenossen, und noch einmal sagte sie zu ihm die Worte: »Ich vertraue dir ganz und gar.«

Und wir vertrauen allen beiden und können sie nun getrost verlassen; sie meinen es ehrlich, und es wird ihnen gelingen. Ja, mit Gottes Hilfe wird Segen von ihnen über ihre ganze Familie kommen.

Von **Agnes Sapper** sind im gleichen Verlag erschienen:

Die Familie Pfäffling. Eine deutsche Wintergeschichte. 288 Seiten. 31.–40. Tausend. In Leinwand gebunden Mk. 3.–.

Werden und Wachsen. Erlebnisse der großen Pfäfflingskinder. 350 Seiten. 16.–23. Tausend. In Leinwand gebunden Mk. 4.–.

> Der Glanzpunkt Sapperscher Erzählungskunst ist die Geschichte der Familie Pfäffling in zwei Bänden. Der erste Band mit der Jugendgeschichte der Pfäfflingskinder ist eine Perle erzählender Literatur, und für Kinder und Eltern gleich interessant. Keine großen äußeren Verhältnisse werden da vorgeführt, alles geschieht nur im Rahmen einer bescheidenen, arbeitsamen Familie, und doch – wie packt es, wie läßt einen von Satz zu Satz, von Seite zu Seite die Spannung nicht los, und wie greift Freude und Leid im Miterleben ins eigene Herz! – Dem Verlangen nach einem Mehr, das auch den erwachsenen Leser dieser Geschichte befallen muß, hat Agnes Sapper im zweiten Band: »Werden und Wachsen« entsprochen. Es ist ein nachdenkliches Buch, für die reifere Jugend geschrieben und, wie der erste Band, auch für Eltern und Erzieher wichtig.
>
> Jenaer Volksblatt.

Das erste Schuljahr. Eine Erzählung für Kinder von 7–12 Jahren. Vierte Aufl. Gebunden Mk. 1.20.

Gretchen Reinwalds letztes Schuljahr. Für Mädchen von 12–16 Jahren. 3. Aufl. Geb. M.

329

3.–.

> Jede Mutter, die dies Buch prüft, wird sagen, daß dies eine der gesündesten, frischesten Jung-Mädchengeschichten ist, die wir haben.

Beide Teile in einem Band gebunden:

Gretchen Reinwalds erstes und letztes Schuljahr. Dritte Auflage. In Leinwand Mk. 4.–.

Lieschens Streiche und andere Erzählungen. Mit Bildern von Gertrud Caspari. Zweite Auflage. Gebunden Mk. 3.60.

> Das sind fröhliche und ernste Geschichten, die aus des Kindes ureigenem Quell schöpfen und darum allen Kindern gefallen werden.

Kriegsbüchlein. 120 Seiten. 11.–20. Tausend. Steif geheftet Mk. 1.–.

> Das ist wieder ein ganz treffliches Kinderbuch, das der bekannten Verfasserin viele neue Freunde gewinnen wird. Die feine Auswahl von höchst lebendig geschilderten kleinen Kriegsgeschichten aus Ost und West läßt unsere Kinder hineinblicken in das große Geschehen der Gegenwart, es läßt sie mitkämpfen, mitleiden, mithoffen. Manch feines pädagogisches Wort weist unaufdringlich, aber dennoch eindringlich darauf hin, daß das deutsche Volk nur dann siegen und an die Spitze der Völker treten kann, wenn jeder einzelne auch ganz und wahrhaftig ein Deutscher zu sein bestrebt ist. Eine Anzahl prächtiger kleiner Kriegserlebnisse, ernst und launig, auch von unserem Hindenburg, bildet den Beschluß. Allen Eltern wird dies »Kriegsbüchlein« höchst willkommen sein....
>
> Erlanger Tageblatt.

Im Thüringer Wald. Mit Vollbildern von P. F. Messerschmitt und Buchschmuck von Helene Reinhardt. Ein fein illustriertes Büchlein in steifer Decke M. 2.–.

Diese rührende Geschichte aus dem Leben der armen Puppenmacher wird in der schönen Ausstattung mit zehn Vollbildern und zahlreichen hübschen kleinen Zeichnungen Kindern besondere Freude bereiten.

Erziehen oder Werdenlassen? 336 Seiten. In Leinwand gebunden Mk. 4.–.

Ein verständiges, aus praktischer Erfahrung erwachsenes Buch, das dem Erzieher als wertvoller Ratgeber zur Seite stehen kann vom Erscheinen des Kindes an bis zu seinem Eintritt in das Leben der Erwachsenen. Frei von der modernen Anbetung des Kindes, zeigt das Buch doch auf jeder Seite die Achtung vor der werdenden Persönlichkeit, die eben deshalb kein bloßes Werdenlassen kennt, sondern dem Kinde durch Erziehung zu möglichster Vollendung seiner individuellen Persönlichkeit helfen will.

Die Frau.

... Die Wahrheiten und Erfahrungen, die uns Agnes Sapper so oft durch den bunten Schleier ihrer reinen und launigen Erzählungen schimmern ließ, trägt sie in ihrem neuesten Buche als praktische Pädagogik vor. Das Beste an diesem Buche ist, daß es keine Theorie, daß es goldene Erfahrungen einer Mutter sind von der ersten bis zur letzten Zeile.

Deutscher Courier.

www.ingramcontent.com/pod-product-compliance
Lightning Source LLC
Chambersburg PA
CBHW021125270326
41929CB00009B/1052